시 읊으며 거닐었네

⑤ 오불의 五不宜

차 례

이자수어 5

1. 청곡사를 지나며 11
2. 재상어사 81
3. 벽수단산 175
4. 오불의 217
5. 그림 속으로 302

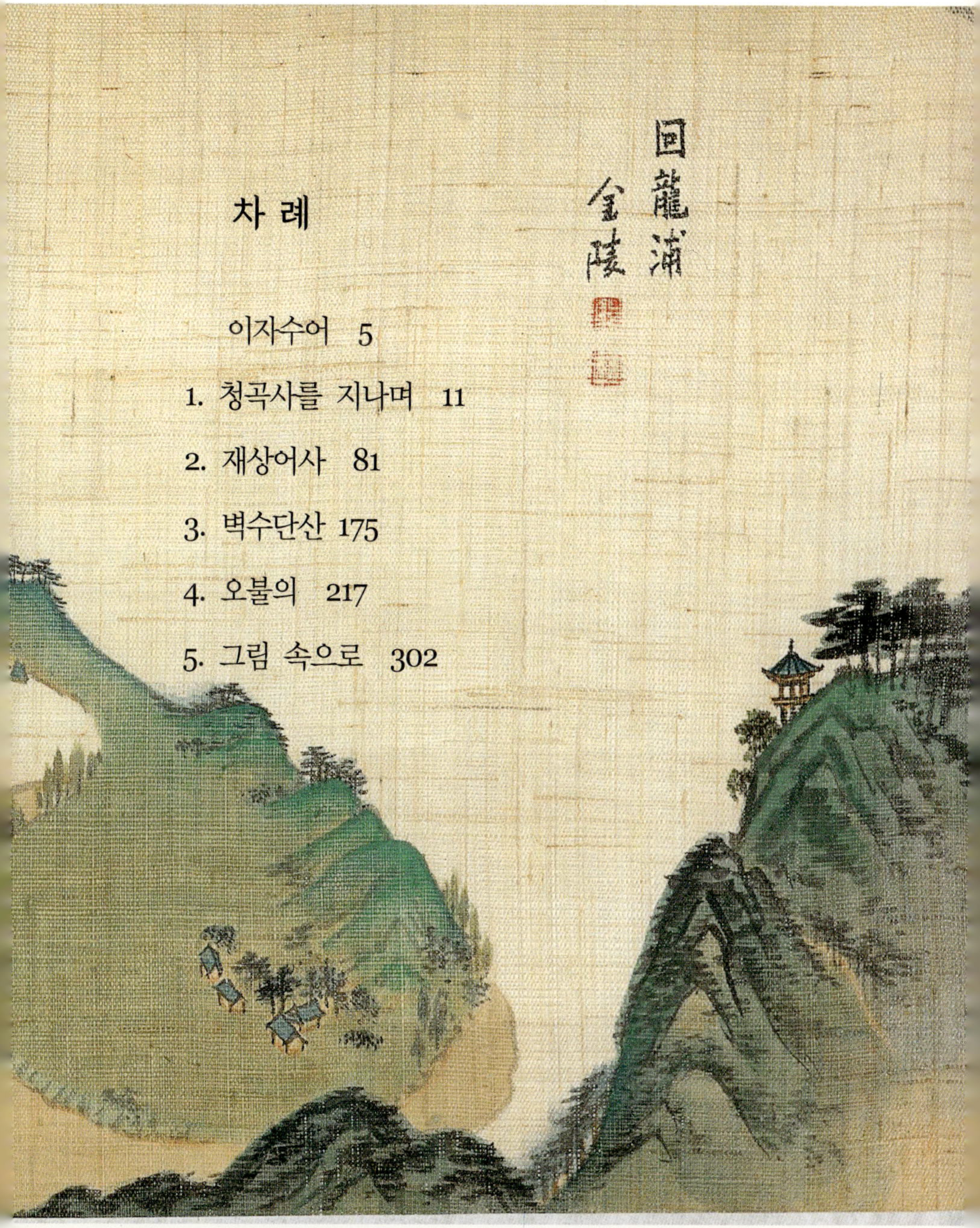

내가 그의 이름을 불러주었을 때,
그는 나에게로 와서
꽃이 되었다.

안동 군자마을 탁청정의 여름

이자수어 李子粹語

사람(Homo sapiens)을 비롯하여 미생물(microorganism)에 이르기까지 지구상에 존재하는 것들은 모두 이름이 있다.

명칭은 그것을 일컫는 이름 또는 호칭이며, 존재의 본질과 개념을 함의含意하고 있어 그것의 가치, 역할, 인격, 명예 등 상징성을 인식할 수 있다.

김춘수 시인의 시 '꽃'은 명칭의 상징성을 잘 표현하고 있다.

내가 그의 이름을 불러주기 전에는
그는 다만
하나의 몸짓에 지나지 않았다.
……

내가 그의 이름을 불러준 것처럼
나의 이 빛깔과 향기에 알맞은
누가 나의 이름을 불러다오.
그에게로 가서 나도
그의 꽃이 되고 싶다.

호칭은 상대를 부르는 이름으로서, 서로가 지피지기知彼知己할 수 있는 실상, 즉 존재와 인격과 명예의 상징이다.

석가모니釋迦牟尼의 성은 가우타마, 이름은 싯다르타이다.

사람들은 석가모니를 석가釋迦, 부처님, 부처, 석가세존, 석존, 세존, 능인적묵, 여래, 불타, 붓다Buddha, 불佛이라 한다.

'공자'의 이름은 구丘, 자는 중니仲尼이다. '맹자'의 이름은 가軻이고, 자는 자여子輿 또는 자거子車이다.

공자·맹사의 '자子'는 성인을 부르는 존칭이다.

대개 사람들은 좋은 이름으로 불리기를 원하며, 심지어 이름은 운명을 좌우한다고 믿기도 한다. 명리학命理學은 목숨命을 다스리는 이理라고 할 정도로 이름을 중요하게 여기는데, 심지어는 특정 명칭에 집착하거나 혐오감을 나타내는 명칭공포증名稱恐怖症을 유발하기도 한다.

성경*에는 '좋은 이름이 좋은 기름보다 낫다'고 한다.

'좋은 기름'은 재물을 상징한다. 성경은 재물 자체를 죄악시하지 않지만 '좋은 기름'보다 '좋은 이름이 낫다'고 한다.

아브라함은 '열국의 아버지', 이삭은 '웃음', 베드로는 '반석'이요, 사울은 하나님 앞에서 자신이 죄인이며 심히 부족한 존재라는 것을 깨달아 스스로 '작은 자'라는 뜻의 '바울'로 개명하였다.

다니엘은 '하나님은 나의 심판자'이었는데, 바벨론에 포로가 되어 벨드사살(Belteshazzar : '벨이여 그의 생명을 지켜 주옵소서'란 뜻. 바벨론의 환관장 아스부나스가 바벨론에 포로로 끌려온 다니엘에게 붙여준 바빌론식 이름)로 바뀌었다. '벨(바빌론 왕이 사랑하는 자)'란 뜻이다.

바빌론식 개명은 포로들의 신앙을 개종하기 위해서이며, 일제가 이완용李完用을 리노이에 칸요(李家完用)로 개명한 것은 대한 사람을 일본 사람으로 혼을 바꾸는 데 목적이 있었다.

《논어論語》〈자로子路〉편에서, 자로가 스승에게 물었다.

"위衛나라 임금이 선생님을 기다려서 정치를 하려 하는데, 선생님께서는 무엇을 먼저 하시겠습니까?"

---

* 전도서 7 : 1

子曰必也正名乎 반드시 명분을 바로잡을 것이다.
名不正則言不順 호칭이 바르지 않으면 말이 순조롭지 못하고,
言不順則事不成 말이 도리에 맞지 않으면 일이 되지 않는다.

24세의 경호는 과거에 세 번 낙방하기는 했으나 상심하지 않았다. 서두르지 않아도 되는 젊은 날이 남아 있고, 성리性理의 오름길에 과거科擧는 오히려 걸림돌이었다.

과거科擧의 얽매임에서 벗어나지 못하고 도를 강명講明하는 법을 깨닫지 못하였지만, 도의를 소중히 여기고 예의를 숭상하는 사군자士君子의 풍도를 익혀야 한다고 스스로 다짐하였다.

"이 서방, 이 서방……."

자신을 부르는 줄 알고 열린 방문 틈으로 살펴보니, 이웃에 사는 총각이 늙은 종을 찾는 것이었다.

'사군자의 풍도는 단지 이상일 뿐인가?'

이상과 현실의 딜레마(dilemma)에서 고민하지 않을 수 없었다.

퇴계 이황은 과거에 급제하여 출사였으나, 세상을 속여 명예를 훔침을 스스로 부끄러워하여 53회의 사퇴원을 내었으며, 묘비 '退陶晚隱眞城李公之墓'에 '퇴도退陶'라 자호하였다.

유가儒家에서 '선생'이란 무상無上의 칭호이어서, 유가라면 '선생'이라 일컬어지기를 소망하였다. 이황을 '퇴계선생'이라 불렀다.

　퇴계의 성리관은 우주자연이 근원이며, 그의 삶은 성리의 진리를 밝히기 위한 구도求道의 여정이었다.

　공자가 세상을 떠난 후 스승이 남긴 말씀들을 모아서 제자들이 《논어》를 저술하였듯이, 퇴계의 제자들은 선생의 말과 행동을 빠짐없이 기록하였다. 월천 조목의 《언행총록》, 학봉 김성일의 《실기實記》, 문봉 정유일의 《언행통술》, 간재 이덕홍의 《계산기선록》 등에서 한결같이 '동방의 一人'이라 했다.

　성호星湖 이익李瀷은 18세기 대표적 실학자이다. 흔히 실학을 반反 성리학으로 여길 수 있지만, 성호는 퇴계를 흠모하여 도산과 청량산을 유람하고 퇴계가 공부하던 청량산 안중암을 찾았으나 흔적조차 없어 안타까웠다.

　성호는 그의 제자 강세황에게 도산 그림을 부탁하여 그린 〈강세황필도산서원도姜世晃筆陶山書院圖〉는 도산서원 주변의 실경이며, 성호 이익이 병으로 누워 있으면서 자신에게 도산서원을 그리도록 특별히 부탁한 경위, 자신의 소감 및 제작 시기 등 제문題文을 왼쪽 여백에 자세히 기록하였다.

　성호星湖는 《사칠신편四七新編》을 편찬하였으며, 퇴계에 대한 존경심에서 퇴계의 제자들이 기록한 퇴계의 언행집과 권두경이 편집한 《퇴계선생언행통록》, 이수연이 편집한 《퇴계선생언행록》을 모아서 《이자수어李子粹語》를 편찬하였다.

　성호는 《이자수어》를 편찬하면서, 순암 안정복에게 '이선생'을 '李子'라 고치게 하고, 소남邵南 윤동규尹東奎에게 보낸 편지에,
　"내가 생각건대 동방의 역사 이래로 퇴도退陶보다 덕이 성대한 사람은 없었으니, 바로 '李子'라고 불러도 나라 사람들 가운데 퇴도를 가리킨다는 사실을 모르는 사람이 없을 것이니, 지극히 존숭하더라도 의리를 해치지 않을 듯하다."

　퇴계의 이름은 황滉이지만, 자는 경호景浩, 서홍瑞鴻이며, 호는 퇴계 이외에도 도수陶叟, 퇴도退陶, 청량산인, 영지산인 등 자와 호는 연령에 따라서 다르게 불리었다.
　퇴계의 삶을 조명照明하면서, 어린 시절의 '경호'를 퇴계 선생이라 하거나, 연령에 따라서 호칭이 다르면 혼동할 수 있다. 그렇다고 호를 두고 '황'이라 이름(휘諱)을 부를 수 없으니,
　성호의 뜻을 좇아서 퇴도를 '李子'라 함이 어떨까?

1. 청곡사를 지나면서
過靑谷寺

농암은 낙강변에 애일당愛日堂 정자를 짓고는 부모님 생신 때마다 이곳에서 때때옷을 입고 부모를 위해 춤을 추었다.

농암은 추위에 달아오른 얼굴로 들어서는 李子를 반겼다.

李子는 훈훈한 방안에서 따끈한 차를 마시며 몸을 녹였다.

"바깥에서 진정한 '나'를 찾고자 합니다."

"자신이 보고 싶은 것만 찾으면 참 나를 발견할 수 없느니."

농암은 그의 남행 계획을 듣고 감탄하였다.

李子는 머뭇거리다가 조심스럽게 말문을 열었다.

"과거科擧에 얽매여 학문에 자유로울 수 없습니다."

19세부터 24세 때까지 과거에 세 번을 낙방했으나 상심하지 않았으며, 28세 때 서울에서 진사회시에 2등으로 합격했으나 기쁘지 않았다. 무오·기묘의 사화로 사림들이 산속으로 들어가 은둔하는 현실에서 도학정치를 할 수 없는 처지에 부와 명예는 자신의 몸에 맞지 않는 의복처럼 거북하게 여겨졌다.

"생각은 옳으나 쉬운 일은 아니네. 나는 과거를 권하지만 마땅하지 않음을 잘 알고 있다네."

농암은 사관이 되어 연산군 앞에 좀더 가까이 가도록 청請하였다. 임금의 언행을 빠짐없이 기록하기 위해서였다. 폐주 연산군은 우선 허락하였으나 결국 농암을 귀양 보냈었다.

농암은 〈홀부勿賦〉의 詩에서, 경외하는 마음 간직하고 어긋나지 않으려면, 이 홀勿을 버리고 어디에서 취하겠는가(倘存敬而靡差兮 舍此勿而何取)라 하였다.

"반드시 벼슬을 그만두고자 마음먹을 필요가 없느니, 벼슬하되 벼슬에 빠지지 말라는 것일세."

농암은 어머니 상喪 중이었으나, 오위의 고급지휘관 종3품 대호군大護軍에 제수되었으며, 이어 형조참의에 제수되어 3월에 조정으로 돌아갈 예정이었다.

농암의 애일당을 나와서 눈길에 발걸음을 재촉하여 송티재에 올랐다. 눈 쌓인 영지산 송티재는 말을 끌고 오르기에는 힘에 겨웠다. 얼음 붙은 응달은 말고삐를 잡고 끌어야 했고, 솔바람이 토끼털 귀마개를 뚫고 몸속까지 한기가 파고들었다. 양지녘 빈 밭에서 놀란 장끼가 화들짝 날아올랐다. 송티재를 오르면서 숨이 턱에 찼지만, 길 위에 추억을 깔아 간다는 생각에 모두가 새로웠다.

李子는 작년 가을, 곤양군수 관포 어득강魚得江의 편지를 받았다.

"그대, 내년 산 벚꽃 피는 계절에 삼신산 쌍계사를 나와 함께 유람하시기를 바라고 바랍니다."

어관포를 만나러 곤양으로 달려가고 싶었다.

쌍계사를 유람하며 청학동의 자연에 빠져들고 싶기도 하지만, 아

직 급제도 하지 못한 자신에게 관심을 가진 것에 호기심이 발동하기 시작했다. 대사간大司諫을 지낸 63세의 현직 군수가 30세 차이의 자신을 초청한 데다, 어관포는 청도 관아 청덕루에서 시원試員들에게 하과夏課를 하였고, 흥해 관아官衙에 동주도원을 설치하여 군민을 교화한 것이 당시 젊은 선비들에게 화제가 되었다.

당시 李子는 곤양까지 먼 길을 여행할 처지가 못 되었다. 서른세 살인데도 아직 대과에 급제하지 못했으며, 아이들의 유모로 측실을 들이고 속현으로 권씨 부인을 맞이하여 형님 댁에 어머니와 아이들을 두고 지산와사芝山蝸舍에 따로 나왔고, 셋째형 언장 형이 별세하여 아직 상중喪中인 데다가, 장수희를 비롯해서 조카들을 가르치고 있었다.

어머니 춘천 박씨는 넷째형의 삼백당三柏堂에 계셨다.
어머니가 아들을 불러 앉혔다.
"우물 안 개구리는 바다를 알지 못하느니라."
"때가 아닌 듯합니다."
"기회는 새와 같으니라."
"아직, 글을 더 읽어야 합니다."
"독만권서 행만리로讀萬卷書 行萬里路라 하지 않느냐, 여행도 공부니라, 네 어찌 백면서생白面書生만 할 것이냐?"
여행은 목적지에 도착하는 것만 목적이 아니다. 만남과 헤어짐이

있고, 보고 듣고 생각이 깊어질 것이다.

"버리고 떠나야 채울 수 있느니라."

"……."

장인 허찬은 딸이 죽은 후 의령 백암촌으로 돌아갔고, 영주 초곡의 문전文田은 그의 아들 허사렴許士廉이 맡았다.

"의령 처가에 가서 준寯이 외조부도 뵙고……."

어머니는 아들의 마음을 꿰뚫고 있었다.

李子는 고행苦行을 결심했다. 원효는 화쟁和爭의 종체宗體를 찾아서 고행한 끝에 무량무변無量無邊의 대승大乘에 도달할 수 있었듯이, 그는 성리의 원두처를 앉아서 찾을 수 없음을 깨닫게 되었다. 자만에 사로잡혀 견강부회牽彊附會하여 원천을 두고 지류에서 방황하고 있는 것은 아닌지 확인하기 위해서는 고행을 통한 깊은 성찰이 필요했다.

李子는 사유와 통찰의 길을 고독한 여행에서 찾아 나섰다. 예안에서 안동으로 통하는 관도에서 한 중을 만났을 뿐, 설편雪片이 흩날리더니 지나온 발자국을 지우듯 쌓여 갔다.

積雪無人蹤　눈 쌓여 사람 자취 없는데,
僧來自雲表　한 중이 저 구름 너머에서 오네.

　눈 덮인 풍산들을 지나서 해 질 무렵 가일마을에 들었다. 가일佳日은 '아름답고 밝은 마을'이라는 뜻이다. 그러나 가곡 저수지의 회화나무 고목이 가지를 흔들며 그를 반겼을 뿐, 문전옥답 뒤로 멀찍이 물러서서 산을 등지고 늘어선 마을에는 저녁연기도 개 짖는 소리도 없이 적적했다.

　장인 권질權礩의 본가에서 하룻밤을 묵었다. 당시 권질은 거창의 영승 마을에 옮겨갔으나, 처가 권속들은 주인 없는 흉가라도 백년손을 따뜻하게 맞았다.

　권주는 어려서부터 총명했으며 13세 때 안동부의 백일장에서, "「내가선악도仙嶽圖」를 그려 옥황상제의 천기天機를 울림을 왕에게 올리고 싶다"고 하여 경상감사를 놀라게 하였다.

　李子의 장인 권질은 화산花山 권주權柱의 장남이다. 권주는 대과급제하여 참판까지 올랐으나, 성종의 처방전에 따라 폐비 윤씨에게 사약을 내릴 때, 그는 난시 수서注書로서 약사(승지)가 조제한 사약을 약국에서 가지고 왔을 뿐이었다.

　그런데 폐비의 복권이 사헌부·사간원·홍문관 삼사三司에 견제당하자, 연산燕山은 왕도를 이탈하여 전횡과 보복의 칼을 휘둘렀다.

　"그때 내 나이 일곱 살이었으니, 신하들이 옳지 않다고 굳이 간쟁諫爭하였더라면, 어찌 회천回天할 도리가 없었겠느냐? 오늘날에는 작은 일에도 합문閤門(조회·의례 등 국가의식을 맡아보던 관서)에 엎

드려 해를 넘기거늘, 하물며 이런 큰일로도 굳이 간쟁하지 못하였느냐? 주柱는 살더라도 내가 부릴 수 없으며, 주柱도 나를 섬길 수 없으니, 율문律文에 따라 시행하고, 그 자식은 해외海外에 위리안치圍籬安置하도록 하라."

권주權柱의 아들들을 모두 외방으로 귀양 보내고 그의 재산을 적몰籍沒하였다.

"죄인 권주의 집을 남천군 이쟁李崝에게 주라."

연산이 남천군 쟁崝의 아내와 통간通奸한 대가로 주어졌다.

권주는 평해平海로 유배되었다가 이듬해 사약이 내려졌으며, 그의 아내 고성 이씨는 순절殉節을 택했다.

중종반정으로 권질은 복권되었다가 아우 권전權磌의 사건에 연루되어 예안으로 유배당하고 권전은 장살杖殺당했는데, 송사련宋祀連이 조작한 신사무옥의 희생자가 되었다.

李子는 예안으로 유배 온 권질權磌의 딸 권소저와 혼례를 올렸다. 숙부가 장살당하고 아버지가 귀양 가는데, 어느 누군들 편할까? 권소저는 혼절하여 숙맥菽麥이 되었다. 마음 心이 버금 亞자를 품으면 '악할 惡'자가 된다. 마음에서 亞자를 빼고 善만 남은 사람이 숙맥이다. 권씨 부인은 지아비의 찢어진 도포를 예쁘게 기우고 싶어 하얀 도포에 빨간 천을 덧대어 꿰맸는데, 지아비는 군소리 없이 입고 다녔다. 착한 사람 둘이 만나면, 仁이 된다.

　이튿날, 李子는 화산 권주가 공부하던 가일선원 뒷산의 처조부 내외분 묘소에 참배하고 애도했다. 산소 앞에 엎드린 젊은 선비가 사랑스런 손녀의 지아비임을 아는지 모르는지 죽은 자는 말이 없으나, 드넓은 풍산 들을 거침없이 불어온 바람이 휘파람으로 애도하였다. 〈참찬 권주 어른의 묘도에 적다(題權參贊柱墓道)〉를 지어 읊었다.

　　明夷蒙難豈非天　어려운 때 겪은 고난 운명이 아니랴
　　茂柏深松鎖翠烟　무성한 송백에 푸른 연기만 자욱하네

　화산 권주 부부는 가일마을 뒷산에 묻혔다. 500여 년이 지난 오늘날, 경상북도 도청이 이곳에 이전되면서 권주 부부의 묘소가 도청 신도시 역사공원 안에 위치하게 되자, 옛 경상도 관찰사가 경상북도 지하도지사地下道知事로 복권되니, 주숭追重의 빛남 황천에 떨어졌다네. 13세 소년의 〈선악도仙嶽圖〉*가 상제上帝의 천기天機를 울렸으니, 역사歷史는 그 때는 틀리고 지금은 맞다.
　겨울을 견디는 보리는 종달새의 봄노래를 들을 수 있다. 사화의 노도怒濤가 가일마을을 휩쓸고 지나간 뒤, 권문의 솟을대문은 굳게 입을 닫고 명예를 팔지 않았다. 아무리 세찬 바람도 지나갈 뿐 억새는 다시 일어난다.

---

* 권주가 13세 때, 안동부의 백일장에서 장원한 글.

이자는 예천으로 곧장 향했다. 풍산을 뒤로하고 예천 가는 길에서 이미 오래 전에 예천군수 문경동을 만나러 이 길을 지나갔을 숙부가 생각났다. 안동부사 송재는 예천군수 문경동을 만나러 아침 일찍 출발하였다. 예천 가는 길에서 가뭄으로 모를 심지 못하다가 큰물 져서 벼가 흙탕물에 잠긴 것을 보고 詩〈六月六日雨後早發向襄陽〉를 지었다.

旱後潦多禾卒死　가뭄 뒤에 큰물 져서 벼가 반은 죽었는데
誰將民事叫天閽　누가 백성 사정을 임금께 알려주리

어느 날, 비 그친 뒤 예천군수 창계 문경동이 애련정에 왔다. 안동의 애련정은 안동부사 송재 이우가 안동 관아 옆에 지은 정자인데, 퇴계 형제들이 공부하던 곳이다.
　창계는 공부하는 이자 형제들에게 일일이 질문하였고,
　"송재는 복도 많으시오. 영민한 자제들이 부럽습니다."
　문경동은 아들이 없이 딸만 둘이 있었다. 맏사위는 의령의 진사 허찬許瓚이요 둘째 사위는 영주 장수 화계의 생원 장응신張應臣이다.
　당시 문경동에게 이자와 동갑인 외손녀 즉 허찬의 딸이 있었다. 예천으로 돌아오면서 이자의 준수俊秀함을 떠올리며 외손녀와 맺어줄 생각을 하였다.

지나온 풍산들의 마을이 부유하고 가축들까지 살이 쪘으나, 풍산에서 고자평으로 넘어가는 언저리 골짜기마다 마을은 가뭄을 많이 타는 피 농사를 짓고 살던 마을이라 하여 피실 또는 직곡稷谷(기장골), 직산稷山이라 불리고 있다. 예천에 가까워질수록 가뭄으로 폐농한 마을이 눈 속에 떨고 있었다. 추위에 얼어 죽고, 굶주림에 처자식조차 내다버렸다.

한 해 전 중종이 지방의 관찰사들에게 기우제를 명령한 것으로 보아, 가뭄이 얼마나 극심했는지를 짐작할 수 있다.

"근래 해마다 가뭄이 들어 백성들이 쌀밥을 먹지 못하는데, 금년도 초여름부터 볕만 내리쬐고 비는 오지 않아 밭두둑이 갈라져 농작물이 말라죽고 있다. 각 고을 수령에게 정결하게 제물을 준비하고 깨끗이 훈목薰沐하고서, 힘써 정성을 다해 영검 있는 곳에 제사지내라."

亟霈甘澍　속히 크게 단비를 내리어
蘇我枯瘁　병든 우릴 소생시켜 주소서

강물이 말라서 모래만 수북한 내성천 강마을 고자평 마을의 영월 신辛씨 신담辛聃에게 시집간 누님이 계신다. 한 분뿐인 누님은 어린 李子를 업어 키웠다. 누님 뵙고 싶은 마음 간절했으나,
'흉년에 어딘들 고생이 없겠나.'
먼발치서 고자평 마을을 바라만 보고 돌아서 갔다.

    그날 오후, 한천漢川을 건너서 예천읍으로 들어갔다. 이때 한천은 오랜 가뭄으로 한천旱川이었다.

    버들이 즐비하게 늘어선 시냇물에 거위와 오리들이 흩어져 자맥질하는 한천을 지나서 관아와 민가들이 번화한 시내에 들어섰다.

    흉년에 처자식을 구원하지 못하는 처지에 말을 타고 재주부리는 사내가 못마땅하고 방탕한 젊은 계집의 웃는 모습이 뱀같이 느껴졌다.

    예천의 한 민가에서 잤는데, 흉년 때문에 비참한 백성들이 불쌍해서 쉬 잠을 이룰 수 없어 〈양양 가는 길에서(二十九日襄陽道中)〉詩를 지었다. 양양襄陽은 예천醴泉의 별호이다.

我行襄陽道	내 양양(예천)의 옛 지명의 길을 지나가는데,
早春下旬時	때는 초봄의 하순이어서
東風動官柳	봄바람에 관아의 버들이 흔들리고
鵝鴨散川池	거위와 오리는 시내와 못에 흩어져 있구나.
郡城高蒼蒼	예천 관아 성곽은 높이가 아득하고,
樓觀鬱參差	누각은 빽빽하고 들쭉날쭉한 나무에 둘러싸였네
家家好修整	집집마다 고쳐 정돈하기를 좋아해,
簾幕半空重	발과 장막은 반공半空에 겹으로 쳐 있구나.

此地信繁華	이곳은 꼭 이렇게 화려함만 추구하지만,
兇歲猶若玆	흉년에 오히려 이렇게 화려함만 추구하다니….
習藝誰家郞	말 타는 재주 익힌 저 자는 어느 집 사내인고?
翻身撗且馳	몸을 자유자재로 뒤집었다가 달리는구나
冶遊少兒女	방탕하게 노는 젊은 계집애,
歡笑何委蛇	환대하며 웃는 모습 구불거리는 뱀 같구나.
汝輩愼驕溪	헛웃음으로 남을 속이는 것을 삼가야지만,
天災寧不知	하늘의 재앙(흉년, 살년)을 어찌 모른단 말이냐.
富者苟朝夕	부자들도 끼니를 겨우 때우고,
貧者已流離	가난한 자들은 이미 떠돌이가 되었네.
路中僵仆人	길 가운데 엎어 넘어진 사내,
不救妻與兒	처자식을 구원하지 못하는구나.
長官豈不憂	예천군수가 이런 것을 어찌 걱정 않을까만,
廩竭知何爲	곳간이 비었으니 어찌할 줄을 알랴.
每見情懷惡	보는 것마다 마음만 아파,
佇立久嗟咨	우두커니 서서 오래도록 탄식하네.
我行已草草	내 이미 갖출 것 못 갖추고 초라하게 지나가니
馬疲僮僕飢	말은 고달프고 마부 애는 굶주리는데,
晚憩聊自慰	황혼에 쉬며 애오라지 스스로 위로하는구나,
來尋驛亭詩	역정驛亭에 와서 시를 살펴보며.
沙川遠以微	모래가 많은 내는 멀어서 희미하게 보이고,
落日風更吹	해 질 무렵에 바람은 다시 불어오는구나.

作客知處困	나그네 되면 위태로운 처지인 줄은 알지만,
渡橋思防危	다리를 건너며 위태로움 막을 방도를 생각하네.
入谷投人家	골짜기로 들어가 인가에 몸을 의탁하니,
猶能供暮炊	오히려 능히 저녁밥을 지어 올리누나.

— 장광수 역 2007

  예천 관아와 누각이 숲에 둘러싸여 있고, 민가들은 발과 장막을 쳐서 집집마다 정돈되어 있으나, '가난한 자들은 처자식을 먹이지 못하고 떠돌이가 되었는데도 부자들은 오히려 이렇게 화려함만 추구하다니……' 못마땅하여 탄식하였다.

  예천은 예천 임씨의 시조 서하西河 임춘林椿의 고향이다. 임춘은 무신정변이 일어난 고려 의종毅宗 초에 태어나서 무신집권기였던 명종明宗 때까지 살았다. 그는 고려 건국공신으로 평장사平章事를 임중간林仲幹의 손자로서 고려전기의 명망 있는 집안이었으나 1170년 정중부의 난이 일어나자 예천으로 피신하였다.

  임춘은 젊어서 학문과 문학으로 명성이 높았으며 가전체소설 《국순전》과 《공방전》, 《서하유고집》을 남겼으며 감천면 덕율리 옥천정사에 제향되었다.

  《국순전》은 술을 의인화하여 지은 작품이다. 《공방전孔方傳》과 함께 《동문선》에 수록되어 있다.

　임춘은 《국순전》에서 인간이 술을 좋아하게 된 것과 때로는 술 때문에 타락하고 망신하는 형편을 풍자하고 있다. 인간과 술의 관계를 통해서 당시의 벼슬아치들의 발호와 타락상을 통해서 뛰어난 인물들이 오히려 소외되는 현실을 풍자·비판하였다.

　《공방전孔方傳》은 돈을 의인화한 것으로 인간의 생활에 돈이 요구되어 만들어져 쓰이지만, 그 때문에 생긴 인간의 타락상을 돈의 속성과 관련이 있는 역대의 고사를 동원하여 결구結構하였다.

　임춘의 《국순전》과 《공방전》은 고려 후기부터 조선 전기까지의 문인들 사이에서 유행했던 가전체假傳體이다. 신진 사대부들의 당시 사회에 대한 문제의식과 사물에 대한 지대한 관심 속에서 발전하였다.

　임춘은 소설뿐 아니라 지역사회 생활 개선에도 노력하였다. 오늘날 예천읍 서본리 굴머리 오거리 모퉁이 산비탈 아래에는 사방 2m 깊이로 움푹 팬 구덩이가 있다. 임춘林椿은 당시 늪지대였던 예천의 배수 역할과 교통 편의는 물론 '서정자들' 농업에도 도움을 주는 등 3가지 유익한 터널을 임춘천林椿川이라 하였다.

　예천에서 남행을 시작했다. 용궁을 지나면서 어릴 때 어머니를 따라서 용궁 대죽리의 외가에 갔던 기억을 떠올렸다.

　어머니 춘천 박씨는 대죽리 박치朴緇의 딸로서, 박치는 충재

 권벌의 증조부 권계경의 사위 경주 이씨 시민의 맏사위이고, 李子의 숙부 이우李堣는 셋째 사위로서 동서간이니, 李子의 어머니 박씨는 송재 이우 공의 이질녀이다.

 李子의 할아버지 계양에게는 식埴과 우堣 두 아들이 있었다. 식埴은 초취初娶 의성 김씨가 3남매를 낳고 죽자, 아우 우堣의 이질녀인 춘천 박씨를 계실로 맞아 4형제를 낳아 7남매를 길렀다.
 李子의 아버지 이식은 마흔 해의 생애를 살면서 지아비의 의를 다했다. 공·맹의 道를 읽어 바른길 넓은 길을 찾았고, 주경야독으로 향시에 일등하고 진사시에 급제하여, 곳간이 늘 때마다 이웃에 베풀고 비복에게 관대하였다.
 아버지 이식李埴은 영재를 모아 가르치는 것이 소망이었다. 그러나 강보襁褓에 싸인 아들을 두고 떠나야 했다.
 李子는 어릴 때 서홍瑞鴻으로 불리었으나, 어머니는 언제나 그를 황滉이라고 불렀다. 어머니는 그가 말을 채 알아듣기도 전부터 어르고 노래했다.

 하늘에 빌어 낳은 아들아.
 저 대문은 뉘 대문인고,
 성인聖人이 들어온 성림문이지.

　어머니는 공자가 대문으로 들어오는 꿈을 꾸고 李子를 낳았다. 노송정의 대문에 성림문聖臨門 현판이 걸렸으며, 당시의 태실도 그 자리에 정결하게 보존되고 있다.

　李子는 여섯 살이 되어서 비로소 글을 배우기 시작했다. 이웃에 《천자문》을 가르치는 박씨 노인이 있어 형님들과 함께 배웠으나, 형들이 숙부를 따라 진주로 간 후 혼자가 되었다.

　글을 배울 때에는 엄숙하고 진지한 모습이 영락없는 선비였다. 《천자문》을 넘어서니 《명심보감》이었다.

　어린 李子는 좌우로 몸을 흔들면서 외우기 시작했다.

　　시비종일유是非終日有 라도,
　　불청자연무不聽自然無 니라.

　낭랑한 목소리가 울타리 넘어 고샅(마음의 좁은 길목)으로 퍼져 나갔다. 베틀에 앉은 어머니의 귀에는 미풍을 타고 노래가 되었다.

　"오늘은 무엇을 배웠느냐?"

어머니는 언제나 그날 배운 것을 물어보았다. 어린 李子는 선비처럼 몸을 좌우로 흔들면서 외었다.

是非終日有 옳고 그름을 따지는 일이 종일 있더라도,
不聽自然無 듣지 않으면 저절로 없어지니라.

"남의 말을 듣고도 시비를 말하지 않는 이유는 무엇이냐?"
"서로가 자기 생각이 옳다고만 하면 말싸움이 됩니다."
어머니는 친정 마을의 말무덤 이야기를 해주었다. 대죽리 한대 마을에는 말무덤이 있는데, 말馬무덤이 아니라, 말言을 묻어둔 무덤이란다. 김씨·박씨·유씨·최씨·채씨가 대를 이어 살았는데, 사소한 말 한 마디가 씨앗이 되어 싸움이 그칠 날이 없었다. 그러던 어느 날, 말무덤言塚을 만드시오, 라는 과객의 말을 듣고, 시비의 단초가 된 말을 그릇에 담아 깊이 묻으니, 마을이 평온해지고 두터운 정을 나누게 되었단다.

어린 李子는 어머니의 이야기를 듣고 나서, 말을 삼가서 해야 하는 뜻을 알겠습니다, 라고 하자, 어머니는 준엄하게 일렀다.
"혀는 불이니 조심하지 않으면 삶의 수레바퀴를 불사르니라. 함께 있을 땐 존경하고, 없을 땐 칭찬하여야 하느니라."
어린 李子의 배움은 그리 길게 가지 않았다. 《천자문》, 《동몽선습》, 《명심보감》, 《통감》을 겨우 넘어서자, 스승이 상여를 타고 북망산천으로 떠났다.
李子에게 어머니는 생명줄이요 스승이며 우주宇宙 전체였다.

용궁에서 금천錦川을 건너면 문경 산양 땅이다. 문경 동로의 황장산에서 발원한 금천은 천주봉을 돌아서 경천호를 이루었다가 산양구곡과 청대구곡을 만들며 회룡포를 돌아온 내성천과 어울려 삼강에 나루에서 낙동강으로 들어간다.

허백당 홍귀달洪貴達은 손녀인 다섯째 아들 언국彦國의 딸을 궁중에 들이라는 연산군의 명을 어겨 장형杖刑을 받고 경원으로 유배되던 중 단천端川에서 교살되었다. 그는 죽어서도 회룡포 근처 영순면 율곡리 언덕에 묻혔다.

"용궁 사천沙川의 맑고 얕은 것과 늪이 깊숙하고 울창함은 남주南州에 알려졌다. 내가 어렸을 적에 고을 사람 주씨周氏의 문하에서 글을 배웠는데, 매양 강독講讀하다가 틈만 있으면 친구들을 데리고 자주 시내 숲 사이를 걷다가 피곤하면 객사에 나아가서 휴식하였다. 문을 나서면 맑은 시냇물이 비단 펼쳐 놓은 듯이 흐르고, 물을 사이하여 깊숙한 수풀이 무성하게 서 있으니 승경이라고 할 만하다."

李子의 숙부 이우가 강원도 관찰사를 마치고 고향집에 머물면서 조카, 사위들을 청량산에 공부하러 보내면서 지어 준 시 중에 홍언충과 안중사에 있었다는 詩가 있다.

安中寺裏洪黃我   안중사 안에 홍, 황과 내가 있었더니
丙午年中事已遠   병오년 사이의 일이 이미 멀어졌구나

이 시에서 홍은 홍언충, 황은 황맹헌을 가리킨다. 홍언충은 홍귀달의 다섯 아들 중 넷째이며, 황맹헌은 황희의 현손이다.

영순永順에서 영강潁江을 건너면 문경새재를 넘나드는 사람들이 쉬어가는 유곡역楡谷驛이다. 인근 2백 리 안의 19개 역을 다스리는 유곡은 가게들이 즐비한 마을이라 하여 점촌店村이라 하였다.

유곡 점촌에서 상주 함창 땅으로 들어서서 신덕마을에서 솔티松峴를 넘었다.

솔티를 넘고 사벌 들녘을 지나 부치당고개佛峴를 넘어 낙동에서 강 건너 관수루에 올랐다. 낙동 관수루에 올라서니, 얼었던 강물이 풀리면서 철새들이 떼를 지어 날고 물고기가 몰려다니는 연비어약鳶飛魚躍이었다. 관수루에는 이규보李奎報의 시판이 걸려있다.

山僧貪月光　산승이 달빛을 탐하여
瓶汲一壺中　병 속에 물과 함께 길어 담았네.
到寺方應覺　절에 다다르면 바야흐로 깨달으리라,
瓶傾月亦空　병 기울이면 달빛 또한 텅 비는 것을.

　이규보는 달빛조차 색色으로 보고, 병 속의 물을 쏟아내면 달빛 또한 사라지니, 세상에 보이는 것은 모두 실체가 없다고 한탄했다.
　천제天帝의 아들 해모수가 고니를 탄 종자從者 100여 인을 거느리고 하늘로부터 오룡거五龍車를 타고 채색 구름 속에 떠서 내 왔다는 인물 서사시 고구려 시조 《동명왕편》을 지은 이규보는 시문의 창작에 있어서 전고典故의 사용이나 언어의 조탁彫琢을 하지 말고 참신한 생각新意과 일상어를 잘 활용하라고 하였다.
　李子는 그믐날 관수루에 올라서, 낙동강 풍광을 읊었다.

萬頃鷗波白點靑　갈매기 떼지어 날아 푸른 바탕에 흰 점이요
春風如對彩雲屛　봄 풍광은 채색 구름 병풍 마주하듯 하네

　상주는 경상감영이 있던 곳으로 영남대로와 통영대로가 지나는 교통의 요지이었다. 오늘날, 여행객이 쉬어가던 솔티松峴의 원터는 배나무 과수원으로 변하였고, 관수루 아래 낙단보가 호수처럼 강물이 넘실거리고 강을 가로질러 고속도로가 남북으로 내달린다.

야은(冶隱) 길재가 살았던 선산 봉계리 고아면 봉한리를 지나게 되었다. 선산 해평 들판에 우뚝 솟은 태조산에 절을 지을 때 그 산허리에 복숭아와 배꽃이 있어 도리사(桃李寺)라고 불렀다.

야은(冶隱)은 도리사에서 처음 글을 읽었으며, 개경에서 이색(李穡)·정몽주(鄭夢周)·권근(權近) 등의 문하에서 학문을 연마한 후, 김종직(金宗直)의 아버지 김숙자(金叔滋) 등 많은 학자를 배출하여 사림파의 학통으로 이어지게 했다.

그는 고려가 망한 후 고려의 옛 도읍지 개성을 돌아보며, 고려 멸망에 대한 안타까운 심정과 인간사의 무상함을 노래했다.

오백 년 도읍지를 필마로 돌아드니,
산천은 의구하되 인걸은 간데없네.
어즈버, 태평연월이 꿈이런가 하노라.

길재는 이곳에 내려와 띳집을 짓고 가난하게 살았다. 그가 사는 곳이 외지고 농토가 척박해 살기에 마땅하지 못하다 하여, 오동동의 전원으로 옮겨 풍부한 생활을 누리도록 하였으나 그는 필요한 만큼만 남겨두고 나머지는 모두 돌려보냈다.

　시냇가에 띳집을 짓고 살면서, 지닌 것 없지만 달은 희고 바람이 맑아 좋다는 길재의 높은 인격과 삶의 자세를 숭모하는 마음과 벼슬살이를 경계하는 뜻을 피력한 〈길재 선생의 마을을 지나며(過吉先生閭)〉를 지었다.

　　　丈夫貴大節　장부는 큰 절개를 귀하게 여기나니
　　　平生知者難　한평생 그 마음을 아는 이 드물었네
　　　嗟爾世上人　아아, 그대 세상 사람들이여
　　　愼勿愛高官　부디 높은 벼슬일랑 사랑하지 말아라

　길재가 은거한 것이 현실을 도피한 것이 아니라, 자신의 대의大義를 지키고자 했기 때문이라 하여, 길재를 엄자릉嚴子陵의 기풍氣風에 빗대고 있다. 장자릉莊子陵은 젊어서 유수劉秀와 함께 공부했으나, 유수가 후한의 광무제光武帝로서 왕위에 오르자, 자신의 성性을 엄嚴으로 개성改姓하여 엄자릉嚴子陵으로 부춘산富春山에 들어가 은거하였다는 고사가 있다.
　길재를 엄자릉에 비한 것은 길재의 대절大節이 매우 귀한 것임을 말하고, 아울러 높은 벼슬에 대한 경계의 뜻을 함께 언급한 것이다.

　선산에서 금오산을 비켜서 성주 땅으로 들어섰다.
　성주에서 별티星峙를 넘고 두리티재를 또 넘어야 안언 역이다.
　안언 역 가는 길에 성산고분星山古墳 억새밭에 지친 몸을 뉘었다. 원효가 고분古墳 속에서 하룻밤을 지낸 후 화쟁和爭의 종체宗體를 깨달았다고 한다.

　'크다고 하자니 극히 좁은 것無內에 들어가도 남김이 없고, 작다고 하자니 무한히 넓은 것無外을 감싸고도 남음이 있다. 그것을 유有라 하자니 공空하고, 무無라고 하자니 만물이 그것을 타고 생겨난다. 그것을 대승大乘(큰 수레)이라 하였다.'
　미풍에 억새의 사각거림뿐 적요寂寥 속에 스르르 잠이 들었다.
　꿈속에 길을 잃고 헤매다가 날이 저물어 고분 속에서 잤다. 목이 말라 머리맡 바가지에 담긴 물을 마시려는데‥‥‥.
　히이잉! 말 울음소리에 깨어 보니, 바지런한 태백성Venus이 바람에게 전하는 말,
　"요즘 사람 어찌 모자라는가?"

　옛 도道 없어지지 않았으니 타고난 성품 똑같을 것인데,
　요즘 사람 어찌 모자라는가? 유독 뛰어난 정만은.
　성산星山은 본래부터 영웅의 덤불이라 불렸으니,
　저버리지 말자, 뭇 생물들 중 우리네가 가장 영험스러움을.

별티星岾를 넘어 안언 역으로 가는 길, 초이틀 밤하늘에 달은 지고, 별인 양 반짝이는 장학리 주막의 등불이 반가웠다.

성주에서 고령을 향했다. 가천을 건너서 고령으로 들어서면 남행의 여정이 가야산의 지경 내로 들어가게 된 기쁨을 노래하여 〈삼일도가천三日渡伽川〉이라 하였다.

가천을 건너면서, 이제부터 행방을 남쪽으로 돌린다고 생각하며, 〈남행금시도가천南行今始渡伽川〉이라 하였다.

고령 땅에 들어서면서 산천이 잠에서 기지개를 켜는 듯 가야산 무흘구곡 골짜기마다 봄풀이 파르라니 생기가 돌았다.

대가야의 성지聖地 고령 향교에 오르니, 맞은편 주산主山 능선에 신령스런 고분들이 올록볼록 엎드려 길손을 헤아린다.

'왕과 함께 묻힌 순장자들의 천년 한이 지금쯤 삭아졌을까?'

고분은 왕국의 부침浮沈을 표상하는 시간의 상징이다.

가실왕嘉實王이 만든 가야금 12줄이 천년을 울리고 있으니, 왕국과 인걸은 간데없으나 예술은 땅 위에 영원히 전승된다.

평지는 들판 가운데 안개 속에 막막하게 펼쳐져 있도다.
말이 울어대는 기세에 향림을 뚫고 지나가니,
물총새 날갯짓하고 울며 숲으로 물러가는구나.
가천 서쪽 언덕에 숲이 있으니, 이름하여 향림일러라.

平分漠漠野中烟　馬啼穿得香林過
翠羽飛鳴却自然　加川西岸有林名香林

    최치원이 12살 때 당나라로 유학 떠날 때, 아버지 견일肩逸이, "10년 안에 과거 합격하지 못하면 내 아들이 아니다."
    아버지의 바람대로 최치원은 874년 유학 6년 만에 고과高科(우등급제)에 합격하였다. 고국으로 돌아온 최치원은 도학정치 펼치려 했으나 시무책時務策은 골품제에 밀리고, 《계원필경桂苑筆耕》 한 권 남긴 채, 벼슬 벗어던지고, 세상 떠돌다 가야산 신선 되었다.

    최치원은 가야산 홍류동 깊은 계곡, 골 사이로 쏟아져 내린 물이 힘껏 바위에 부딪쳐 옆사람 말소리 안 들리는 곳, 분노도 지우고 슬픔도 지우고, 그래도 자꾸 세상 쪽으로 향하는 내 귀도 지우고, 흔적 없이 가겠다는 뜻을 바위에 새겨놓고 홀연히 사라졌다.

    고령을 지나 굽이가 많은 높은 재를 넘으면 협천에 다다른다. 협천陝川은 서쪽 백제와의 접속지로서, 신라는 이곳에 40여 개의 성읍을 관할하는 대야성 도독부를 두고, 김춘추의 사위 김품석金品釋 장군을 성주로 삼았다.
    견고한 성일수록 성안에서부터 무너지는 법, 김품석의 방탕함 때문에 성주에게 불만을 품었던 검일과 모척毛尺의 모반으로, 백제의 윤충允忠 장군의 공격에 난공불락의 대야성이 무너졌다. 신라군은 체념했지만, 죽죽 장군은 끝까지 맞서 최후를 맞았다.

狂噴疊石吼重巒　미친 물결 쌓인 돌 멧부리를 울리니,
人語難分咫尺間　지척서도 사람 말 분간하기 어렵구나.
常恐是非聲到耳　올타 글타 하는 소리 내 귀에 들릴까봐,
故敎流水盡籠山　흐르는 물 부러 시켜 산을 온통 감싼 게지.

　李子는 황강의 강변에 앉은 남정으로 내려갔다. 황강이 풀리면서 나룻배가 정박한 모래톱에 기러기 무리지어 날아오르고, 봄비에 풀과 나무들이 싹을 틔우니 물빛 또한 연둣빛으로 찰랑이었다. 황강 적벽의 남정 난간에 앉아 흐르는 강물 굽어보는데, 정자 지붕의 빗물이 죽죽竹竹 장군의 눈물처럼 황강 물 위로 죽죽 하염없이 떨어졌다.

　　어지러이 객수客愁를 느끼게 하는 곳엔
　　안개 속에 꽃다운 동네가 들락날락.
　　배는 긴 다리 옆에 묶여 있는데,
　　깎아 세운 듯한 골짜기 가엔 정자가 높을시고.
　　물가의 모래는 눈보다 희고,
　　봄물은 푸르기 안개 같도다.

　삼가三嘉로 가는 길, 뒤로 멀어지는 남정이 강물 위에 외롭다. 죽죽장군의 임전무퇴 정신이 청사에 빛나는 대야성 전투, 김유신의 반격은 그렇다 치고, 우리 땅에 당군唐軍을 들이다니! 백제와 왜, 당과 신라 연합군의 백강전투는 또 어떻고?
　천 년 전 역사를 두고 나와 또 다른 자아自我가 갑론을박하니, 세상일에 어이하여 걸핏하면 걸려드는가?(奈何世事動遭牽) 세속의 굴레에서 벗어나지 못하는 자신을 탄식하면서,

〈삼가로 가는 길에(向三嘉途中)〉라는 詩를 지었다.

欲把塵機渾脫累　세속적인 마음 속박에서 벗어나려 하나,
奈何世事動遭牽　세상일에 어이하여 걸핏하면 걸려드는가?

자굴산을 돌아서 드디어 의령 가례 백암촌 처가에 도착하였다. 장인 허찬은 예촌禮村 허원보許元輔의 둘째아들로서, 문경동의 사위가 되어 영주 푸실에 분가하여 살았다.

지금은 고향 백암촌으로 돌아와 고독한 노년을 보내고 있었다. 모처럼 찾아온 사위가 반가웠지만, 사위를 보면 볼수록 죽은 딸 생각이 간절하였다. 처가의 정자 백암정에는 시인 묵객들의 시가 걸려 있었는데, 그 가운데 처외조부 문경동文敬仝의 詩도 있었다.

처외조부가 별세하고 어느덧 12년 세월이 지난 후, 〈빗속에 꽃잎 떨어짐을 안타까워한다〉라는 그의 詩를 대하고 보니 그 詩를 쓴 당사자가 살아서 온 듯 반가워, 그의 시를 차운하여 〈의령우택동헌운 宜寧寓宅東軒韻〉을 지어 나그네 신세의 안타까운 심정을 읊었다.

빗속에 매화 꽃술 옥 같은 꽃잎 떨어지지만,
누가 높은 하늘의 해 맬 끈 빌릴 수 있을까?
새가 사람 부르고자 우는 소리 정답기만 하고,
꽃은 저녁임을 속이고자 어두운데도 오히려 환하네.

   雨中梅蕊落瓊英 誰借長空繫日縷
   鳥爲喚人啼更款 花因欺暮暗還明

 백암촌을 떠나 단암진정암다리를 건넜다. 지리산 계곡마다 흘러 내린 남강 물이 단암진을 지나 남지에서 낙동강과 만나면서, 큰 강을 이루어 남해로 흘러 들어간다. 봄빛은 남에서 강물을 거슬러 올라가고, 봄꽃은 들에서 산정山頂으로 오른다.
 양지바른 강 언덕엔 화사한 산 벚꽃이 산수유와 봄을 다투어 꽃피우고 개나리 줄기마다 샛노란 잎을 늘이는 봄빛에 흥이 겨워, 의령에서 단암진을 건너면서 詩 〈붉은 바위 나루〉를 지었다.

함안 모곡의 들은 꼬물거리는 많은 산봉우리로 갈라지고,
강 가운데는 한 조각 나뭇잎 배로다.
주변 경치에 취해 주위를 둘러보니 봄은 이미 한낮인데,
풀이 난 모래톱엔 수심이 가득하구나.

함안은 남강이 흘러 낙동강과 만나는 곳으로, 농사를 지을 수 있는 넓은 들판, 다른 지역과 교통할 수 있는 큰 강 덕택에, 초기 철기시대와 원삼국시대를 거치면서 강력한 고대국가인 아라가야로 통합 발전하게 된다.

단암진을 사이에 두고 의령과 함안 일대는 아라가야 땅이다.

고령의 대가야가 신라와 결혼동맹을 맺고 신라에 병합되었으나, 아라가야는 오래도록 자립성을 유지하였던 곳이다.

죽재 오석복의 모곡茅谷은 함안 산인의 자양산 기슭이다. 모곡茅谷은 고려의 유민 모은茅隱 이오李午 선생의 호에서 유래된 것이다. 모은 선생은 고려 유민의 절의를 지켜 두문동杜門洞에 지내다가 밀양에 옮겨 살면서 의령에 왕래하다, 자미화紫薇化(백일홍) 활짝 핀 이곳에 집을 짓고 고려동학高麗洞壑이라 하였다.

모은 선생은 아들에게 유언하기를, 나라를 잃은 백성의 묘비에 무슨 말을 쓰겠는가? 라며, 자신의 비에는 이름은 물론이고 글자 한 자 없는 백비白碑를 세우도록 했다.

훗날, 李子는 자신의 묘도墓道에 비갈碑碣을 세우지 말고 작은 돌에 '퇴도만은진성이공지묘退陶晩隱眞城李公之墓'라고 쓰도록 유언하였다.

　오석복의 죽재는 고려동의 고려교를 건너 자미화 앞을 지나 고려동 뒤 대나무숲 속에 있었는데, 푸른 대나무 숲에 이는 맑은 바람으로 죽재의 소쇄瀟灑한 정취를 알 수 있다.

　李子가 함안 모곡의 종자형 죽오竹塢 오언의吳彦毅의 집을 방문하자, 그의 부친 오석복은 사돈 송재공을 만난 듯이 사하생査下生을 반겼고, 그 또한 숙부를 만난 듯이 사장査丈 오석복과 정을 나누었다.

　숙부 송재공의 두 딸 가운데 둘째딸이 오석복의 며느리, 즉 오언의의 아내다. 오언의의 아내는 친정이 멀어서 외롭게 살고 있는데, 모처럼 자신의 피붙이 종제從弟가 찾아오니 반갑고 또 반가웠다. 李子의 〈전의령오공죽재前宜寧吳公竹齋〉 詩에서 대나무 숲속의 죽재를 상상할 수 있다.

碧玉千竿匝翠微　　벽옥 같은 대나무 숲은 산중턱을 둘렀는데,
淸風六月灑窓扉　　유월의 맑은 바람은 창과 문으로 불어오네.
退閒高臥無餘事　　물러나 한가로이 누우니 다른 일 없고,
滿壁圖書自繞圍　　사방 벽 가득한 도서가 저절로 둘러싸네.

　오석복을 만난 후 그의 삶의 모습을 긍정적으로 가치화하여 내면화하였고, 가치의 내면화가 위의 시에서 자아와 세계가 일체감을 추구하는 모습으로 나타나게 된 주요인이라 할 수 있다.

오석복의 〈삼우대〉는 '잔을 들어 밝은 달을 맞고, 그림자 마주하니 세 사람이 되었네.' 에서 詩의 제목을 따왔다.

併我作三人　나와 아울러 세 사람이 되었으니,
佳期良不渝　좋은 때 실로 저버릴 수 없구나.
擧酒宛相對　술 드니 완연히 서로 마주 대한 듯하고,
及時行樂娛　때에 맞추어 즐거움 행한다네.
我飮月爲勸　내가 마시면 달이 권하고,
我醉影爲扶　내가 취하면 그림자가 부축하네.
　　　　　　　　　　— 장광수 역 2007

오늘날 죽재 오석복이 살았던 모곡의 삼우대三友臺는 빈터만 남았다. 죽재의 아들 오언의吳彦毅의 손자 죽유 오운吳澐은 퇴계의 처남 허사렴의 사위가 되어서 초년과 만년에 영주의 초곡에서 살았다.

경북선 철로가 마을을 가로질러서 퇴계의 신혼 때 머물렀던 새초방은 흔적도 없어졌으나, 죽유의 후손들이 이 마을에서 유업遺業을 이어가고 있다.

초곡마을 뒷산의 삼우대三友臺는 죽유의 증조부인 의령현감 오석복吳碩福이 경남 함안 모곡에 건립한 것을 죽유가 초곡으로 이건移建한 것이다.

회산檜山(창원)으로 가서, 사촌누나의 생일잔치에 참석하였다. 사촌누나는 숙부 송재공의 맏딸이다.

1504년 11월 29일 순경舜卿 조치우曺致虞가 그의 아들 효연孝淵을 데리고 도산에 와서 송재의 딸과 초례를 행하였다.

대구부사를 지낸 조치우曺致虞는 청백리로 평가받아 옥비를 하사받았다. 그의 고향 영천시 대창면 대재리에 '어사청백리조치우옥비 御賜淸白吏曺致虞玉碑'가 비각에 보존되어 있고, 또 하나는 창원시 의창구 북면 대산리 창녕조씨 재실 모선재慕先齋에 모셔져 있다.

사촌누나는 친정이 멀리 있어서 외롭게 살고 있었는데, 친정 종제가 마침 자신의 생일잔치에 참석하게 되니 반갑고 또 반가웠다.

이 자리에서 생질 조윤구曺允懼의 詩를 차운해 〈회산조경중수모생신차경중운檜山曺敬仲壽母生辰次敬仲韻〉을 지었는데, 생일잔치의 즐거움을 묘사하는 한편, 이미 고인이 된 종자형 위재韋齋 조효연曺孝淵과 옛날 함께 청량산에 올랐던 일을 생각하고, 그의 죽음을 슬퍼하는 마음도 아울러 담았다.

오석복을 모시고 오언의, 조윤구曺允懼와 월영대月影臺(마산 해운동)에 갔다. 모곡은 함안군 산인면에 있으니, 모곡 건너편이 마산이다. 최치원이 옛날 놀던 일을 추억하는 詩 〈월영대〉를 지었으며, 저물녘 월영대에서 배를 타고 회원창원에 도착하였다.

합포合浦는 우리 땅에서 봄이 가장 먼저 오는 곳이며, 가덕도에서 거제도 옥포만으로 둘러싸인 진해만의 내해에 위치하여, 만구는 좁으나 수심이 깊고 잔잔하여 천연의 항구이다. 최치원의 〈범해泛海(바다에 배 띄우다)〉는 합포만을 배경으로 한 시이다.

掛席浮滄海　돛 달아 바다에 배 띄우니,
長風萬里通　긴 바람 만 리에 나아가네.
乘槎思漢使　뗏목 탔던 한나라 사신 생각나고,
探藥憶秦童　불사약 찾던 진나라 아이들도 생각나네.

바람과 달 좋은 경치는 신선이 된 선생을 따라가지 않았고, 안개 낀 물결과 갈매기는 서로 부르고 따르는구나. 비 개니 난간 밖으로 산 경치 짙고, 봄 다 가매 송홧가루는 술잔에 날아드네. 속세를 멀리 한 심정 다시 거문고 가락에 담기어, 비구름 감도는 참으로 좋은 때일세.

李子는 의령으로 되돌아와 백암촌의 장인 집에서 묵었다.
아내 허씨 부인의 할아버지 예촌 허원보許元輔는 고성에서 의령 가례촌으로 이거하여 박천駮川 냇가에 백암정을 지었는데, 재물과 딸린 사람들이 많았으며, 임란 당시 홍의장군 곽재우도 세 살 때부터 허원보 집안에서 양육되었다.

자굴산에서부터 시작한 박천과 가례천이 합류하여 의령읍을 에둘러서 단암진을 지나 낙동강으로 흐른다. 허원보는 박천 강가에 백암정을 짓고 뜰에 연못을 파고 온갖 꽃과 나무를 심었다.

예촌 허원보는 백암정에 이름난 시인 묵객들을 초청하였는데, 탁영 김일손金馹孫, 한훤당 김굉필金宏弼, 창계 문경동文敬仝, 우랑 김영金瑛과 함께 시회詩會를 열었다.

김일손이 〈의령 박천에서 허진사 원보와 함께 놀며(宜寧駮川與許上舍同遊)〉를 지었다.

'하여곡수상何如曲水觴'의 '곡수상'은 왕희지의 〈난정서蘭亭序〉의 유상곡수流觴曲水를 뜻하는 말로서, 굽이도는 물에 술잔을 띄우며 시를 짓던 놀이를 말한다.

《조선왕조실록》은 사관들이 기록한 사초를 모아 책으로 편찬한 것이다. 사초는 당시의 사관들이 기록하되, 이를 편찬하는 일은 다음 대에 이르러 작업을 하게 되어 있었다. 또한 작성된 사초를 수정하는 일은 상상도 할 수 없는 일이었다.

이극돈이 전라감사로 있었을 때, 세조의 왕비 정희왕후가 별세한 국상인 줄도 모르고 장흥에 있는 관기를 불러 여흥을 즐긴 일을 김일손이 사초에 기록한 것이다.

〈의령 박천에서 허진사 원보와 함께 놀며〉

金尊滴寒露　금 술잔엔 찬 이슬방울 떨어지고,
銀鯽斫飛霜　은빛 물고기 날리는 서리(霜)를 찍네.
共作臨流會　시 모임 참여해 함께 시를 지으니,
何如曲水觴　어찌 왕희지의 곡수상에 비길까.

이극돈은 그것을 삭제해 달라는 자신의 부탁을 김일손이 들어주지 않자, 당대의 모사꾼인 유자광을 찾아갔다. 서얼 출신으로 차별 대우를 받은 유자광은 김종직에 붙으려고 했으나, '유자광은 한낱 소인배 놈이다.'

유자광은 앙심을 품고 김종직이 굴원의 초사체를 본뜬 〈조의제문〉을 단종을 죽인 세조를 의제를 죽인 항우項羽에 비유했다는 내용을 연산군의 귀에 들어가게 하여, 무오사화戊午士禍가 일어나 김종직은 부관참시당하고 수많은 사람들이 처형당하였다.

李子는 당시 백암정에 모였던 예촌 허원보, 탁영 김일손, 한훤당 김굉필, 창계 문경동, 우랑 김영 등과 같이 시회詩會에 참석한 심정이 되어서, 간신배들을 단죄하고 영웅들에게 감개하는 기분으로 술잔을 치켜들 듯 시를 지었다.

萬古英雄逝	만고의 영웅이 세상을 떠났으니,
追思淚滿裳	추모하는 생각이 눈물 되어 옷자락 적시네.
當時留醉墨	당시에 취해 지은 글씨가 남아 있어,
此日媚韶陽	오늘 봄 햇빛 속에 아름다워라.
爲國腸如鐵	나라 위한 마음 철석같았고,
誅奸刃似霜	간신을 베는 칼날 서리 같았다.
花明駁川上	박천 언덕에 꽃이 환하니,

慷慨一揮觴 감개한 마음으로 술잔을 치켜드네.
詩酒我參社 시와 술을 좋아해 내 사람들과 어울렸더니,
風塵誰斂裳 풍진 세상에 누가 옷깃을 거두리오.
客中多意緒 나그네 중에는 뜻이 통하는 사람이 많으나,
春半暢陰陽 봄날 세상은 반만 화창하구나.
欲去惟雙屐 나막신 돌아가는 게 마땅하다 여겼더니,
重來已十霜 이곳에 다시 와 보니 이미 십년 세월이 흘렀네.
何當三逕裏 어느 때에나 세 갈래 길 속 이 정자에 다시 와,
日夕玩琴觴 날 저물도록 풍류 즐기며 술잔 기울일거나.

오늘날 가례의 백암천은 가례천으로 물길이 바뀌었으나, 李子의 '가례동천嘉禮洞天' 암각 유묵은 세월의 검버섯을 덮었고, 마을 앞 박천 냇가 절벽의 백암정은 태풍 매미로 2003년에 유실되었으며, 230호이던 백암촌은 1942년의 대화재로 마을 전체가 소실되었으나, 가례 이웃 도산마을에 예촌 허원보의 맏아들 허수許琇의 재실 존저암存箸庵과 허원보의 후손들이 가문을 이어가고 있다.

2019년 의령군에서 백암정을 그 자리에 새로 복원하였다.

3월 3일, 자굴산 쪽으로 오르며 답청놀이를 하였다.

李子는 아내와 처가에 근친近親 왔던 신혼시절, 처가 권속들과 자굴산 보리사로 답청했었다. 그 때의 기억을 되살리며 보리사菩提寺에

가려고 했으나, 봄날 경치에 흠뻑 취해 봄산을 헤매고 다녔다.

봄빛을 머금은 산야에 두견화·산벚꽃·산수유가 어지러이 피었으니, 바로 푸른 봄의 삼월 삼짇날이었다. 돌아오는 길에 집집마다 대나무 울타리에 모란·작약이 봄의 정취를 풍기는 마을이 있어서, 그 마을을 '수성리修誠里'라 이름 지었으며, 허원보의 둘째사위 박운朴芸의 집 앞에 누운 큰 돌에 신선이 사는 경치 좋은 곳이란 뜻의 '가례동천嘉禮洞天'을 새겼다.

이날 놀이의 과정과 그 흥겨움을 34운짜리 장편 고시〈삼월 삼짇날 유람을 나서다(三月三日出遊)〉에 담았다.

매화는 강남에서 피려는데,
북쪽 나그네 처음으로 말 빌어 타고 노니네.
여관 창은 텅 비었고 세월은 지나가는데,
꽃과 버들 무르익은 봄과 다투는 줄 모르겠네.

고개 숙여 적막함을 멋 내어 글로 써 보고,
말 타고 문을 나와 시내 찾았네.
시냇물 파인 골짜기 흐르다 흰 바위에 떨어지는데,
가운데 있는 한 동네는 안개로 자욱하네.

가다가 오솔길 찾아 꽃향기 풀 밟고,
한 병 좋은 술을 사람 시켜 메게 했네.
꽃 꺾어 모자에 꽂으니 나비가 따라오고,
가슴엔 캔 고사리 가득하고 광주리엔 봄 가득하네.

산중 곳곳에는 도화 살구꽃이 어지러이 피었으니,
바로 푸른 봄의 삼월 삼짇날.
가다가 오솔길 찾아 꽃향기 풀 밟고
한 병 좋은 술을 사람 시켜 메게 했네

집집마다 많은 대나무는 대문 삼아 정성스레 키웠고,
뒤따른 풍광도 당해낼 곳 없이 멋있네.
꽃 꺾어 모자에 꽂으니 나비가 따라오고,
가슴엔 캔 고사리 가득하고 광주리엔 봄 가득하네.

머리 구부려 높이 읊으니 들 학인 양 의심되고,
크게 웃고 박수하니 시골 아동 생각나네.
일색의 푸른 산은 나를 불러 가게 하고,
새들은 조잘조잘 사람 머물러 이야기하라네.

흥이 짙어지고 뜻대로 따르는 것도 갈 만한 경지에 가야 하니,
바람 속에 흩어지는 머리털 이리저리 나부끼네.
시심의 정이 보기 좋은 것 다 시로 쓸 수 있게 된다면,
조물주도 그 탐함을 싫어할 것이리라.

농촌엔 농부들 일하기 급한데,
나무 끝엔 햇빛이 비쳐 산누에 자라네.
높고 낮은 언덕엔 자갈돌이 어지럽고,
무성한 들판엔 메추라기 숨어 있네.

온갖 모습 아름다운 꽃들은 서시西施와 모장毛嬙처럼 예쁘고,
천 그루 고목들은 팽조彭祖와 노담老聃처럼 노숙하네.
돌들은 흩어져 뾰족하게 쌓였고,
채색의 날짐승은 빠르게 위로 올라 어지러이 나네.

많은 경관 접해 보는 고생 아직 다하지 않았는데,
경승을 완상함에 어찌 반드시 절에 갈 필요가 있겠는가.
낭떠러지 기슭에서 먼 곳을 바라보니 그림 같은데,
아래에는 물이 모여 쪽빛보다 더 푸르네. (이날 보리사에 가려고
했으나 날이 저물려 해서 가지 않았다)

지팡이 세우고 이끼 긁은 돌 위에 앉았으니,
물에 거꾸로 잠긴 꽃 그림자는 서로 일렁일렁하네.
굽이쳐 흐르는 물에 잔 띄우는 것도 큰일이거늘,
스스로 소라 껍데기에 술 부어 마음껏 마시리라.

늦게야 추가로 두서너 사람 도착해,
푸른 물가엔 다시 세 사람이 종사했네.
형체를 잊어버렸어도 단번에 그대를 알 수 있겠는데,
시인은 인간세상의 한 사람의 기이한 남자요.

즐겁게 노니니 곧바로 경치와 사물의 부림을 받아,
호탕하게 노는데 어찌 술에 탐닉함을 사양하리.
대장부 세상살이 각각의 취향 있으니,
장차 궁해지고 현달함에 마음 불사르지 말자.

거북이 몸 움츠리고, 범의 숨음은 못난 사내의 모습이니,
남에게 종속되고 천한 일도 부끄럽지 않다네.
어찌 선비가 지극한 보배 품은 줄 알리오?
가시가 왕성하면 사시나무와 녹나무에 부끄럽다네.

명성을 날리고 금 안장 말 타는 사람은 어떤 사람들일까?
곤경에 처하고 진흙길 가는 것 나는 달게 여기겠네.
다만 몸 건강히 좋은 때를 좇으며,
동해 가에서 술잔 기울이며 담담히 즐기기만 바란다네.

머나먼 고향은 꿈속에서만 갈 수 있으니,
부평초처럼 떠도는 타향에서도 좋은 벗들과 모인다네.
난정의 고사高士 모임 자취 벌써 묵어졌고,
곡강의 번화함도 교만하고 탐냈다네.

나는 다행히 여기에서 홀로 뜻에 맞아,
푸른 구름 속의 흰 돌 있는 궁벽한 곳 찾아
사슴들과 한 무리로 지냄이 내 평소 뜻이거늘,
가려 함에 할 말이 있으니 어찌 능히 말하지 않으리.

마침 우공에게 빌린 백 전 있으니,
구름 노을 쪼개 사고 초가집 얽어.
봄바람에 취해 오래오래 누웠으면,
혹시라도 신선 다니는 방향에서 옥상자 전해 줄는지.

장광수 역, 2017

三月三日出遊

山中處處桃杏亂	正是靑春三月三	行尋細路踏芳草	一壺綠酒令人擔
折花揷帽蝶隨人	採蕨盈懷春滿籃	梅花欲發江之南	北客來遊初稅驂
旅窓空□轉光陰	不知花柳爭春酣	低頭弄筆太寂寞	出門騎馬尋溪潭
溪從閶崛落白巖	中有一洞多烟嵐	山中處處桃杏亂	正是靑春三月三
行尋細路踏芳草	一壺綠酒令人擔	家家多竹門可款	追逐風光亦不堪
折花揷帽蝶隨人	採蕨盈懷春滿籃	高吟側頁野鶴疑	大笑拍手村童諳

青山一色喚我去　□□百舌留人談　興濃隨意適其適　風裏散髮吹鬖鬖
詩情入眼盡收拾　造物亦不嫌其貪　村中務急走田翁　樹梢晴熏生野蠶
躄趴高低襍少礫　平蕪掩翳藏鶉鵪　嬌英百態媚施嬙　古木千章老壹冊
雲根澳散矗磊磊　彩犳決起飛毯毯　紛紛應妾苦未了　勝賞豈必歸禪龕
是日將往菩提寺　薄晚不果往
斷崖遙望若畫圖　其下積水靑於籃　休筇拂苔坐石上　倒蘸花影相涵涵
流觴曲水亦多事　自甚蚰蠡設任啜含　晚來追到兩三人　更與青洲從事參
岸下一泓澄碧　最有佳致　便坐小酌　近村姜君二人携酒來飲
忘形一見卽爾汝　我是人間一奇男　嬉遊直爲景物役　跌宕寧辭菱藼眈
丈夫生世各有趣　莫將窮達心如惉　龜藏虎挾鄒夫熊　牛後墻間且不慙
豈知布衣懷至寶　荊棘旺張着梗楠　蜚英金馬是何人　困陌泥塗吾所甘
但願身健趁良辰　東海傾尊供樂湛　家山萬里在夢想　萍水他鄕好盍簪
蘭亭高會跡已陳　曲江繁華驕且婪　我幸於此獨得意　青雲白石窮幽探
同羣麋鹿我素志　欲去有言那能喑　會借于公有百錢　買斷烟霞結茅庵
春風吹趴一千日　倘有仙方傳玉函　　　〈遺集 卷二, 葉 6~7〉

3월 18일, 고향에서 보내온 편지를 받았다. 그 편지에 사형四兄 해
濫가 서울에서 고향에 다니러 왔단다. 아직 곤양길에 오르지 못했는
데, 고향으로 돌아가야 할지 고민했다.

봄바람이 불어와 비를 흩뿌리고 안개가 깔리는데
울타리엔 봄이 깊어 살구 열매가 도톰하구나
갑자기 고향에서 기쁜 소식 알려오니
고향으로 돌아가려는 마음은 이미 흰 구름 따라 달리네

함안 모곡에서 이날 오석복의 시를 차운해 〈십팔일모곡차오의령운十八日茅谷次吳宜寧韻〉을 지었다. 오의령吳宜寧은 죽재 오석복을 지칭하는데, 그가 의령현감을 지냈기 때문이다.

일 년에 세 번이나 오공의 집을 방문하여
술잔 나누다 보니 또 밤은 깊어 어렴풋이 날이 밝아오네
이같이 맑은 운치 시는 내 짐꾸러미에 들었으니
이번 남행에서 빈손으로 돌아가는 것은 진실로 아니로다.

모곡 마을의 재령 이씨 '고려동高麗洞' 뒤편, 오석복의 집터 남쪽 언덕에 표지석 '경도단景陶壇', 마을 입구 문암초등학교 건너편에 '퇴도가 유남遊南 중에 오석복의 모곡을 방문했다'는 경도단비景陶壇碑가 지방 유림에 의해 세워져 있다.

조윤구의 회산檜山 재사齋舍에 있으면서, 친인척들과 함께 비암鼻巖에 갔다. 무학산 정상 비암에서 시루봉 쪽으로 가다가 왼쪽 내서읍 감천리 쪽으로 산보를 갔다가 저녁에 돌아왔다.
이 날 〈비암鼻巖〉을 지어서, 봄이 무르익어 감을 노래했다.
계절은 눈에 띄지 않게 서서히 변하는 것이라고는 하지만, 요 며칠 사이 봄빛이 완연하다. 얼어붙었던 대지와 산천이 봄을 맞아 선명한 빛깔로 되살아나고, 온 산천의 초목들이 활기찼다.

　그러나 어느 순간 이러한 봄도 점점 저물어 간다는 사실을 떠올린 李子는 영원한 아름다움이란 존재하지 않는다는 사실을 깨닫게 된 것으로 보인다.

　　春滿羈吟苦　봄 저무니 나그네 괴롭게 읊나니,
　　雲移暮景多　구름 흘러 저물녘 풍경 아름답네.
　　耳邊山鳥語　귓가에는 산새 울음소리,
　　嘲哳奈愁何　번잡한 소리, 시름을 어이할까?

　봄이 저물어 감에 이를 아쉬워하는 것으로 보인다. 이러한 깨달음은 자신의 처지를 돌아보게 되는 계기가 되었을 것이며, 청년기에서 장년기로 넘어가는 과도기의 그에게 더욱 절실하게 다가왔을 것으로 생각된다.

　의령 가례 백암촌 처가를 출발하여 금산으로 강공지의 시미 동년인 강응규, 정두를 만나러 갔다. 친구들을 만나러 금산 가는 길에 월아산月牙山 청곡사를 지나면서 어린 시절을 회상하였다.
　청곡사는 월아산 남쪽 기슭의 골짜기에 있으며, 숙부가 진양목사로 계실 때, 언장 형님과 경명 형님 두 분이 어릴 때 숙부를 따라와 청곡사에서 독서할 때였다. 그 당시 李子는 어려서 숙부를 따라갈 수 없었다.
　"형님이 보고 싶어요."

"자식 된 사람은 마땅히 글을 읽어 학업을 성취해야 한다. 형들은 이 때문에 간 것이니, 그리워할 필요는 없느니라."

숙부 송재공은 진양 목사를 마치고 조정으로 들어가시어 호조참판과 형조참판을 두루 지내면서 특진관으로 경연에 참석하여,

"절도를 치죄하는 데는 그에 해당하는 법률이 있습니다. 단근斷筋하는 법은 쓰지 마소서."

단근은 형전刑典에 기록되어 있지 않은 법외法外의 형벌이지만 실제 죄인을 취조할 때 널리 행해지고 있었다. 단근은 손의 힘줄을 끊는 것이고 생업을 도모하는 데 방해될 것이 없다는 기록이 있으나, 신체에 가해지는 잔인한 형벌임은 틀림없다. 송재는 비록 국초부터 계속되었던 형벌이지만 그것을 중단할 것을 요청했었다.

송재공은 경오년(1510)에 강원도 관찰사로 나가셨는데, 그는 강원도에서 먼 길을 말을 달려서 일부러 어머니를 뵈러 올 정도로 효성이 지극했다.

송재는 귀향하여 송당골에 집을 지어서 송재松齋라 하고 지병인 혈소환血素患을 다스렸으며, 그때 李子는 열두 살이었다.

형들과 함께 송재 공에게 《논어》를 배웠다. 송재 공은 조카들에게 각각 자字를 지어주었다. 서귀를 언장彦章, 서봉을 경명景明, 서란을 정민貞愍, 李子를 서홍瑞鴻에서 경호景浩로 바꿔주었다.

 송재는 안동부사가 되어 동헌 서편에 애련정을 지어서 자질들을 가르쳤다. 숙부는 엄격한 스승이었다. 책을 덮고 돌아앉아서 배운 것을 배송背誦하게 했다.
 "외는 것은 글자를 기억하는 것이 아니라, 선현의 뜻을 가슴에 흐르게 하는 것이니라."
 선비의 자세로 바르게 앉아서 외우되 몸을 흔들어서도 안 되며, 착란하지 말고 중복하지도 말며, 너무 급하게 굴면 조급하고 너무 느리면 정신이 해이해져서 생각이 뜨게 된다.

 李子는 열세 살에 《논어》를 마쳤는데 책을 읽거나 혼자서 명상에 잠겼으며, 비록 어렸지만, 사람들이 많이 모인 자리에서도 선비처럼 면벽해서 침잠하였다.
 "앎과 배움은 그것 자체 때문에 가치가 있는 것이 아니다. 학문의 길에 각고도 중요하나 심신의 휴양 또한 중요하다."
 송재의 교육은 알묘조장揠苗助長이 아니라, 사람답게 사는 길을 스스로 터득하도록 하였다.
 자연을 소요하며 물아일체의 호연지기浩然之氣를 길러 자유의지와 정의로운 품성을 갖춰야 한다고 했다.
 '알기만 하는 사람은 좋아하는 사람만 못하고, 좋아하는 사람은 즐기는 사람만 못하다(知之者不如好之者 好之者不如樂之者).' 자질들을 용수사에 하과夏課를 보냈다.

〈청곡사를 지나며(過靑谷寺)〉

금산 가는 도중에 저녁 무렵 비 만났는데,
청곡사 앞에서는 차가운 샘물 넘쳐흐르네.
여기가 바로 눈 진흙에 기러기 자취 남긴 곳처럼 되었으니,
삶과 죽음, 만남과 이별에 한 줄기 눈물이 흐르네.

　　　　　金山道上晚逢雨　靑谷寺前寒瀉泉
　　　　　爲是雪泥鴻跡處　存亡離合一潸然

　숙부는 안동부사 재임 중에 혈소환으로 별세하였으며, 언장 형님이 세상을 하직한 지도 1년이 지났고, 경명 형님은 조정에서 관직생활을 하고 있다.

　李子는 청곡사에 들러서, 존망이합存亡離合의 인생을 느꼈다. 지금 27년이 지나 내가 이곳으로 와 잠시 들렀는데, 만나고 헤어지고 살고 죽는 것에 대하여 사람으로 하여금 거의 마음속으로만 편안히 품고 있지 않아서 절구 한 수를 읊었다.

　청곡사 기슭의 진주시 지수면 승산리는 삼성·LG·효성의 창업자 등 한국의 100대 재벌 중 30여 명이 어린 시절을 보낸 곳이다.

　3월 27일, 이 날은 저물고 비도 뿌리는 데다 길마저 잃고 몹시 고생한 끝에, 강공저, 강응규, 정두가 사는 마을에 도착해 보니, 그들은 집에 없었다.

　그날 친구들을 만나지 못한 채 혼자서 빕륜사에 머물렀다.

　그날 밤, 한 중이 문을 두드리며 보기를 구하여 맞아들이니, 혜충이라는 산인山人이었는데, 그 모습이 평온하여 그와 밤을 새워 대화하니, 그 목소리가 갱연鏗然하고 맑아서 이상하게 여겼다.

　그의 부탁을 받고 〈송산인혜충送山人惠忠〉 10수의 시를 써주면서 ……옛날의 명공 거유鉅儒들이 노장老壯 불도佛徒들과 함께 즐기는 것을 괴이하게 여겼다.

　불교는 살을 태우고 머리를 자르며 인륜人倫을 끊고, 그들의 의

복·언어·음식·거처 등이 모두 우리와 상반되니, 이는 명교(名敎 : 유교에 죄를 짓는 것)이어서, 물리쳐 같은 무리가 되어서는 안 되는 것이지만, 도리어 흠모 숭상하고, 그 道를 칭찬하기 바쁘니, 이것은 진실로 어떠한 마음인가?

평범한 사람들의 처세는 속된 것에 골몰하고, 명성과 위세에 급급하며, 밖만 보고 안을 보지 못하니, 빈궁함과 영달함으로써 높고 낮음을 정하고, 벼슬로써 귀천을 구분한다…….

노장老莊과 불교를 위하는 자들은 이와는 달리, 반드시 세상에 구함이 없고, 스스로에게 사사로움이 없으며, 사물의 이해관계에도 유혹되는 것이 없으니, 이는 곧 그 마음과 생각이 반드시 고요하고 그 지식이 반드시 높아지고 밝아지는 데 전념할 수 있으니, 우리의 마음에 말이 없어도 먼저 얻는 것이 있을 것이다.

李子는 평소에 옛 제현諸賢들이 도가道家나 불가佛家의 사람들과 어울린 것에 대해 의문을 품고 있었으나 혜충과 교류하면서 도불道佛에 대한 생각에 많은 변화가 있었던 것으로 보인다.

이러한 생각의 변화는 범인凡人들과는 달리 세상에 명리를 구하지 않고 사물의 이해관계에도 얽매이지 않는 그들의 생각과 태도를 긍정적으로 보았기 때문이었다.

불교는 신의 존재를 중요하게 여기지 않는 종교로서, 신의 은총에 의한 타력구원他力救援이 아니라, 누구나 부처가 될 수 있다는 신념으로 스스로의 깨달음을 통한 자력구원自力救援을 중시한

다. 특히, 세상의 구속에 얽매이지 않는 정신 경계나 산속에서 정진구도精進求道하는 그들의 모습은 청년기의 李子 자신이 추구하고자 했던 삶의 모습과 일정 부분 공유될 수 있었기 때문이다.

당대 유자儒者들이 그러했듯이, 노장과 교에 대해 기본적으로는 부정적인 태도를 견지하였다. 하지만 도불道佛에 대한 이러한 기본적 태도와는 달리, 그의 詩 세계에서는 도가적 상상력을 통해 청정淸淨의 공간을 형상화하거나, 속세에 얽매이지 않고 자연 속에서 살아가고자 하는 그의 정신 경계를 보여주는 작품이 적지 않게 나타난다.

李子가 만년까지 여러 승려들과 교류하면서 다수의 詩를 남겼다는 사실은 계사년 남행을 통해 이루어진 도불道佛에 대한 내적 성찰이 어느 정도는 영향을 미쳤을 것으로도 생각된다.

법륜사에 도착하여 강회숙과 규지 둘 다 없어서 이 밤에 李子 혼자 지게 되었는데, 시청에는 빗방울이 댓잎에 떨어지는 소리가 쓸쓸하게 들려오는 가운데, 절간이니 분위기는 맑았으나 친구들이 가고 없어 서운하고 섭섭해 부賦를 지었다.

出門迎笑只沙彌	단지 사미승만 문을 나와 웃으며 맞네.
挑燈獨臥西窓雨	등잔불 돋우고 누우니 서창에 비 내리고,
還似琅琅聽子詩	도리어 낭랑하여 그대 시 듣는 것 같네

　일전에 회숙(강공저)이 편지를 보내서 오라고 책망하며, 의령의 봄날 가까운 곳에 와 있으면서도, 봄 석 달이 다가도록 찾아와 이야기를 나누지 않는다는 등 말이 많기에, 말 타고 여기에 와 만나려던 계획 봄 석 달을 미루었다고 불평하지 말게나, 라는 시구로 달랬다.

　의령의 봄이 끝날 무렵 3월 27일, 법륜사에 강공저, 강응규, 정두가 찾아와 그간의 섭섭함을 풀고 난 후 강응규, 정두는 금산으로 보냈는데, 법륜사로 오는 길에는 실제로 미로가 있었다.
　이 詩는 친구들과의 약속 장소였던 월아산 법륜사에서 지은 작품이다. 이 시에서는 월아산을 찾아가게 된 이유와 길을 잃고 헤매었던 사정, 그리고 법륜사에서 친구들을 보내고 홀로 누워 빗소리를 듣던 상황들이 하나의 일기처럼 구체적으로 나타나 있다.
　그러나 이 詩가 단순히 하루 동안의 여정 기록으로만 의미가 있는 것은 아니다. 왜냐하면, 친구들과의 약속에 들뜬 李子의 마음과 친구들을 보내고 홀로 외로이 누워 친구들을 그리워하는 마음이 이 시에서 잘 묻어나기 때문이다.
　계사년 남행에서 겪었던 체험과 여정 속에서 일어나는 감성을 시로 형상화함으로써, 이후에도 남행의 기억을 온전히 추억할 수 있었던 것으로 보인다.

 이튿날, 강공저, 강응규, 정두가 찾아왔다. 강공저는 1522년에 식년시 생원과에 급제하였고, 강응규와 정두는 李子와 같은 해 1528에 진사 회시에 급제한 사마 동년이었다. 사마 동년이면서 아직 출사出仕하지 않은 같은 처지의 친구들이 함께 밤을 보내면서 많은 이야기를 나누었다.

 동년들은 명년에 치러질 대과大科에 관심이 쏠렸다.

 "별시도 식년과式年科처럼 팔도에서 초시에 합격한 자에 한해서 강경講經 시험을 보인다는 소문이 정말인가?"

 "지방에서 초시가 없으니, 거자擧子(과거 응시자)들이 도나 개나 모두 서울로 모여들어서 농사가 폐농하기 때문이라나."

 "과장科場이 난장판이어서, 거자擧子들 중에는 명지名紙(시험지)를 잃어버린 자도 있었다면서?"

 "다른 사람 명지를 훔쳐서 봉서封書를 떼어버리고 올린 자도 있다더군."

 술이 한 순배 돌자, 누군가가 궁금 비사를 조심스럽게 흘렸다. 멀리 한촌에 묻혀 산새소리만 듣다가 쥐들이 은밀히 전해주는 궁금宮禁(궁궐 비사秘事)를 들으니, 출사를 앞둔 선비들은 긴장했다.

 "병술년(1527)에 불태운 쥐를 걸어 동궁을 저주한 범인이 밝혀졌다면서?"

 "이종익李宗翼의 상소에 진범이 김안로의 아들 희禧라 카던데?"

 "김안로의 아들이 부마 아닌가? 그가 왜 그랬을까?"

"계미년(1524)에 그의 아비 김안로가 탄핵을 받아 유배된 것에 앙심을 품고 한 짓이라나."

"경빈이 자기 아들 복성군을 세자로 책봉하려고 꾸민 음모라고 김안로가 말했잖은가?"

"복성군 모자는 억울하게 죄를 뒤집어쓴 거지."

"복성군 모자뿐인가? 두 옹주를 폐서인으로 만들어 쫓아내고, 홍려도 매 맞아 죽었고, 좌의정 심정도 경빈 박씨와 결탁하였다 하여 사사賜死되지 않았는가."

李子는 시종 말없이 듣고만 있다가,

"죄는 크든 작든 반드시 삼심三審을 거쳐야 무고한 사람이 억울하게 당하지 않지."

정두가 말을 받아서, "그 말이 옳으이. 백 명의 진범을 잡는 것보다 한 사람의 억울한 사람이 벌을 받아서는 안 되지."

1527년의 '작서灼鼠의 변' 진범이 김안로의 아들 희禧라는 사실이 이미 1532년 이종익의 상소로 밝혀졌지만, 중종은 이종익이 현재 귀양살이 중이라는 이유로 상소를 받아주지 않고, 오히려 김안로를 예조판서로 승진시켰다.

"옳고 그름을 가리는 공론은 대신도 가로막을 수 없고 임금도 변동시킬 수 없는데, 공론이 행해지지 못하고 언로言路가 막히면, 기묘의 변 같은 화禍를 무슨 수로 막을 수 있겠나?"

　　김안로의 죄를 묻지 않고 도리어 사간 이언적을 파직시킨 중종의 처사가 정의롭지 못함을 걱정하였다. 다른 친구들도 분노를 터뜨리며 김안로의 죄에 대하여 한 마디씩 하였다.
　　강응규가 李子에게 《심경心經》에 대하여 물었다.
　　"《심경》을 엄부嚴父같이 존경한다는데, 누가 지은 책인가?"
　　"《심경》은 주자의 사숙문인 진덕수가 경서經書와 주렴계의 통서通書에서 심성에 관한 격언들을 뽑고, 정이천, 범난계, 주회암의 잠箴과 명銘을 초록하여 엮은 책일세."
　　"《심경부주》는 어떤 책인가?" 정두가 물었다.
　　"《심경부주》는 정민정이 《심경心經》에 주註를 단 책일세."
　　"진덕수가 처음 만든 것은 아닐 테고, 심학의 연원은 어디서부터 시작된 것인가?"
　　"물론, 진덕수가 처음 만든 것이 아니고, 순舜과 우禹는 열여섯 글자의 가르침을 주고받았는데, 이것을 심학의 연원이라고 하지."
　　"열여섯 글자라니?"
　　열여섯 글자에 세 사람이 모두 집중했다.
　　"그것은 요·순·우가 전한 심법이라고 하는데, 《고문상서古文尙書》〈대우모大禹謨〉편에 실린 인심유위人心惟危, 도심유미道心惟微, 유정유일惟精惟一, 윤집궐중允執厥中 16글자인데, 이는 인심은 오직 위태롭고 도심은 오직 은미하니, 오로지 정일精一하게 하여, 굳게

그 中을 잡으란 뜻이 있지."

유가의 경전 중에 心에 관한 글로서는 맨 처음으로 나온 것이기 때문에, 후세의 심성에 관한 학문이 모두 여기서 유래되었다고 하여 진서산은 이를 심학心學의 연원이라고 하였다.

《심경心經》은 정주학程朱學의 거경궁리居敬窮理 가운데 거경居敬에 속하는 존양·성찰의 면을 강조한 것일 뿐, 궁리 즉 진학進學·치지致知의 면에 대해서는 거의 언급이 없다.

부주附註를 가한 정민정은 《심경부주》 서문에서 서산西山 진덕수眞德秀가 《심경》을 편찬한 동기를 설명하였다.

"오호라, 사람이 사람이란 이름으로써 삼재(三才 : 天·地·人)에 참여하여 만 가지 교화를 이루어낼 수 있는 것은 오직 그 본심을 잃어버리지 않을 수 있기 때문이다.

그러나 그것은 자칫 놓쳐버리기 쉬운 것이어서 성聖과 광狂, 순舜과 척跖, 도척이 여기서부터 갈리게 되는 것이니, 그 두려움이 이와 같다.

옛사람들이 본원을 함양하기 위하여 일상 거처에 금슬琴瑟을 베풀고 좌우에 경계하는 잠언을 써 붙이고 하는 것은 까닭이 있는 것이다.

성학聖學이 밝지 못하니 인심이 타락하여 이목耳目의 욕欲에 성명性命을 기탁하고 구설로만 理의 시비를 다투니, 선생이 이를 깊이 염려하여 심경을 편술하게 된 것이다."

정두가 물었다. "이목耳目의 욕欲에 성명을 기탁하고, 구설口舌로만 理의 시비를 다툰다는 말은 무슨 뜻인가?"

"그것은 당시 학문의 경향을 평한 말인데, 이목의 욕에 성명을 기탁하고는 도심道心을 버리고 인심과 인욕에 사로잡혀 인생을 살아간다는 말이요, 구설口舌로만 理의 시비를 다툰다는 실천이 없이 사변과 이론만 위주로 한다는 말이지. 오늘날, 김안로의 처사를 보면, 도심을 버리고 인욕에 사로잡혀 인생을 살아가는 것이 아닐까?"

이튿날, 강공저가 李子와 동행하여 곤양으로 떠나며, 강응규, 정두와 작별하였다. 이때 〈이별의 詩〉를 지었다.

잔 올리는 법륜사 산신당에 아침 해가 곱게 비칠 때,
향기로운 산나물과 어린 고사리 삶아 샘물에서 헹구는구나.
어젯밤 나 홀로 자는 침상에는 빗소리만 들렸는데,
나를 떠나보내려는 이 아침엔 말 한 마리와 채찍을 준비했구나.
슬피 우는 두견새 소리 듣고 옷소매 날리며 떠날 때,
잔인하게 방초 밟으며 다리 건너니 가련해라.
세상 형편 따라 자네들은 나를 그냥 보내려 하지만,
시도 없이 어찌 이별 잔치를 벌이랴.

나는 병든 세상을 경험해 그걸 시로 표현하고 싶은데,
시를 말하는 걸 남들은 꺼리는구나.
자네 두 사람은 시를 싫어하는 세속 풍속을 따르니,
어찌 괴로워할 일이 있겠는가?
이로써 농을 하니라. 이런 농담을 하며 시를 주고받았느니라

 진주에서 곤양으로 출발하였다. 곤양에 도착하여 어득강을 만나 그곳 객관에서 묵었다.
 어득강은 욕심이 없고 염치廉恥를 숭상하여, 시골집의 가난하기가 빈한한 사람과 다름없이 청빈하였다. 공명의 득실 때문에 근심하지 않았으며, 마음이 꾸밈이 없고 순박하여 우활迂闊(물정에 어둡다)하다는 평을 들었다.
 "그대 바다를 본 적이 있는가?"
 일찍이 월영대와 법륜사 등에서 바다를 구경한 적이 있지만, 모두가 다 우물 안에서 하늘을 본 것 같았다.
 "내일은 남산에 올라 곤양의 바다를 구경하는 것이 어떻겠소?"
 관포의 호의에 감사하였다.
 어관포는 흥해군수 시절 관아에 동주도원을 개설하여 군민을 교화한 것에 대한 동주도원 詩 열여섯 절구를 李子에게 보여주면서, 이를 차운해 보라고 하였다.

　李子는 감히 사양할 수가 없어 시를 짓기는 하되, 이 곤양 땅이 한적하고 편벽되기로는 흥해보다 못하지 않으니, 도원의 명칭을 곤양 땅에 옮겨 놓는 것이 어떨지 생각했다.

　어득강은 李子 일행을 위하여 곤양 남산에 올라 하늘에 맞닿은 수평선과 고깃배들이 작은 섬 사이를 헤매고 다니는 바다의 풍광을 보여주는 한편, 배를 타고 작도鵲島에 건너갔다.

　당시의 작도는 바다에 떠있는 섬이었으나, 오늘날 간척사업으로 작도 주위의 바다가 매립되면서 작도가 위치한 서포면 일대의 평야에 작도는 동구마한 동산이며, 서포로 도로변의 계단을 오르면 작도정사가 적적하다.

　　　　鵲島平如掌　까치섬 평평하기 손바닥 같고,
　　　　鰲山遠對尊　금오산은 멀리 마주보고 있네.
　　　　呼吸地爲口　아침나절에도 깊이 헤아리지 못하니,
　　　　終朝深莫測　예로부터 이치는 그 근원을 알기 어렵네.
　　　　自古理難原　호흡하니 땅은 입이 되고,
　　　　往來山作門　들락날락하니 산은 문이 되었네.
　　　　古今多少說　고금의 수많은 주장들 가운데
　　　　破的竟誰言　마침내 누구의 말이 맞는 것인가?

어득강 일행과 배를 타고 바다를 건너서 외구外鷗리의 작도정사鵲島精舍에 올랐다. 작도는 바다에 둘러싸인 작은 섬에 불과하였는데, 바다는 크고 작은 섬들이 둘러쳐져 있어, 바다가 아니라 잔잔한 호수 같았다. 갈매기가 갯바위에 날아오르고 바닷물이 쓸려나가면, 아낙네들이 갯벌에 엎드려 꼬막과 조개를 캐고 낙지를 잡아 올린다.

작도에 들어갈 때 타고 갔던 배가 썰물이 빠져나간 후 바닷가 갯벌에 동그마니 얹혀 있었다.

"조수潮水와 석수汐水는 하루도 어김이 없듯이, 인간사도 이와 같아서 나섬出仕과 물러남進退이 분명해야 하지요."

관포는 과거에 오른 후로 대사간大司諫에까지 올랐으나, 여러 번 외직을 청하고, 성품이 담백하여 물러가기를 좋아하였다.

李子는 학문과 출사의 갈림길에서 갈등하고 있었다.

관포는 호강후胡康侯의 소견을 인용하여, 출처 거취는 마땅히 스스로의 마음에서 결단할 것이요, 다른 사람과 꾀할 만한 것이 못되며, 다른 사람이 참여할 수도 없는 것이라고 하면서,

"학문에 전념하는 것은 좋은 일이지요. 그러나 그대 스스로 어떻게 처리하느냐에 달려 있으며, 출사와 진퇴는 조수와 같으니, 한 인간의 의지만으로 될 수 없지요."

海門深處趁時和　화창한 때를 틈타 까치섬에 나아가서,
入手淸詩愈舊痾　맑은 시 손에 넣고 보니 묵은 병도 나을 듯.
把酒臨高頻眺望　술잔 잡고 높은 데 나아가 먼 곳 바라보니,
風生斜日暮生波　바람 불고 해지는데 파도가 밀려오네.

석양이 바다를 붉게 물들일 때쯤, 고향에서 온 편지를 알렸다. 넷째형 해瀣가 조정에서 벼슬살이를 하다가 고향에 왔으니, 빨리 돌아와서 그를 따라 서울로 올라가라는 내용이었다.

"사형四兄께서 근친하러 고향에 돌아왔다는 전갈입니다."

"하루 이틀 지체하시더라도 쌍계사 유람은 하셔야지요."

"삼신산 신령이 입산을 거부하는 듯하니, 지금은 때가 아닌가 봅니다."

삼신산 쌍계사 유람을 포기한 채 서둘러 고향으로 돌아갈 수밖에 없었다.

오늘날 '오리방천五里防川' 방조제를 쌓아 사천시 서포면의 바다가 간척되어 경작지로 변하면서 까치섬은 없어졌지만 서포로 도로변의 작은 동산 위의 작도정사鵲島精舍 오르는 계단 입구에 퇴계이선생장구소退溪李先生杖屨所 표지석이 남아 있을 뿐이다.

관포 어득강은 완사계浣沙溪에서 고향으로 돌아가야 하는 李子를 위해 전별연을 베풀어 주었다. 완사계는 곤양 동헌에서도 수십 리 떨어져 있는 곤명 완사마을의 덕천강변 소나무 숲이었다. 덕천강은 지리산에서 발원하여 산청을 거쳐 남강으로 흘러드는데, 덕천강변의 완사계는 곤양·곤명·진양의 주민들이 여름이면 강물에 멱을 감고 더위를 식히기 위해 모여드는 숲으로서, 계契 모듬을 하여 천렵을 즐기는 유원지였다.

곤명은 진양호 물속에 수몰되고 덕천강 금성교 아래 물속에 잠긴 완사계를 완사역 마을 사람들도 아는 이가 드물다. 어관포는 쌍계사를 함께 유람하자고 했던 계획을 취소할 수밖에 없는 데 아쉬워하면서, 마지막 전별을 완사계에서 벌였던 것이다.

"내 그대와 함께 삼신산 쌍계사를 유람하려 했으나, 만나자 곧 이별이니 인간의 힘으로 천리天理를 어찌 알겠는가."

고향에서 온 편지를 거역할 수 없는 운명으로 여기면서 안타까워했다.

완사계의 아름다운 풍광을 노래하면서, 곤양으로 초청해 주신 어관포에게 고마움을 표하는 〈완사계 전별浣紗溪餞別〉을 읊어서 석별의 정을 나누었다.

浣沙溪水鏡光淸　완사계 물은 거울처럼 맑게 빛나는데,
落日誰家一笛聲　해 질 무렵 어느 집에서 피리소리 들려오네
太守送人人亦去　어태수 날 보내야 하고, 나 또한 가야 하니,
滿汀芳草不勝情　완사계 방초들 석별의 정을 어쩌지 못하네.

장광수 역, 2017

곤양에 오게 된 것은, 관포 어득강이 한 해 전에 편지를 보내, "그대, 내년 산벚꽃 피는 계절에 삼신산 쌍계사를 저와 함께 유람하시기를 바라고 바랍니다." 했기 때문이었다.

어득강의 초청을 받고 곤양으로 달려가고 싶었으나, 자신이 처한 어둡고 무거운 현실에서 벗어나기가 쉽지 않았다.

그대 부르심 무릎 꿇어 받자오니,
새 날이 열리면 그대 보러 가리다.
산 너머 남촌에는 햇살도 부드러울진대,
꿈속에 보았던 그곳으로 냉큼 달려가오리다

막연한 기대를 품고 여행길에 올랐었다. 학문과 출사를 결정하지 못해 갈팡질팡했었는데, 여행을 떠난 후 곧 여행에 몰두하게 되자, 아내를 여읜 상실감도 잊고 여행을 즐기게 되면서, 자유로운 몸으로 구름에 달 가듯이 홀연히 떠다니는 처지를 행운으로 여기게 되었다.

이자는 삼신산을 함께 승유하자고 1년 전에 어관포와 약속한 일을 상기하면서, 편지를 받고 집으로 돌아가야 하는 처지에, 함께 삼신산을 가기로 한 선객仙客들이 화를 내고, 또한 내가 오지 않는다고 삼신산의 뭇 신선들이 화를 낼 것이라 했다.

쌍계사 유람을 접고 고향으로 급히 돌아가지만, 예천에서 굶주린 백성들의 아픔을 보지 못하고, 관수루에서 선인들의 깊은 충정을 알지 못하며, 법륜사에서 지음知音을 얻지 못하고, 작도에서 해조음海潮音을 듣지 못하며, 관포에게서 동주도원의 포부를 알지 못하고, 청곡사에서 존망이합存亡離合의 눈물이 없었다면, 댓잎에 이는 바람에도 〈매화梅花〉를 미처 알아보지 못했을 것이다.

평생 마셔도 마르지 않는 영혼의 샘물을 얻었으니, 삼신산 신선이 산문山門을 막아서도 詩 지어 와유臥遊할 따름이다. 이번 여행의 목적지인 쌍계사에는 갈 수 없게 되었지만, 인생 진로에 대한 확신을 얻게 되었으며, 무엇보다 〈梅花〉 詩 한 수를 얻었음을 기뻐할 따름이었다.

어관포와 약속했던 쌍계사 여행을 더 이상 진행하지 못하게 된 것을 에둘러 변명하지 않고, 정중하게 유감을 표했다

能令心事有遷移　마음으로 계획한 일 바꾸게 되었으니.
還愧塵緣驅使在　속사에 몰리게 된 나 자신이 부끄럽습니다.

雙溪形勝仙遊地　경치 좋은 쌍계사는 신선이 노시던 곳,
尺素招尋不我欺　편지로 부르시니 빈말이 아니었네.
還愧塵緣驅使在　속사에 몰리게 된 나 자신이 부끄럽네,
能令心事有遷移　마음으로 계획한 일 바꾸게 되었으니.

고향으로 떠나면서, 곤양으로 초청해 주신 어관포에게 고마움을 표하는 한편, 함께 쌍계사를 유람하려던 계획을 취소한 데 대한 아쉬움과 앞으로 자신의 삶의 자세에 대한 포부를 밝히는 詩〈어관포 님에게(寄魚灌圃)〉를 지어서 보냈다.

공께서 저에게 함께 쌍계사 유람을 하자고 하시어
제 꿈은 이미 삼신산의 아름다운 자연에 깊이 빠져들었으나,
일전에 고향에서 편지 들고 찾아온 아이 그냥 돌려보낼 수 없어, 이번 계획은 홀연 허망하게 되고 말았습니다.
법도를 지키려면 졸렬하게 빨리 돌아가서는 안되나,
오늘은 이 송별 자리를 바삐 떠나지 않을 수 없겠습니다.

지난 2개월간의 남행을 되돌아보며, 여행의 소회를 읊은 詩에서 도학자의 수양과 멋을 엿볼 수 있다.

집 떠날 땐 목말라 맑은 얼음 깨진 걸 찾았더니,
돌아오는 말 위에서 시 읊으며 청보리 이랑 건넜네.
　　　　　　　　　去路渴尋氷鏡破 歸鞍如吟度麥波靑

2. 재상어사

災傷御史

갑오년, 34세에 식년 문과에 합격한 李子는 승문원承文院 부정자副正字(종9품) 권지權知(인턴)에 임명되어, 그해 10월 문신 정시庭試에서 차석하여 통사랑通仕郎(정8품)에서 계공랑啓功郎(종7품)으로 한 품계品階 특별 승진되었으며, 그 해 12월에 승문원承文院 박사博士(정7품)로 승진됨으로써, 출사出仕 1년만에 정칠품正七品으로 품계가 올랐다.

그 후 선무랑(종6품)에 오른 때부터 어머니를 모시기 위해 지방 고을 수령을 희망하였으나 소망을 이루지 못하자, 벼슬을 버리고 고향으로 돌아가고 싶다는 심경을 노래하였다.

즐거워라, 산촌의 고향 사람들이여
나도 사직을 청하고 돌아가 술잔이나 나누리라
　　　　　　　　　　　樂哉山中人 言歸謀酒奠

기해년(1539)에 어머니의 3년 상을 마쳤다. 홍문관 부수찬에 임명되었다가 그 당일 날 홍문관 수찬(정6품)·지제교 겸 경연經筵 검토관檢討官으로 승진되었다.

　40세의 李子는 홍문관 교리校理와 통선랑에 임명되었고, 사간원 정언正言을 겸직하게 되고, 41세가 되면서 홍문관 교리(정5품)로서 경연經筵(어전회의)에 입시하였으며, 휴가를 주어서 독서 하는 사가독서賜家讀書에 선발되어서 동호 독서당에서 자신이 좋아하는 독서를 하게 되었다.

　사가독서賜家讀書는 세종이 젊은 학사들이 자기 분야의 학문을 깊이 연마할 수 있도록 집현전 학사를 선발하여 사가독서를 시켰다. 사가독서는 학습 과정이 자유로운 재교육 제도였다. 대제학이 관리 감독을 맡아서 월과나 삭제와 같이 그들을 독려하기는 했지만 그것은 부차적인 것이었고, 독서의 핵심은 스스로가 알아서 처리하는 것이었다.

　삼각산 아래 진관사津寬寺를 독서당으로 하였다가 성종 때에는 경치가 아름다운 한강변 용산의 폐사廢寺를 수리하였는데, 연산군 때에 이를 허물었으며, 중종 때 왕실 여인들이 출가하여 수도修道하던 정업원淨業院을 독서당으로 삼았다가 도성都城의 동남방향의 두모포豆毛浦 월송암月松庵 근처에 독서당을 새로 건립하고 동호東湖라 하며, 동호 독서당을 줄여서 호당湖堂이라 하였다.

　독서는 강서講書와 제술製述이 주를 이루었는데, 강서講書는 책을 읽고 문답을 하거나 토론하는 것이고, 제술製述은 시나 글을 짓는 것으로 이를 아울러 강제講製라 하였다. 이러한 사가독서 제도의 운영 방식은 오늘날 교원의 연구년제, 공무원 재교육, 기업의 사원재교육 등과 같다.

　중종에서 선조까지 활발하게 운영되던 사가독서는 임진왜란을 기점으로 쇠락하였고 영조 49년에 폐지될 때까지 약 340여 년간 지속되었다.

　동호의 두모포豆毛浦는 중랑천이 청개천과 합수하여 흘러드는 곳이라하여 두물개, 두뭇개라 하여 붙여진 명칭인데, 두뭇개가 변하여 두모포가 된 것이다. 중랑천 건너의 뚝섬이 있고, 두모포 앞 한강에는 저자도楮子島(닥나무섬)라는 큰 모래섬이 있어 방풍도 되고 유속流速의 조절도 해주어 포구로서 좋은 조건을 갖추고 있었다.

　중랑천과 한강이 만나는 지점의 저자도는 닥나무가 빽빽하게 자랐다고 해서 닥나무 저楮가 붙었다. 중랑천 하구에 자연적으로 생겨난 삼각주의 섬으로 노들섬, 밤섬, 서래섬, 선유도처럼 한강의 섬이었지만, 1972년 압구정 현대아파트를 지을 때 강남 땅을 매립하는 과정에서 사라졌다.

두모포는 경치가 좋아서 권세가들이 정자亭子를 지었다. 한명회는 두모포 맞은편 강안江岸의 압구정鴨鷗亭을 지었으며 예종의 둘째아들 제안대군은 두모포 언덕에 유하정流霞亭을 지었고, 연산군은 거기에 황화정皇華亭을 세워 연회宴會를 즐겼으며, 김안로金安老는 보락당保樂堂, 조대비가 태어난 쌍호정雙虎亭, 정유길의 몽뢰정夢賚亭 등이 있었다. 정유길鄭惟吉은 영의정을 지낸 동래 정씨 정광필의 손자이며, 그의 외손자가 청음 김상헌金尚憲이다.

李子가 마지막 귀향하던 1569년 3월 4일 도성을 나와서 정유길의 몽뢰정에서 하룻밤을 쉬어가게 된다.

옛사람들은 한강을 호수로 여겨서 동호東湖, 서호西湖, 남호南湖라 하였다. 한강은 시인 묵객들의 문화공간이자 교류의 장이었다. 중국 사신이나 과거 보러 상경한 선비들이 동호東湖 제천정에서 배를 타고 저자도를 돌아서 남호南湖의 용산강을 거쳐 서호西湖의 양화진으로 내려가면서 풍류를 즐겼다.

동호東湖에는 저자도와 독서당, 입석포(선돌개), 두모포(두뭇개), 제천정과 천일정, 압구정 같은 명승지가 즐비했으며, 서호西湖는 마포와 선유봉, 양화진 잠두봉(절두산)을 아우르는 지역으로 오늘날 서강西江이라 한다. 남호南湖는 용산강의 다른 이름으로 여의도와 밤섬을 품은 동작에서 노량진 구간이다.

1531년 무렵에 그려진 〈독서당계회도〉, 서울 국립고궁박물관

〈독서당계회도讀書堂契會圖〉는 1531년 조선 중종 때 선비들의 뱃놀이 모습을 그린 '독서당계회도讀書堂契會圖'가 국내로 돌아왔다.

미국 크리스티 뉴욕 경매에 나온 그림을 국외소재문화재 재단이 낙찰받아 들여온 것이다.

한강 두모포의 전경이다. 우뚝 솟은 응봉과 삼각산, 도봉산이 받치고 있는 동호 독서당 좌우의 경치 좋은 언덕마다 누정이 자리 잡았고 한강 건너편(그림 하단)에 압구정이 물 위에 떠 있다. 독서당 선비들이 배를 타고 유람하는 모습과 함께 멀리 삼각산(북한산)을 배경으로 응봉(매봉산)과 두모포 일대를 담은 실경산수화이다. 안개에 싸여 지붕만 보이는 건물은 독서당으로 보인다.

선비들 중에 사가독서에 선택된 자는 영광스럽기가 선관仙官에 비교되기도 하였다. 동호 독서당에서 함께 사가독서를 하던 최연, 엄흔, 송기수, 임열, 윤현, 임형수, 나세찬, 김주, 정유길, 김인후, 민기, 이홍남 등 12인과 수계修契를 하였다.
  독서당 관원은 윤번으로 돌아가면서 교대로 그곳에서 독서하였다. 그러나 관례상 다른 관직을 가진 채 선발되었기 때문에 그곳에 오래 머물면서 독서하는 사람은 없었다.

궁궐의 벼슬보다 사가독서가 즐거운 李子는 항상 단정하게 앉아서 독서에 주력하였으며, 간혹 다른 관원들과 유상遊賞하는 경우에도 방종하는 데까지는 이르지 않았다. 독서당 남쪽 다락 왼편의 작은 집을 '회문당會文堂'이라 하였는데 이곳에서 독서당 친구들과 주고받은 시문들이 여러 편 있었다.

〈독서당에서 김응림의 '가을에 느낌' 시에 차운(書堂次金應霖秋懷)〉

응림應霖은 김주金澍의 자 호는 우암寓庵 문장이 뛰어나고 초서草書를 잘 썼으며, 이자와 하서 김인후, 금호 임형수 등과 동호에서 독서하였다. 예조참판을 지냈으며 명나라 사신으로 갔다가 북경 관사에서 병사하였다.

가을이 와서 오동나무가 한 해를 흔들어 놓으니,
오랫동안 빚지고 있다는 생각에 산천을 등지고 있으니.
병고에서도 맑은 술을 성인이라 불렀다는 말이 생각나네.
가난해도 달게 여기겠나? 돈을 형님같이 여긴다는 것을
자주빛 기운 띤 신선은 함곡관 밖으로 나갔고,
노란 관 쓴 도사는 거울못 곁에서 놀았다네.
평수에 잘못 끼었네, 금마문 느나드는 선비들 틈에,
미치지 못하네, 제 집에서 한 촌 마음밭 잘 가꾸기만은.

秋入梧桐撼一年 飜思宿債負山川
病中猶憶聖呼酒 貧裏寧甘兄事錢
紫氣仙人函谷外 黃冠道士鑑湖邊
平生謬廁金閨彦 不及渠家養寸田

- 성호주聖呼酒 : 청주를 성인, 탁주를 현자에 비유.
- 형사전兄事錢 : 돈을 형님과 같이 받든다(親之如兄).
- 황관黃冠 : 은거도사들의 관冠. •금규金閨 : 금마문의 별칭.
- 금규언金閨彦 : 벼슬하는 것을, '금마문金馬門에 들어간다'
- 거가양촌전渠家養寸田 : '한 치 밭으로 살 수 있거늘, 누런 찰벼 권하나?'

〈저녁에 개이자 배 위에서 응림·경열에게 보임(夕霽舟上示應霖景說)〉 경열景說은 민기閔箕의 자, 호는 관물당觀物堂이다.

견디지 못하겠네 하루 종일 여러 책 끼고 앉아 있는 것
어이 접어두랴, 하늘 높은 가을에 묵은 비 개인 경치를
저녁 빛은 차츰 맞이하네 산 빛깔 어두워져 감을
노을 빛 때때로 거꾸로 비치네 물빛 맑은 곳에
근심은 바다까지 이어졌네 외로운 뗏목 아득히 흘러갔으니
흥겨움은 강 동쪽을 감도네 한 마리 기러기 가로질러 날아가
잠시 영주를 벗어나서 안개낀 배를 타고 놂이
밭갈고 낚시 하고자 하였던 당초의 맹서와 비교하여 어떤가

不堪盡日群書擁 難負高秋積雨晴 暮色漸迎山色暝
霞光時倒水光明 愁連海上孤查遠 興遶江東一雁橫
暫出瀛洲弄烟艇 何如耕釣赴初盟

해상고사海上孤査의 '査'는 뗏목. 소동파의 '강 위의 마른 뗏목 (江上枯槎)' 영주瀛洲는 바다 가운데 있다는 신선이 놀던 삼신산 중의 하나. 동호독서당을 '영주'라고도 불렀다.

李子는 벼슬살이에 매여 귀향하지 못하는 심사를 읊었다.

〈우리나라 역사책을 읽고, 김응림의 시에 각운자를 그대로 사용하여 지음(讀東國史 用應霖韻)〉

만국과 촉국 같은 작은 나라는 좋은 계책 없으니,
누가 사나운 짐승 같고 누가 양같이 순한지 알 길 없네.
강토를 두고 다투는 것은 비록 한나라 때부터이나,
나라를 연 신령스러운 일은 당나라 때부터였다네.
다만 이름만 남아 있으니 떨어졌다가 다시 합하고,
형편따라 멸망치 않으니 나쁜 일 좋은 일 번갈아 있었네.
가을바람 부는 계절 한낮에 서재의 창문 곁에 앉아서,
나홀로 역사책을 읽고 긴 시름에 졌네.

蠻觸乾坤計未良　孰爲猛獸孰群羊
爭疆爛沸雖從漢　開國神明實自唐
但有名存離復合　不隨形滅臭兼香
秋風白日書窓下　獨對遺編永憤傷

'독동국사 용응림운讀東國史 用應霖韻' 詩에서 우리가 이제까지 전쟁만 일삼았을 뿐 진정한 문명국으로 발전하지 못한 현실을 비판하였다. 만촉蠻觸은 달팽이의 왼쪽 뿔에 있는 나라를 촉씨, 오른쪽 뿔에 있는 나라를 만씨라 했다.

- 쟁강~종한(爭彊~從漢) : 한반도의 삼국통일을 말함.
- 개국~실자당(開國~實自唐) : 당나라 때 신라에 의한 삼국통일을 개국으로 본 것으로 추측된다.
- 취겸향臭兼香 : 취는 악취 즉 악을, 향은 향기로서 선을 비유하는 말. 악취나는 풀과 향기나는 풀을 한데 놓아두면 10년이 지나도 악취가 난다(一薰一蕕, 十年尙有臭).

〈가을날 호당의 남쪽 누각에서 저녁에 개임(秋日南樓晚霽)〉

쏴아쏴아 내리던 비 개인 저녁
콸콸 흐르는 작은 시냇물 소리
호수 위를 엷게 덮은 구름, 걷히지 않았고
하늘에 떠 있는 해, 담담하나 오히려 밝네
이 작은 누각 지세가 높은 곳을 차지하여
외로이 앉은 자리, 책상 앞이 시원하네
시를 적는 마음, 앞이 넓게 트인 것을 좋아하나
아픈 눈은 흐릿하게 바라보이는 곳이 분명치 않네

낙엽은 수풀 속 오솔길에 가득하고
청량한 바람은 서재의 방장을 흔들어 놓네
만물은 모두 각각 그 뿌리를 찾아 돌아가고
용과 뱀은 움츠려 몸을 보호할 생각 하네
아득한 옛날에는 백성들이 아주 소박하였으나
말세가 되면서 세상이 더욱 빡빡해졌네
그윽히 살아가는 저 새들 대체 무슨 마음일까
내려와서 모이를 쪼고는 다시 날아오르네.

　　　　蕭蕭晚雨霈　決決小溪響　湖雲薄未歸　天日淡猶朗
　　　　小樓地勢高　孤座几席爽　騷情喜曠蕩　病眼怯莽蒼
　　　　落葉滿林蹊　涼風撼書幌　萬物各歸根　龍蛇思蟄養
　　　　邃古民大朴　末路世密網　幽鳥亦何意　下啄還飛上

•소소蕭蕭 : 비내리는 소리. •결결決決 : 물 흐르는 소리.
•망창莽蒼 : 흐릿하게 보이는 곳까지.
•귀근歸根 : 근원으로 돌아감. •수고邃古 : 아득한 옛날.
•대박大朴 : 질박한 큰 道, 대박大樸 또는 태박太朴.
•용사사칩양龍蛇思蟄養 : 자벌레가 몸을 구부리는 것은 펴는 것을 구하기 때문이며, 용과 뱀이 엎디어 몸을 숨기고 있는 것은 몸을 보존하려 함이다(龍蛇之蟄 以存其身).

호당 다락 왼편에 조그만 집을 지어 회문당會文堂이라 이름하여 해마다 이곳에서 주고받은 시가 여러 편 있었다.

〈호당 남쪽 누각 벽에 적힌 여섯 자의 정형시 여덟 구를 차운하여 김응림·민경열 두 친구에게 보이노라(南樓壁上有六言四韻次韻示二君)〉 학문에 힘쓰려는 의지를 표현하였다.

옛 뜻 되살려 보려 수시로 가야금을 켜보지만,
그윽한 시름이 날마다 마음에 걸리누나.
산골짜기 개울 바닥에 바람이 일자 해 저물려 하나.
하늘가에 노을 지니 어두운 빛이 가벼우니,
모름지기 알아야 하네, 찌꺼기가 조잡하지만 않다고,
연원을 타고 올라가 봄에 이른다면 경지 또한 길다네.
그대들과 함께 있음을 즐거워하네, 서로 절차탁마하므로,
모두 잊어버리겠네. 노쇠하고 병듦이 깊이 닥쳐옴을.

古意時時撫琴 幽愁日日關心 澗底風生欲暮 天邊霞散輕陰
須知糟粕非粗 及到淵源又深 與子方欣麗澤 都忘衰病侵尋

- 천변~경음(天邊~輕陰) : 정호程顥의 시 '저녁이 저문다고 걱정할 것 없네. 하늘가에는 아직도 어두운 빛이 가벼우니(未須愁日暮 天際是輕陰)'
- 조박비조糟粕非粗 : "임금께서 읽고 있는 책은 옛사람의 찌꺼기입니

까(然則君之所讀者 古人之糟粕已夫)?"
- 급도~우심(及到~又深) : 주자의 '흐르는 물의 근원을 찾아가다가 들판 끝에 이르러서는 오히려 망연자실하네. 참된 근원은 간다고 이를 수 없음을 비로소 깨달아……(行到原頭却憫然始悟 眞源行不到).'
- 여택麗澤 : 친구끼리 함께 절차탁마하는 것. 주역에 '군자이붕우강습君子以朋友講'

〈독서당 난간 밖 나무 베기(剪開檻外樹作)〉

압구정에서 호당으로 돌아와 보니, 호당 남루 앞의 수목이 무성하여 전망이 다 가렸다. 나무를 모두 쳐내어 답답한 전망을 튼 다음 그 기쁨을 詩를 읊어서, 현실 정치에서도 소인들을 제거하여 청명한 세상을 이루어야 함을 아울러 밝혔다.

남루의 정취가 (호당에) 마땅하지 못할 정도로
난간 앞에 나무가 우거져 있으니
어찌 피리와 퉁소 소리를 들으리
땅귀신처럼 보이는 것은 땅강아지와 개미의 구멍이니
어그러진 것을 너그러이 받아들이기 몹시 어렵구나
허리에 도끼 차는 것이 어찌 종의 용기이리
쩡쩡 도끼로 찍어 넘겨 멀리 날려
난간 앞 덮고 가린 것을 탁 트이게 제거하노라

시내의 근원이 갑자기 흩어져 어지러워도
고요히 앉아 참선하려면 발꿈치를 옮기지 않나니
(나무를 베고 보니) 먼 산은 발을 거는 갈고리를 드리운 듯하고
상투를 묶은 듯한 봉우리는 계집을 안 듯 에워쌌구나
잔잔한 호수는 얼음같이 고운 명주를 다려 놓은 듯하고
안석과 돗자리에 맑게 갠 하늘 빛이 움직이는데
황홀하게 그 변화를 그려 보노라
대와 전각은 구름 사이에 솟아 있고
(나무베기) 전의 담장은 얼굴 가까이 있구나
만상은 다투어 드리고 받들고
큰 기러기는 아득히 하늘 끝으로 날아가는데
세상사는 진디등에와 같고
인심은 사악한 벌레를 피하는구나
국정은 조금 부어오른 수중다리처럼 피하고도
나와 비교하여 많은 공을 늘어놓으니
국정에 기여한 공의 경중을 분간할 수가 없구나

장광수 역 / 2024

〈동호 곁 정원의 정자에 우연히 나와서(湖上園亭偶出)〉
  ― 소강절의 시를 본받아 지음(效康節體) ―

이름난 정원이 어디 한강수 머리 쪽에만 있다 하겠는가?
한가하게 찾아가면 어느 곳에도 놀만한 곳이 없지않네
흰 고기 옥을 끊어놓은 듯하니 집집마다 흥겹고
황금빛 국화꽃이 금을 배열한 듯 정원마다 가을 일세
술 마시며 즐겁게 앉으니 높은 정자는 전망이 시원하네
정자를 읊은 시들은 굽은 난간 그윽함을 사랑했네
다시 알겠네, 붉은 치마에 취하면 쉬이 싫증난다는 것을
배워야 하겠네, 모래톱의 해오라기 호탕하게 노는 것을

　　何限名園漢水頭 閒來無處不堪遊 白魚切玉家家興
　　黃菊排金院院秋 酌酒喜臨高榭豁 題詩愛向曲闌幽
　　更知易厭紅裙醉 要學沙鷗浩蕩游

• 홍군취홍군취(紅裙醉) : 한유의 〈취하여 장비서 적에게 주노라〉 '장안의 부잣집 자식들 밥상 위의 가지가지 좋은 반찬 늘어놓았네. 옛날 문자에 나오는 격식 갖춘 음주법은 하나도 알지 못하면서, 오직 붉은 치마 입은 계집아이들에게만 취하네(猶能醉紅裙).'

〈친구들과 압구정 언덕에 올라(與諸君同登狎鷗亭後岡)〉

끊어진 언덕 강에 가까워 기세는 날 듯하네
그대들과 올라서서 바라보니 몸과 마음이 확 트이는구나
뜬구름은 성가퀴를 감돌아 삼각산 뫼뿌리와 가지런하고
떨어지는 해 하늘 낮게 드리워서, 바다 문턱에 가깝구나.
온 세상 경영하는 일, 남가일몽과 같은 것이니,
일순간에 감흥이 솟아나 국화 앞에서 술잔을 드네
모래섬의 물새들 어찌 아랑곳하리오? 인간 세상의 일을
호탕한 풍류, 말없이 즐기고 있네

겸재 정선, 압구정

斷皁瀨江勢欲鶱 與君登眺暢形魂 浮雲遠堞齊神嶽
落日低空近海門 萬世經營槐穴夢 一時感慨菊花罇
沙禽豈管人間事 浩蕩風流無語言

• 신악神嶽 : 임금의 도읍을 신주神州라 일컬으며, 삼각산이 서울의 진산鎭山이다.

압구정 정자가 보이는 언덕에 올라서 멀리 한강 건너편 두모포의 황화정과 살곶이다리 뒤로 아스라이 삼각산이 보인다.
한강의 풍광을 정선은 그림으로 그렸고, 李子는 詩를 읊었다.

압구정의 주인 한명회는 젊었을 때는 간결하면서 설득력있게 상대방에게 전달하는 말솜씨로 수양대군이 왕이 되기까지 지략의 중심이 된 인물이다. 한명회는 연산군에 의해 부관참시 낭한 후, 여러 사람의 손을 거쳐 조선 말에 박영효의 소유가 되었는데, 갑신정변 후 정자가 파괴되고 압구정동 현대아파트에 표지석만 남아 있다.

을미년 6월, 35세의 李子는 왜인倭人 호송관으로 차출되어 동래에 다녀왔으며, 1541년 3월 14일 홍문관 교리(정5품)로서 경연에 입시하였으며, 사가독서賜家讀書에 선발되었다.

그 해 6월, 41세의 李子는 사헌부, 사간원과 함께 '언론 삼사'라고 하는 홍문관의 수찬修撰으로 승진한 뒤 성절사聖節使 홍춘경洪春卿 행자行次의 자문점마관咨文點馬官이 되어 의주에 가게 되었다.

자문咨文이란 중국과 외교적인 교섭·통보·조회할 일이 있을 때에 주고받던 공식적인 외교문서이며, 점마點馬는 외교관들이 타고 다니는 마필을 점고하는 일이다. 승문원은 외교문서를 관장하는 기관이며, 당시 李子는 승문원외 교리로서 점마관을 겸하고 있었다.

李子는 한양 도성을 떠나서 관서지방 여행은 초행이었다. 황해도와 평안도는 고구려와 고려의 옛 영역으로써 영남 사람으로서는 미답未踏의 땅이었다. 미답의 땅에 들어서려면 누구나 미지의 세계에 대한 호기심과 함께 일상에서 벗어나는 자유도 만끽하게 될 것이다. 그러나 젊은 시절에 어관포를 만나러 남행을 감행했던 자유로운 방랑객이 아니라 공무를 수행하는 관리의 입장에서 긴장의 끈을 놓을 수 없는 처지다.

　무악재를 넘어 영은문을 지나 모화관을 나서면, 의주대로가 시작된다. 고양, 파주를 지나 장단에서 나룻배를 타고 임진강을 건너면 개성이다.
　개성은 918년 왕건王建이 고려를 건국하여 정한 왕도이다.
　궁궐터인 만월대, 조선 태조가 즉위했던 수창궁, 사신의 숙소인 태평관, 정몽주鄭夢周가 피살된 선죽교善竹橋, 고려유신 72인의 절의를 기리는 만수산 남동의 두문동비각杜門洞碑閣, 활을 쏘던 관덕정觀德亭, 정몽주·서경덕 등을 배향한 숭양서원 등 500년 역사를 지닌 송학, 송도, 개성 등으로 불리고 있다.

정몽주의 피가 붉게 배여 있다는 선죽교.

조선이 건국되자 72인의 고려 유신들이 광덕산 서쪽 기슭의 두문동으로 들어갔다. 태종은 고려 유신들을 회유하기 위하여 경덕궁에 과장科場을 열었으나 아무도 응시하지 않고 고개를 넘어가 버렸다. 이들은 자신들이 사는 곳을 부조현不朝峴, 두문杜門이라 하였으며, 두문불출杜門不出도 이에서 파생되었다.

고려 말 충선왕에게 '내 말이 틀리다면 도끼로 내 머리를 쳐 달라.' 지부상소持斧上疏의 역학자 우탁禹倬은 벼슬에서 물러난 뒤에 예안禮安에 은거하였다. 李子는 예안에 우탁을 모시는 역동서원易東書院을 도산서원보다 먼저 창건하였다.
우탁의 방계 후손 우현보禹玄寶은 이색李穡, 길재吉再와 더불어 벼슬에 나아가지 않고 은거하였다.

궁궐과 사적지를 둘러볼 여유도 없이 개성을 지나서 예성강을 건너면 황해도 땅에 들어섰다. 평산, 황주, 중화를 지나서 대동강을 건너서 고구려의 도읍지이며 고려의 서경이었던 평양성에 들었다.
평양은 기성箕城·낙랑樂浪·서경西京·서도西都 등 다양하게 지칭되었다. 그 중 '기성箕城'은 고대 기자조선箕子朝鮮의 역사적 터전이었음을 의미하며 '서경'과 함께 평양의 별칭으로 가장 많이 사용되었다.

〈기성도병箕城圖屛〉은 평양성과 대동강의 전경 및 평양감사의 대동강에서의 선유船遊광경을 가로로 길게 담은 8첩 병풍의 성읍풍속도城邑風俗圖이다.

제1첩은 평양성 밖 풍경, 제2~5첩은 내성內城, 제6첩은 중성中城, 제 7~8첩은 외성外城의 모습이다. 각종 지형과 시설물, 공해公廨(관청) 등에는 묵서墨書로 명칭을 표기하였다.

평양성의 우측에서 비스듬하게 내려다본 평행 사선 방향으로 늘어선 건물들의 모습과 지세의 원근遠近및 고저高低도 자연스럽다. 산수는 황토색과 녹색으로 선염渲染하고 부드럽고 두툼한 청색의 필선으로 산의 주름을 따라 마치 음영을 나타내듯이 질감을 나타낸 청록산수이며, 윤곽선 부근은 점묘點描와 짧은 피마준披麻皴으로 처리하였다.

건물 표현에서는 전축塼築의 성곽이 보이고 용마루 등 지붕 윤곽은 흰색으로 그려져 있다. 분홍색 꽃나무는 계절 감각을 나타낸다. 화면 우측 대동강에는 평양감사의 뱃놀이 광경이 화려하게 펼쳐져 있다.

서울특별시의 유형문화재 제176호이며 서울역사박물관에 소장하고 있다.

　평양성은 북쪽의 금수산의 최고봉인 최승대와 청류벽淸流壁의 절벽을 끼고 있으며, 동서남은 대동강과 보통강이 흐르고 있어 산과 평야, 강을 아우르는 자연적 방어벽을 갖추고 있으며, 4대문을 연결하는 성벽은 3중의 겹성이다.

　성의 길이는 전체 15km로 성곽 주변은 강으로 둘러싸여 평양시의 중심부를 이루고, 주로 내성벽은 돌로, 외성벽은 흙으로 축성되어 있다. 성의 내부에는 당시 고구려의 도시 구획터가 아직도 남아 있다.

　50년 후 왜군이 대동강을 건너오자 평양성을 지키던 군사가 흩어져 도망치자, 장수들은 성안의 사람들을 내보내고 무기를 풍월루 연못에다 버리고 성을 빠져나갔다.
　이일李鎰·김응서의 관군과 휴정과 유정의 승군僧軍이 이여송의 5만 군사와 합세하여 평양성을 공격하니 군량과 무기가 바닥나자 왜군은 평양성에서 퇴각하였다.

　李子는 평양에서 출발하여 순안, 숙천을 지나, 안주에서 청천강을 건넜다. 청천강은 물줄기가 거세고 강이 깊어서 살수薩水라고 불렀으며, 612년 을지문덕 장군이 수나라 양제煬帝의 100만 대군을 물리친 곳이다. 청천강을 건너면 정주, 곽산, 철산, 용천을 지나서 의주성에 들어갔다.
　의주성에서 압록강을 건너면 명나라 땅이다. 임란 당시 의주까지 파천했던 선조가 압록강을 건너 도망할 궁리를 할 때, 영의정 서애 류성룡이 선조의 앞을 가로 막아서서,
　"안됩니다. 王께서 우리 국토 밖으로 한 걸음만 떠나면 조선朝鮮은 우리 땅이 되지 않습니다."

　50년 후를 예측할 수 없는 李子는 가는 곳마다 경물이 바뀌고 억양이 달라지는 곳곳마다 시를 읊었지만, 밀무역을 감시하는 자문점마관의 입장에서 유유자적할 처지가 아니었다.

 의주로 가는 길에 죄인을 감시하여 데리고 가는 압해관押解官 신순申洵 등이 당물唐物을 사오기 위해 은양銀兩을 가지고 간다는 정보를 듣고 그 일행의 마두馬頭인 임손林孫을 고문한 결과 은양을 가지고 있다는 사실은 밝혀내지 못하였다. 그러나 복물을 13바리씩이나 가지고 간다는 사실은 밝혀내어서 이 사실을 문서로 작성하여 조정에 보고하였다.

 6월 5일, 중종은 경연經筵에서 부경 사신의 행차가 돌아올 때 적간하는 일에 대해 전교하기를,
 "단련사의 일행이 돌아올 때에 당물을 사가지고 오는 자에 대해서는 이미 점마를 시켜 조사, 수색하라고 하였다…….
 만약 먼저 영을 반포한다면 그 사람들이 소지했던 물건을 반드시 국경 밖에 두고 빈손으로 돌아올 것이니 어떻게 그들이 가지고 오는 물건을 수색할 수 있겠는가. 그러니 은냥 같은 것은 일체 통렬히 금지해야 하지만, 당물까지 수색하여 압수하는 일은 중지하는 것이 옳지 않겠는가.
 이황李滉의 서장을 보건대, 은냥을 가지고 갔다는 일은 풍문만 있을 뿐이요, 현장에서 적발한 것이 아닌데, 풍문만 가지고 추고한다면 나중에 공사公事를 꾸밀 때 처리하기가 어려울 것이다. 반드시 후일에 그것을 전례로 끌어대게 되어 폐단의 단서가 열리는 것도 염려하지 않을 수 없다."

윤은보 등이 회계回啓하기를,

"부경赴京 행차에 사신을 호송하는 단련사로 요동遼東에 갔던 자들이 물건을 사가지고 오기도 하지만 대부분 은냥으로 교역해 온 것은 아닌 듯합니다. 그러나 부경차 왕래하는 자들이 은냥을 가지고 가서 물건을 사오는 일이 많으니 그들의 복물卜物을 수색하여 사물私物은 모두 속공시켜야 합니다.

통사通事로 부경하는 자는 으레 남의 부탁을 받고 물건을 사오는데, 이렇게 한 번 수색을 거치게 되면 반드시 다시는 은냥을 싸가지고 가지도 않을 것이고 남들이 그들에게 물건을 구입해 오라고 부탁하지도 않을 것입니다…….

또한 이황이 내려갈 때에, 신순申洵 등의 일은 마두馬頭인 임손林孫을 추고한 것으로 계문하였으니 은냥의 말을 불가불 전지에 넣어야 합니다. 그러나 은냥을 가지고 가서 당물을 무역한 사연만을 추고하라고 한다면 이것이 적절한 지적이 될 것입니다. 이 일은 다만 소문에서 나온 것이고 사실로 드러난 것이 아닙니다. 그리고 당물을 13바리나 무역해 온 일로 본다면 은을 싸가지고 가서 사온 일이 없지도 않을 것이니 이것으로 전지를 받들어서 추고하는 것이 어떻겠습니까? 그러나 죄에 해당하는 일을 소문만을 가지고 적절한 지적이라고 귀일시킨다면 실정보다 지나친 듯하므로 신들의 뜻이 이와 같은 것입니다."

"이황이 지금 있는 곳에 머물러 있다가 그들이 오기를 기다려 수색해서 압수하게 하는 일에 대해서는 전에 이미 하서하였다. 그러나 먼저 영을 선포하지 않고 갑자기 수색하는 것은 옳지 못하다고 하니 올라오라고 하서하는 것이 옳겠다."

李子는 의주에 있는 동안 의주 주변의 경관을 읊은 연자시 12수 '義州雜題十二絶'을 지었다.

〈압록강 천연 요새(鴨綠天塹)〉

해 저무는 국경의 성에 올라 홀로 난간에 기대 서서
한 소리 북쪽의 피리, 수루 위에 들리네.
그대에게 알고저 하니 중국과의 경계가 어디쯤인가
웃으면서 손짓하네 긴 강 서쪽 언덕의 산을

日暮邊城獨倚闌　一聲羌笛戍樓間
憑君欲識中原界　笑指長江西岸山

압록강은 마자馬訾, 청하靑河, 또는 용만龍灣이라고도 하며, 그 물빛이 오리의 머리처럼 파랗다고 '압록'이라 붙여진 이름이다.
- 강적羌笛 : 서역 강족에게서 전파된 3~4개의 구멍으로 된 피리.
- 중원中原 : 한족들의 왕조가 활동하던 지금의 하남河南 지역.

강 건너 랴오닝성 지역은 고구려의 활동무대였다. 안시성 성주 양만춘이 당 태종의 침공을 물리쳤으나 흩어져 살던 여진족이 통합하여 후금을 세우고, 병자년에 압록강을 건너서 침공해 왔다.

"조선인 포로들 가운데 압록강을 건너기 전에 탈출에 성공하는 자는 불문에 부친다. 하지만 압록강을 건너 청나라 땅을 밟은 다음에 도망치는 자는 조선이 도로 잡아 보내야 한다."

청 태종 홍타이지가 남한산성을 포위하고, 제시한 11개의 항복 조문 중 일곱째 조문이었다. 청군에 끌려간 50만 명의 포로(被虜人)들의 피눈물이 얼어붙은 압록강에 흩뿌려졌으며, 요행히 도망쳐 온 포로들 가운데 도로 붙잡혀 청에 넘겨진 사람들은 발뒤꿈치를 잘리는 혹형酷刑을 당했다.

1910년 이후 일제를 피해 압록강을 건너 만주 땅으로 간 동포들은 1945년 광복 이후 이미 소련군 로스케(русские)가 지키는 압록강을 몰래 건너야 했다. 중국 단동에서 동력선을 타고 상류로 거슬러 올랐다가 어둠을 틈타 무동력으로 떠내려오다가 닿는 곳이 어디든 몰래 입국할 수 있었다.

6.25 당시 우리 국군이 압록강 초산까지 진격했으나 중공군이 압록강을 건너서 침공해 왔다. 그 후 70년을 넘겨서 분단이 계속되고 있다.

병자호란 당시의 모습을 그린 JTBC 〈궁중잔혹사 · 꽃들의 전쟁〉의 한 장면. 인조가 말도 타지 못한 채 항복 장소인 삼전도로 향하는 모습. / 사진 중앙포토

압록강은 예나 지금이나 중국과의 국경이다. 만리장성이나 멕시코 장벽처럼 강자의 월경越境은 합법이요, 약자는 불법이니 다툼이 있기 마련이다.

의주는 고구려 멸망 후 당·발해·거란의 영토였다가 고려시대에 수복된 곳으로 오랫동안 외적과 싸운 곳으로 통군정統軍亭과 취승정聚勝亭·객사·사직·남문·서문·북문·동문과 성내에 삼지三池 29정井이 있으며, 통군정에서 압록강을 건너서 조망할 수 있는 구련성九連城이 있다.

〈의주성의 지리적 이점(州城地利)〉

성의 담벽과 성가퀴 높이높이 치솟고 지세도 웅장한데.
요동 땅과 경계를 그어 북쪽 오랑캐를 눌렀도다.
나라의 관문 굳게 잠그기는 하느님의 자물쇠 같으니
오래도록 평화 얻어 초저녁마다 무사함을 보고하네.

雉堞峨峨地勢雄 分彊遼左壓山戎
國門鎖鑰如天設 長得平安報夕烽

- 치첩雉堞 : 치雉는 면적을 나타내는 단위, 첩堞은 성벽 위에 덧쌓은 성가퀴. 산융山戎은 흉노족의 한 지파.
- 국문쇄약國門鎖鑰 : 북쪽 관문을 굳게 잠그는 일(北門鎖鑰 非準不可).
- 평안보석봉平安報夕烽 : 매일 초저녁에 하나의 봉화를 올리는 것을 편안을 알리는 불이라고 한다(夕烽來不近 每日報平安).

〈산천의 빼어난 형세(山川形勝)〉

구룡연의 구름 기운 새벽 되니 서늘한데
송골산은 하늘을 찔러 밝은 해도 낮게 보이네
앉아서 산성 문이 닫히기를 기다리고 있자니
호각 소리 들려오네 압록강 서쪽에서

龍淵雲氣曉凄凄　鶻岫摩空白日低
坐待山城門欲閉　角聲吹度大江西

일제강점기, 의주성 남문(해동제일루), 국립중앙박물관

- 용연龍淵 : 의주 북쪽 8지 지점에 있는 구룡연을 말함.
- 골수鶻岫 : 압록강 건너편의 송골산松鶻山.
- 각성角聲 : 치우와 싸울 때 황제는 피리를 불어 용이 우는 소리를 내게 해서 그를 막았다.

〈의순관義順館〉

영빈관 구름을 뚫고 서 있네 압록강 기슭에
우리 동쪽 나라 사람들은 예를 다해 중국 사신을 위하여
천자 소서 맞을 때, 환호 소리 넘치고
깃발 든 사절 떠나보낼 때, 이별하는 마음 새롭게 나네

華館凌雲鴨水濱 吾東盡禮爲王人
來迎鳳詔歡聲溢 去送龍章別恨新

- 봉조鳳詔 : 곧 조서, 오색 종이로 봉황의 입에다 매달았다.
- 용장龍章 : 왕의 상징으로서 용을 수놓은 깃발.

중국 사신이 오면 원접사 혹은 평안도관찰사가 의순관에서 그들을 맞이하는 동시에 귀로에 배웅하였다.

〈위화도威化島〉

고려 말 요동 정벌 계획, 감히 하늘을 거역이었다.
용이 날 듯 임금 될 기회는 오히려 숨은 덕 쌓음이었네
신이 권하여 장마철 위화도에서 압록강 건너 돌아온 뒤,
동해 가의 우리나라 봄기운 무르익어 만년토록 편안하리.

麗季狂謀敢逆天　飛龍景會尙田淵
自從神權加回旌後　東海春融萬萬年

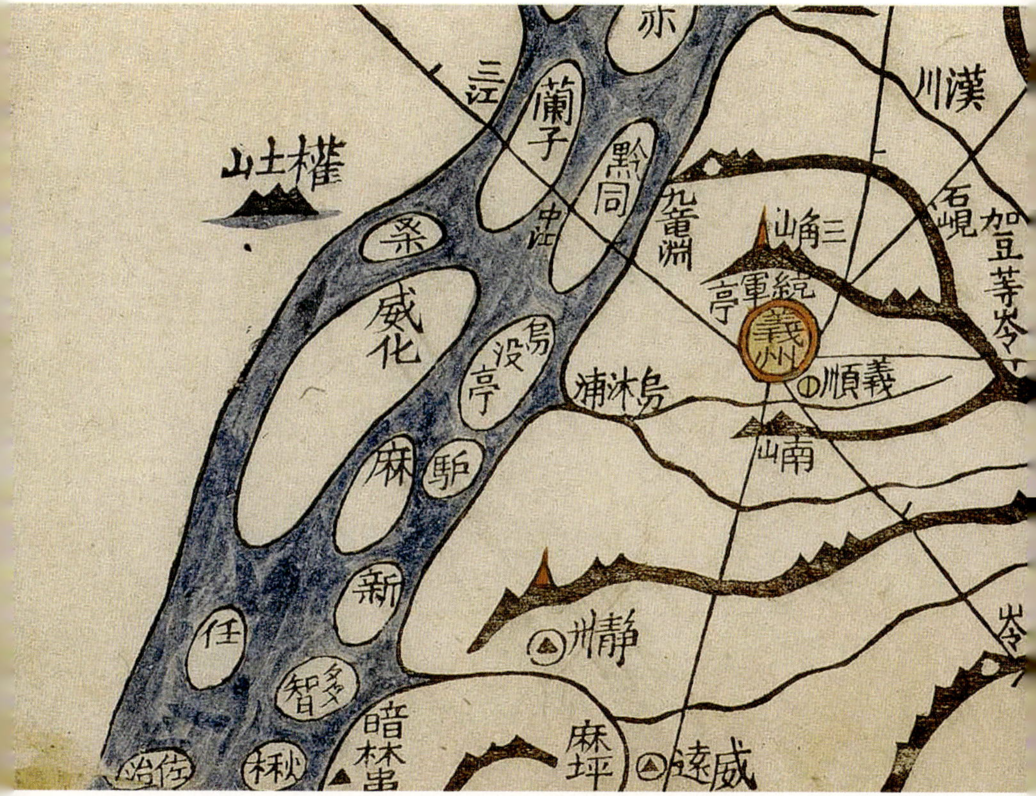

압록강의 위화도, 대동여지도

이성계가 고려 최영의 무리한 요동 정벌麗季狂謀에 반대하여 위화도에서 회군한 것을 칭찬하였다. 위화도는 의주 서쪽 15리 바깥 압록강 검동도黔同島 아래쪽에 있으며 둘레가 40리 남짓한 작은 섬. 비룡飛龍은 왕위에 오름. 신권회정神勸回旌은 위화도 회군이 신의 계시로 보았다. '그때 장맛비가 며칠을 계속 내렸는데도 물이 넘치지 않았는데 군사들이 모두 건너오자 큰물이 몰려와 섬이 물에 잠겼다.' 사람들이 모두 신기하게 여기었다. 모세의 출애굽기를 연상케 한다.

〈삼도 금경三島禁耕〉
　　(오적도 · 검동도 · 위화도 세 섬의 경작을 금함)

압록강 갈라진 곳 옥토가 생겨 지세가 평평한데
중국 국경지대 사람들이 이 사이에 들어와 섞여 살더라
이미 황제의 양해 얻어 피차간에 국경을 구별하였으니
어찌 평상시인들 없을 수 있나, 환난 닥칠 것 사전 경계.

　　　　　　　　　　江分沃土勢漫漫　上國邊民雜此間
　　　　　　　　　　已被皇恩疆界別　可無平日戒圖難

오적도·검동도·위화도 세 섬은 기름져서 농토로 경작하였는데 1461년에 농민들이 건주위의 야인들에게 붙들리어 갔으므로 관에서 경작 및 개간을 금하였다.

- 도난圖難 : 《노자》에 있는 말로, 어려운 일의 도모는 그것이 쉬울 때 해야 하며, 큰일을 처리할 때는 그것이 작을 때 해야 한다(圖難於其易爲大於其細).

〈취승정聚勝亭〉

어찌 위주성 안에서 가능할까, 나의 풍류 다 발휘함을
지평선과 맞닿아 희미하게 바다와 삼각주로 사라지네
정말 이 강물을 변하게 하여 봄날 푸른 술을 만든다 해도
한 바리 술 권할 만하네, 먼 길 떠나는 친구 붙잡아 두고저

城中那得盡風流 水遠山長各自由
試問東亭收勝處 一尊堪勸故人留

- 취승聚勝 : 산수의 빼어난 경치가 한 곳에 모인다는 의미.
- 취승정聚勝亭 : 객관 동쪽에 있으며, 임진왜란 중 선조가 1년간 머물렀으며, 조선의 사신이 중국으로 건너가기 직전 문서와 방물 등을 최종적으로 점검하는 곳.

〈통군정統軍亭〉

통군정 위에서 압록강 물 흐름을 바라보니,
지평선과 맞닿아 희미하게 바다와 삼각주로 사라지는구나.
이 강물을 변하게 하여 봄날 푸른 술을 만든다고 하여도,
옛부터 다 풀기는 어려우리라, 허다한 이별의 슬픔을.

統軍亭上望江流 天際微芒入海洲
正使變成春酒綠 古今難盡別離愁

통군정, 청계 정종여 (1915. 거창 출생, 월북작가)

통군정은 의주읍 북쪽에 있는 군사를 지휘하고 통솔하는 의주읍성의 장대. 정면 4칸, 측면 4칸의 합각지붕건물이다. 의주읍성에서 제일 높은 압록강 기슭 삼각산 봉우리에 자리잡고 있는데, 서북방위의 거점이었던 의주읍성의 북쪽 장대로서 군사지휘처로 쓰였다. 통군정에 올라서면 이끼 푸른 의주성의 옛 성벽이 눈앞에 보이고, 아래로는 압록강의 푸른 물 가운데에 점점이 떠 있는 여러 섬들이 굽어보인다.

서쪽으로는 멀리 신의주·용암포龍巖浦 일대가 바라보이며, 남쪽으로는 '의주금강義州金剛'으로 불리는 석숭산石崇山과 백마산白馬山 일대의 크고 작은 산봉우리들이 한눈에 들어와 예로부터 관서팔경關西八景의 하나로 꼽혔다.*

백두산 천지에서 발원하여 803.3km를 흘러서 황해로 들어가는 압록강은 우리나라와 중국과의 국경을 이루는 국제 하천으로, 물빛이 오리머리빛과 같이 푸른 색깔을 하고 있다고 하여 압록鴨綠이라 이름을 붙였다고 한다.

강물은 의주 북쪽 경계에 이르러 몇 갈래 길로 나뉘었다가 합치기를 반복한다. 강에 위치한 크고 작은 섬들 때문이었다. 하지만 이 섬들은 여름과 가을에는 강물이 불어나 잠기기도 하고 섬이 육지와 연결되기도 하는 등 변화가 많았다.

*한국민족문화대백과사전

　의주는 무역도시이다. 중강 개시(국경무역)를 통해 조선은 곡식, 나귀, 노새 등을 명나라에서 수입하고 그 무역 대금을 은화, 말, 면포 등으로 결제하였다. 또한 화약을 밀수입하는 한편 인삼, 수달 가죽 등을 밀수출하였다.

　조선 상단은 서울의 경상, 개성의 송상, 의주의 만상이다. 명나라와의 중강 개시는 밀무역 활동과 국가 기밀 누설 등을 이유로 혁파가 논의되었고, 후금이 성장하면서 중단되었다.

　의주부는 압록강변에 물건을 모아 두고 기다렸다가 개시일에 상인을 거느리고 중강으로 나갔다. 그곳에서 봉황성의 통관通官 장경章京과 더불어 값을 정하고 서로 교역하게 하였다.

〈압록강 도하금지(斷渡)〉
— 조정의 의론이 금은법을 완화시키려 하였다(近朝議欲寬銀法)

값진 구슬 감추리는 사믈은 세 살 살라서 넣고 다니려 하는데,
산만하게 내왕하는 배들만 보고서 나루 사이 오고 감을 막았네
미묘한 간상배들 온갖 방법으로 나라의 법망을 속이려 하나니.
나라의 시책 오히려 너그럽네, 쥐새끼같이 곱쓸 놈들에게

　　　　　　　　　　　懷璧貪夫欲剖身　謾將舟楫斷通津
　　　　　　　　　　　微姦百計欺疏網　國是猶寬鼠輩人

압록강과 위화도

- 단도斷渡 : 중국과의 사무역 금지를 위하여 압록강 도강을 금지하였다. 도강자는 사형에 처하고 관할지의 지방관은 귀양을 보내었다.
- 회벽懷璧 : 주나라의 속담에 평범한 지아비는 죄가 없고 구슬을 품은 것이 죄이다(匹夫無罪 懷璧其罪).
- 욕부신欲剖身 : 서역 땅 장사치들은 구슬을 얻으면 배를 가르고서 그것을 저장하였다(부신이장지剖身以藏之).
- 탐부貪夫 : 《사기》 백이열전에, 탐욕스런 사내는 재물에 죽고, 절의가 굳센 선비는 명예에 죽는다(貪夫殉財 烈夫徇名).

〈청심당清心堂〉

빈 헌함 성긴 기둥이 마루를 사랑하여.
병든 나그네 편안히 누워 여행에 고달픈 몸을 풀었네.
어찌 감당하겠는가? 고을 원님 사람을 취하게 만듦을.
난감하구나, 단장한 기생들이 손님 마음 녹이려고 웃음을 자아냄이.

虛檻疎欞愛此堂 病夫安臥洗塵忙
那堪主帥挑人醉 不分紅粧笑客涼

- 청심당淸心堂 : 의주 관아 북쪽에 있는 객관(공무로 출장 관리 숙소)이다. 중앙 정부에서 출장나온 관리이므로 감사가 한 여인을 누이라

고 속이기까지 하며 시중을 들게 하였으나 끝내 돌아보지 않았다.
- 주수主帥 : 군대의 총수. 의주목사가 의주진관첨절제사 겸임.
- 불분不分 : 두보의 '봉숭아꽃 붉기가 비단 같음은 분별할 수 없으나, 버들솜 솜보다 흼은 밉네(不分桃花紅勝綿 生憎柳絮白於綿).'

〈취승정을 소재로 지은 시의 각운자로 홍공에게 전별시(聚勝亭韻 奉別洪公 春卿以聖節使赴京)〉

서산을 거닐면서 저녁 햇살 손으로 가리려는데,
수평으로 바라보니 갈가마귀등에 번쩍이는 석양빛이 분분하네.
빈 처마는 밤이 되니 받아들이네, 날라리 소리에 비치는 달
푸른 기와 맑게 연결되고, 바다 수자리 위 감도는 구름
차츰 가까워지는 이별의 아쉬움, 물처럼 아득히 넓어지고,
한없이 솟아나는 시흥을 공과 함께 나누어 갖네.

徙倚西山欲掩曛 平看鴉背閃餘紛 虛簷夜納胡笳月
碧瓦晴連海戍雲 漸近別懷如水遠 無邊詩興與公分

- 춘경春卿 : 李子가 의주에 자문점마의 사명을 띠고 출장와 있는 동안 그는 성절사聖節使(명나라 세종의 생일축하 사절)로 명나라로 들어갔다.
- 사의徙倚 : 배회하다, 거닐다.
- 평간平看 : 높은 곳에 올라 똑바로 바라보는 것.
- 아배鴉背 : 당 온정균溫庭筠의 〈春日野行〉 나비의 날개는 아침에 빛

다하였네, 까마귀 등에는 저녁에 햇빛 많네(접령진분蝶翎盡粉, 아배석양다鴉背夕陽多).

- 호가월胡笳月 : 중국 북방 민족의 취주악기로 피리와 비슷하게 생김.
- 해수운海戍雲 : 바다에 잇닿아 있는 수자리. 이백의 〈자류마紫騮馬〉 관문과 산의 백설 수자리는 멀고, 바다에 잇닿은 황운의 자리는 희미하네(백운관산원白雲關山遠, 황운해술미黃雲海戍迷).
- 청서빙장淸暑氷漿 : 송 포조鮑照의 〈대백두음代白頭吟〉 곧기는 붉은 현 같고, 맑기는 옥항아리 속의 얼음 같네(직여주사승直如朱絲繩, 청여옥호빙淸如玉壺氷).

자문점마관 李子는 의주 취승정에서 성절사 홍춘경과 작별하였다. 성절사 일행을 떠나보내고 서울로 돌아오기 위해 의주를 출발하여 10리쯤 갔을 때, 성절사가 돌아올 때까지 기다리다가 그 일행이 사오는 당물唐物을 조사하라는 명령을 받고 급히 의주 관사館舍로 되돌아갔다.

〈중국에 보낼 말 점검(閱馬)〉

좋은 말을 가려보고 뽑아서 황제의 마구에 들여보내려고,
강가에 나란히 세우니 비단에 놓인 구름 무늬같이 아롱지네.
우리 임금님 외교문서 완성하여 중국 사신에게 전하여 주니,
변방 달도 다정하여 내 돌아갈 길을 비추어 주네.

揀閱龍孫入帝閑　江頭齊出錦雲
玉書寫就傳朝使　邊月多情照我還

- 열마閱馬 : 말을 점검하다.
- 용손龍孫 : 훌륭한 말.
- 금운반錦雲斑 : 비단에 수놓은 구름무늬.
- 옥서玉書 : 중국과의 사이에 외교적인 교섭이나 통보, 외교문서.
- 조사朝使 : 명나라로 가는 조선 사신.

 6월 5일 다시 성절사 단련사 일행이 사 오는 당물을 조사하지 말고 속히 돌아와서 경연을 열라는 명령이 내렸다. 그 명령을 받고 서울을 향해 출발하였다.
 향일당嚮日堂 상진尙震은 일찍이 부모를 여의고 15세가 되도록 한량질만 일삼다가 분발하여 별시 문과에 급제한 후 영의정이 되

었다. 그는 재임하는 동안 황해도 평산平山 일대에서 임꺽정林巨正의 난이 일어나자, 이를 평정하기도 했다.

관서關西가 본래부터 번화한 곳으로 일컬어지다 보니, 이곳에서 구렁텅이로 빠져드는 선비가 있었지만, 李子는 자문점마로 의주에 한 달간 머물면서도 절대로 여색女色을 가까이하지 않았다.

돌아오는 길에 평양에서 잠시 머물렀다. 이 때 감사 상진尙震을 모시고 대동강 덕암 언덕의 연광정練光亭에서 베풀어진 밤 연회에 참석하였다. 상진이 아름다운 기생을 치장시켜 수청을 들게 하였으나, 끝내 돌아보지 않고 詩를 지어서 도의를 소중히 여기는 사군자士君子의 풍도를 유지하였다.

李子의 평양기생 수청거부는 당시 선비들에게 큰 울림을 주었다. 안동부사 홍경창洪慶昌의 손자 홍순언洪純彦(1530년~1598년)은 종계변무宗系辨誣* 통역관으로 연경燕京에 갔다가 부모의 장례비용 마련을 위해 기방으로 팔려왔다는 남경의 호부시랑 류모의 딸을 구해준 인연으로 그녀의 남편이자 당시 예부시랑 석성石星의 신뢰로 200년간 해결하지 못했던 종계변무와 임진왜란 때 명나라 군대의 파병을 이끌어냈다.

---

* 《대명회전大明會典》에 태조가 이인임의 후손이라는 오기誤記를 바로잡는 일.

멀리 아득한 성머리에 날 듯 펼쳐진 기와 지붕들 가지런한데,
올라와 보니 유독 깨닫겠네, 먼 산들 한결 낮아 보임을.
초저녁 조각구름과 석양은 처음 연회자리 펴는 것을 환영하고,
옥저와 구슬 장식한 금소리는 새벽닭 운 뒤까지 이어졌네.
하늘의 달은 가까웁기가 사다리를 타고 올라가면 될 듯.
명나라 사신 당고 공이 이 경치의 뜻을 정말 먼저 터득하여
합당하게 정자 이름을 「연관」 두 자로 이었네.

김홍도, 〈평안감사향연도〉 가운데 연광정 연회도, 국립중앙박물관

縹緲城頭翼瓦齊 登臨唯覺遠山低 殘雲返照迎初席
玉笛瑤琴送早雞 檻外長江橫似練 空中明月近堪梯
唐公此意眞先得 恰把亭名二字題 亭名唐公皐所命

- 익와제翼瓦齊 : 날 듯이 펼쳐진 지붕의 기와. 두보의 〈子規〉 골짝 안에는 구름 편안하게 걸려 있고, 강가 누대에는 날듯한 기와 가지런하네(峽裏雲安縣, 江樓翼瓦齊).
- 반조返照 : 反照라고도 하는데, 석양 무렵 해가 반사되어 비치는 것.
- 옥적요금송조계玉笛瑤琴送早雞 : 연회가 그 다음날 새벽까지 이어졌음을 의미함.
- 장강長江 : 대동강을 의미함.
- 명월근감제明月近堪梯 : 당나라 장두張讀의 〈선실지宣室志〉 주생은 구름을 타고 올라가서 달을 가져올 수 있었다(周生有道術能梯雲取月).
- 당공唐公 : 명나라 사신으로 조선에 왔었던 당고唐皐, 연광정에 대한 기문 〈연광정기〉를 이었음.

6월 14일 전, 서울에 돌아왔다.

서울에 돌아온 후 자문점마관으로 의주를 다녀오는 동안 지은 詩들을 묶어 수본手本 시집 《관서행록關西行錄》을 엮었다.

자문점마관으로 의주를 다녀온 후, 9월에 다시 경기도 재상어사災傷御使에 임명되었다.

9월 7일, 임진정에서 멀리 개경을 바라보며, 〈九月七日午憩臨津亭〉을 지어서 무신란武臣亂을 초래하여 고려를 망하게 만든 임금의 방탕함과 문신들의 경박함을 비판하였다.

〈구월 칠일 낮에 임진정에서 쉬면서(九月七日 午憩臨津亭)〉
― 재해를 살피는 어사가 되어(災傷御史) ―

임진강 나루 곁에 가을 하늘 짙푸른데,
맑은 강에 해 비스듬히 드니, 석벽이 훤하게 비치네.
밀물 썰물 드나들기를 옛부터 몇 차례나 되풀이했나?
큰 바다 서쪽으로 이어졌으나 수없는 봉우리 막아섰네.
돌아다니며 놀기 좋아하던 소년은 법당을 싫어하고,
경박한 문신들은 어리석어 분쟁의 실마리를 만들었네.
하늘 뒤흔드는 퉁소북 소리는 고기와 용을 근심짓게 하네.
광대들 안개처럼 지나니, 금비녀·덧신이 어지러이 널렸네.
어찌 알았으랴? 눈앞에서 사납게 발호하던 장군들도,
떠돌아다니던 혼, 이미 뜬 안개와 같이 사라질 줄이야!
추암의 맑은 교훈, 후세에 족히 전할 만하고,
여산은 화의 씨앗이라고, 잘못된 일 예부터 전해 오네.
단풍 숲 서리 맞은 잎, 성성이의 피와 같이 무르녹았고,
모래 강둑에 핀 갈대꽃은 흰 눈과 분간하기 어렵다네.

뱃사공은 다만 알고 있네, 급히 건너는 것을 다툴 줄만,
해오라기 하염없이 높이 날아오르는 것만 일삼네.
곡산은 저녁 구름 속에 남몰래 가려져 있으니,
난간에 의지한 나그네, 갑자기 마음이 울컥해진다.

임진강 나루의 임진정(臨津亭)

臨津渡上秋空碧 斜日淸江映石壁 潮來潮去幾今古
大海西連數峯隔 盤遊狡童厭法宮 輕薄詞臣昧釁積
轟天簫鼓愁魚龍 軼霧優倡鬧鈿舄 豈知眼中强跋扈
遊魂已似浮烟釋 皺巖明鏡足垂後 驪山禍胎謬傳昔
楓林霜葉爛猩紅 沙岸蘆花裹雪白 舟人只知爭渡急
鷗鷺無情事高格 鵠山隱翳暮雲頭 憑闌客子偏傷激

신축년(1541) 전국적으로 흉년이 들었는데 경기도 영평현에는 수해가 특히 심했으므로, 이 해 9월에 경기도 재상어사災傷御使로 영평·삭녕 등 경기도 동북부 지방을 돌아보고 왔다.

- 교동狡童 : 교활한 임금.
- 경박〜흔적(輕薄〜釁積) : 김부식의 아들인 김돈중이 정중부의 수염을 촛불로 지졌고, 한뢰는 대장군이 이응소의 뺨을 때린 일이 있었다.
- 요전석鬧鈿舄 : 당 명황이 여산에 있는 화청궁 행차 때 양귀비 등의 행렬이 지나가고 나면 금비녀와 나무 덧신, 구슬 등 온갖 진귀한 물건들이 길바닥에 떨어져 어지러이 흩어져 있고 향기로운 냄새가 수십 리나 났다.
- '舄' : 나막신 밑에 신는 것으로 진흙길에 다닐 때 상용하였다.
- 발호跋扈 : 통발을 뛰어넘다. 작은 물고기는 갇히고 큰 물고기는 통발을 뛰어넘다.
- 추암皺巖 : 고려의 임금과 문인들이 놀던 장소. 개성 동북쪽 2, 3리 지점의 시냇가의 병풍석 바위.

- 여산驪山 : 흉측한 곳.
- 성홍猩紅 : 오랑우탕.
- 곡산鵠山 : 송악산.
- 숭산崧山 : 신숭神嵩이라 하기도 한다.

고려 의종이 놀기를 좋아해 장단에 있는 보현원이라는 절에 놀러 갔다. 보현원에서 무신들의 오병수박희 대회를 열었다. 이 때 종3품의 대장군 이소응이 지쳐서 나가떨어지자 한뢰가 냅다 이소응의 뺨을 후려쳤고, 그걸 본 문신들과 의종은 왁자지껄 웃었다.
무신 정중부가 의종 앞에서 한뢰의 멱살을 잡고,
"네 이놈 한뢰야! 이소응 장군은 너보다 연세도 많고 종3품 대장군으로 벼슬도 훨씬 위이거늘 어찌 이딴 짓을 할 수 있느냐!"
무신 정중부鄭仲夫 등이 반란을 일으켜, 문신 한뢰韓賴 등을 죽이고 임금은 폐위시켜 거제도로 귀양 보냈다.

9월 9일 삭령朔寧(연천) 등지를 지나며 시 2首 지었다.
삭령은 임진강의 지류인 우화강羽化江변의 산간분지에 자리잡고 있어 장현場峴을 넘어 안협安峽과 우화정진羽化亭津을 건너 마전麻田·적성積城과 연결되었다. 서쪽으로는 석현席峴·동점東岾을 지나 토산兎山과 동쪽으로는 철원의 갈마현渴馬峴을 통하여 철원과 연결되었다. 임진강의 큰 나루터 징파도澄波渡는 정약용의《대동수경》에 의하면, 이곳의 강물은 강바닥의 자갈이 훤히 비칠 정도로 빛깔이 맑다 하여 징파강(澄波江)이라 이름지었다 한다.

〈삭령에 이르다(到朔寧)〉

슬프고 슬프도다, 흉년에 마음 편치 못하여,
강가에 말 세우니 그림조차 쓸쓸하고 고달파 보이네.
나뭇잎은 밤새 내린 서리에 완전히 붉게 물들었는데,
산에 드니 가을 하늘은 잘리어 절반만 푸르다네.
관사 은은한 구름 속에 숨어 절에 온 듯하고,
관리들 땅 밟는 것이 마치 병풍 위를 걷는 것 같네.
종이 찾아 싯귀 적으려 한들 무슨 소용 있으리오만,
달빛이 뜰에 가득한 것 아까워 부질없이 읊어 본다네.

     惻惻荒年意未寧 江邊立馬影竛竮
     葉從霜夜濃全赤 山入秋空割半靑
     官舍隱雲如到寺 吏人踏地似行屛
     索牋題句知何用 新月閒吟愛滿庭

 토지대장에 등록되어 있으나 실제로는 경작하지 않는 진전陳田을 토지가 없는 백성들이 한번 경작한 뒤로는 도로 묵힌다 해도 세금을 내는 백지징세白地徵稅를 내야 하기 때문에 감히 경작하지 못했다.

시독관侍讀官 李子는 석강에 입시하여 재상어사災傷御使로 검찰한 결과를 보고하였다.

"영평현(포천군 영중면)은 수재水災가 매우 심하여 백성들이 거의 생업을 잃게 되었는데 그곳을 떠나올 때 백성들이 몰려와서 말하기를 연한年限을 정해 놓고 농사를 지어 먹도록 한 강무장講武場의 땅을 영구히 경작하게 하면, 유민流民들이 생업에 돌아와 소생할 수 있겠다고 하므로 들은 사실을 그대로 아뢰었습니다."

"강무장講武場 문제는 경솔히 처리할 수 없으므로 대신들과 의논하여라"

"지금 관리들이 기근 때문에 휴가를 받지 못하여 자녀들의 혼사도 치르지 못하는 경우가 많습니다. 남녀가 혼인의 시기를 잃으면 화기和氣를 상하게 되어 황정荒政의 본뜻에도 어긋나게 될까 염려됩니다."

"흉년이 든 때 역말을 타고 가면 폐단이 있어서 휴가를 금한 것일 뿐이므로 사사로이 가는 것은 폐단이 되지 않을 것이니 다시 의논해 보라."

경기도 재상어사災傷御使를 다녀온 이듬해(1542) 2월 19일 또 충청도 구황적간어사救荒摘奸御使로 임명되었다.

온양군과 전의현을 거쳐 밤에 공주목으로 들어갔다. 전의현은 연기군에 병합되었다가 지금은 세종특별자치시에 흡수되었다.

전의현 남쪽을 지나가다가 산골짜기에서 기민을 만났다. 흉년에 굶주려 떠도는 백성들을 불쌍히 여기는 마음을 표현하는 詩를 지었다.

〈전의현 남쪽을 가다가 산골에서 굶주린 사람들을 만나다.
全義縣南行, 山谷人居遇飢民 〉

집은 헐고 옷은 때에 절었으며 얼굴엔 짙은 검버섯 피었는데,
관아 곡식 떨어졌으니 들에는 푸성귀마저 드무네.
사방 산에 꽃만 비단 같이 곱게 피어 있으나,
봄귀신이야 어찌 알리오 사람들 굶주린 것을.

屋穿衣垢面深梨 官粟㒰空野菜稀
獨有四山花似錦 東君那得識人飢

• 동군東君 : 봄을 맡은 신의 이름이다. 동제東帝 · 동황東皇 · 청황靑皇 · 청제靑帝라고도 한다.

〈밤에 공주에 들다(夜行入公州) 3월 24일〉

해 빠지니 길가에 핀 꽃 점차 보이지 않게 되나.
이따금 맑은 향기 코끝에 흠뻑 스치고 지나가네.
먼 길은 아득한데 지친 말 숨 몰아쉬고,
어슴푸레한 냇가에선 개골개골 개구리 떼 울어대네.
임금 계신 성 잠깐 떠나왔는데 봄은 자꾸 저물어가고,
금강 건너려 하니 밤 더욱 더디 지나가네.
구중궁궐의 임금님 근심 반드시 다 풀어드릴 수 없어,
말 달리며 부질없이 돌아보네, 이 백성들 어이할까?

　　　　日淪漸失道傍花　時有淸香撲鼻過　長路悠悠歇倦馬
　　　　暗溪閣閣吠羣蛙　王城暫別春還暮　錦水將經夜更賒
　　　　未必能紓九重念　驅馳空覰爾民何

• 춘환모春還暮 : 소옹의 〈늦봄(暮春吟)〉 '꽃피니 봄 한창 좋더니, 꽃 지자 봄 자꾸 저무네.'

공주목에서 충청도 진휼경차관賑恤敬差官 임호신任虎臣을 만났다. 당시 임호신은 가흥창可興倉·아산창牙山倉의 곡식으로 기민을 진휼하는 한편, 수령·방백을 문책하였다.

〈새벽에 금강을 건너며(早渡錦江)〉
　　　— 임무 백호신에게 부치려 하다

역의 관리 배 불러 밤에 강 건너는데,
꿈에서 깨니 타다 남은 촛불 아직도 창에 어른거리네.
달리는 말 다시 바람 일으켜 쑥대 굴리게 하고,
좋은 날씨 더욱더 영롱한 별들 북두성에 부딪치게 하네.
수양버들 정 있는 듯 나그네 가는 길 막고,
떨어지는 꽃 공연히 돛대를 돌아 떨어지네.
어떤 인연으로 함께 타고 거울 같은 강물 굽어보게 되었던가?
봄 근심 웃으며 덜자니 한 동이 술 다하였다네.

驛吏呼船夜渡江 夢回殘燭尙依窓 征鞍又作風蓬轉
好景飜成玉斗撞 垂柳有情遮客路 落花多事逐帆杠
何緣共載臨明鏡 笑撥春愁盡一缸

〈4월 1일 천안의 동헌에서(四月初一日 天安東軒)〉

백성들 이리저리 떠도는 데 나만 편안함을 얻어,
길에서 굶주린 사람들 만났는데 오래도록 머뭇거리네.
피로가 극에 달해 옛 환성歡城 땅에 몸 내맡기니,
높은 산 깊은 골짝 두루두루 지나왔다네.
산다山茶화 고운 보랏빛 불꽃 모으는 듯하고,
옥매玉梅는 맑은 향기 풍기며 이슬 맺혀 흔들리네.
빈 뜰에 해 지고 투화풍妬花風 불어오니,
늦은 봄 난간에 기대어 오히려 추위 걱정하네.

民多流離我得安 道逢餓者久盤桓 疲極來投古歡城
歷盡山巓與水干 山茶紫艶攢火爇 玉梅素香飄露漙
日暮空庭妬花風 春後憑闌猶怕寒.

• 환성歡城 : 천안시. • 산다화山茶花 : 동백꽃.
• 옥매玉梅 : 흰 매화
• 투화풍妬花風 : 꽃 시샘하는 바람.

〈태안에서 새벽에 달려가면서 경명 형님을 생각하노라(泰安曉行 憶景明兄)〉 경명형景明兄 : 퇴계의 넷째형 온계 이해李瀣.

군의 성문 앞에서 호각을 불어 밤의 성문을 열게하니
오직 임금님 명령 받드는 일 급하게 역마를 갈아타고 달리네
덜 깬 꿈결 안장에 묶은 채 몸은 얼얼한데
떠도는 빛 바다에 연하였고 달빛만 훤하네
인기척에 놀란 닭은 외딴섬으로 도망치고
비오는 틈탄 밭갈이꾼들은 먼 마을에 나타나네
영남과 호서가 서로 바라보나 천릿길이나 떨어지니
알지 못하겠네 어느 곳에서 달려가는 수레를 조심하는지

　　　　　郡城吹角夜開門 祇爲王途急馹奔 殘夢續鞍身兀兀
　　　　　游光連海月痕痕 驚人別鶴投孤嶼 趁雨耕夫出遠村
　　　　　湖嶺相望隔千里 不知何處戒征轅

• 일분馹奔 : '馹'은 역의 소식을 전하는 수레 또는 말.
• 올올兀兀 : 얼얼하다.
• 월흔흔月痕痕 : 달만 덩그러니 빛나네.
• 별학투고서別鶴投孤嶼 : '학은 멀리 외딴섬으로 날아가고, 매미는 여운 남기면서 다른 가지로 지나가네(鶴盤遠勢投孤嶼, 蟬曳殘聲過別枝).'

〈청풍에 묵다(宿淸風寒碧樓)〉

반평생 지나온 일 매우 부끄럽네 북산의 산신령께
한번 베개 베고 누운 한단의 꿈을 오래도록 깨지 못하네.
어스름 저녁에 초조한 나그네, 역마를 채찍질하였더니,
맑은 저녁 신선 집에서 구름 병풍 대하였다네.
다시 좋은 곳에 와서 노니 마치 학을 탄 듯하나,
아름다운 시에 화답은 반딧불이 옷 더럽히려는 것 같아.
두견새 울부짖는 소리 무엇을 하소연하려는 것일까?
배나무는 눈꽃같이 빈 정원에 몰래 피었네.

半生堪愧北山靈 一枕邯鄲久未醒 薄暮客程催馹騎
淸宵仙舘對雲屛 重遊勝地如乘鶴 欲和佳篇類點螢
杜宇聲聲何所訴 梨花如雪暗空庭

- 청풍 : 충청도 단양 곁에 있는 고을. '한벽루'는 청풍의 객관 동쪽 언덕에 남한강을 굽어보고 있는 정자.
- 일침감단一枕邯鄲 : 당 심기제의 소설 《침중기沈中記》 '노생은 잠이 들자 곧 장군도 되고 재상도 되어 50년 동안 모든 영화를 다 누리고 홀연히 깨어 보니 기장밥이 아직 다 지어지지 않았다.'
- 운병雲屛 : 겹겹이 둘러싸인 산봉우리.

겸재 정선, 청풍 한벽루

〈진천동헌鎭川東軒〉

바른 길에 엷은 재주, 어떻게 앞사람을 앞설 수 있나?
본래부터 나약한 성격, 활시위를 차고 다니기에 알맞네.
백성들의 고통 나으려 하네. 때 맞춰 내린 비 뒤에,
봄빛은 모두 지나가려 하네, 근심에 싸인 나그네 주변을.
헌함 앞에 선 짙푸른 나무들은 푸른 장막을 둘러치고,
눈부신 붉은 꽃들은 자주빛 아지랑이에 덮였네.
거칠어진 나라 일들, 어진 고을원들이 해결 할 것이니,
모두 버리지 마소서, 삼년 묵은 쑥일랑.

菲才直道詎追前 懦性從來合佩弦 民病欲蘇時雨後
春光都盡客愁邊 當軒翠樹圍靑幄 照眼紅花冪紫烟
荒政儘由賢守宰 莫令幷棄艾三年

• 비재菲才 : 천박한 재주. 둔재鈍才(변변치 못한 사람)
• 예삼년艾三年 : 쑥은 뜸을 뜨는 데 쓰이는 약재로 오래 말릴수록 약효가 좋듯이, 인의仁義를 미리 축적하여 두어야 한다는 말로 쓰였음.

4월, 충청도 재상어사를 마치고 결과 보고를 하였다.

"옛사람이 말하기를, '나라에 3년을 지탱할 저축이 없으면 나라 꼴이 되지 않는다.' 하였습니다. 이제 한 해 흉년이 들었다고 공사 간에 군색하고 결핍됨이 이러하니, 금년에도 만일 농사일이 실패된다면 흉년 구제는 모양새를 이루지 못할 것입니다.

보통 때에 경비를 절약해서 저축하여 두어야 예상치 못한 재해가 있더라도 군색하고 급히 서두를 걱정이 없을 것입니다."

또 아뢰기를,

"공주 판관公州判官 인귀손印貴孫은 못되고 탐욕스러우며, 흉년 구제를 잘 수행하지 않았으니 그 죄를 다스리소서."

공주 고을 부수령인 판관(종5품) 인귀손印貴孫의 비행을 적박하여 파면시켰다.

　충청도 재상어사를 마치고, 그해 8월 21일~9월 5일까지, 강원도 재상어사災傷御使로 임명되어 원주목, 주천현, 영월군, 평창군, 홍천현, 춘천도호부, 양구현, 양천현(양구의 古號), 금화현 등 강원도 영서지역을 돌면서 검찰하였다.

　중종은 강원도 재상어사災傷御使를 제수하면서, 종이쪽지에 임열任說·이황李滉·민전閔荃·김저金䃴 등의 이름을 적어 정원에 내리면서 일렀다.

　"올해는 근고에 없던 흉년이다. 3월 보름 이후부터 5월 보름 이전까지가 흉년 구제 시책이 가장 긴요한 때인 만큼 적절한 조치를 못하면 그 피해가 크다……

　4개 도가 더욱 심한데 시종侍從 중에서 가려 보낼 것이니, 암행어사처럼 분주하게 돌아다니지 말 것이며 도종徒從이나 음식은 되도록 간략하게 하라. 험하고 외딴 마을까지 샅샅이 방문하여, 떠도는 자는 몇 명이고 굶어 죽은 자는 몇 명이며, 진휼해서 목숨을 살린 자는 몇 명이고 굶주려서 죽게 된 자는 몇 명이며, 어느 수령은 성심껏 구휼하고, 어느 수령은 진휼을 게을리하는가 따위의 일을 탐문해서 온다면 내가 친히 본 것이나 다름없으며, 백성들 또한 나의 진념이 깊은 줄을 알 것이다. 이 사람들을 명초하여 말하라."

〈금강정錦江亭에서〉

두견새 울어 산이 갈라지니 어찌 끝날 해가 있으리오?
촉 땅에도 물 이름이 같은 것이 우연한 일이 아닐세.
명멸하는 새벽 처마는 바다에서 떠오르는 햇볕을 맞이하고,
산뜻한 저녁 기와는 가을 기운을 깨끗하게 쓸어놓는구나.
짙푸른 소에 바람이 이니 고기들 노니는 게 비단 같고,
파아란 절벽에 구름 생기니 학이 담요털을 밟는 듯,
다시 도인들과 약속하네 쇠피리를 가지고.
여기 와서 늙은 용의 잠을 깨게 하기를,

  鵑帝山裂豈窮年 蜀水名同非偶然 明滅曉簷迎海旭
  飄蕭晚瓦掃秋烟 碧潭楓動魚游錦 靑壁雲生鶴踏氈
  更約道人攜鐵笛 爲來吹破老龍眠

- 견제산렬鵑帝山裂 : 단종端宗이 두견새가 울자, "너 괴롭게 우니, 나 듣기에 괴롭다."
- 촉수명동비우연蜀水名同非偶然 : 왕위를 빼앗기고 두견새로 변했다는 두우杜佑가 살던 촉나라의 금수강.
- 학답전鶴踏氈 : 소식의 '새해(新年)' 외로운 배는 학이 밟아 뒤집히네.
- 도인휴철적道人攜鐵笛 : 쇠피리 소리.
- 취파노룡면吹破老龍眠 : 저녁 북소리는 용의 꿈을 깨우네.

147

영월읍 동강 강변 언덕의 금강정

〈홍천의 삼마현에서(洪川三馬峴)〉 — 경명 형님께서 죽령 도중에 지은 시의 각운자를 그대로 사용하여

형님을 따라서 고향으로 돌아가는데, 죽령에 이르니 마침 가을 경치가 무르익었다. 형님이 말 위에서 절구 한 수를 읊으셨는데, "단풍 숲 푸른 절벽 채색 병풍을 펴 놓은 듯, 그 가운데 푸른 시냇물 돌층대를 끼고 흐르네. 바쁜 벼슬길 잘못 가까이하였음을 불행하게 아노니, 도무지 노는 발걸음 푸른 이끼 가까이할 수 없구나." 내가 지금 늘 단풍과 푸를 산골짜기 물을 볼 때마다 문득 이 시를 외운다. 이에 화답하는 시를 적어 회포를 풀어본다. 형님은 지금 승정원의 승지로 계신다.

산골짜기 물과 단풍 숲은 서로 비추고 있는데,
'채색 병풍' 같다고 읊은 구절 은대의 형님을 기억케 하네.
내가 지금 바로 되어 버렸네, 벼슬길에 바쁜 나그네가,
아름다운 곳에서 어떻게 돌이끼 밟아보랴?

澗水楓林相映開　彩屛麗句憶銀臺
我今正作忙途客　佳處何緣步石苔

• 은대銀臺 : 왕명의 출납을 관장하던 승정원.

〈춘천에서 양구로 가는 길(春川向楊口)〉

아래로는 맑은 강이 흐르고 위로는 하늘이 있어,
신비한 골짜기 쪼개어 열어 양 가장자리를 둘렀네.
그곳 사람 절반은 원숭이 얼굴 찡그린 듯 이상하고,
괴이한 바위 어떤 것 사람 성내어 주먹 쥔 듯하네.
종일토록 끼고 가자니 추위가 거울 같은 물에서 쏟아지고,
한결 같은 숲에 끌리어 바라보니 안개 흐드러지게 피어오르네.
그제야 깨달았다네 시냇물과 산이 서로 도와서,
시골詩骨이 우뚝 솟게 하고 붓을 샘물에 씻은 듯하네.

下有淸江上有天. 擘開神峽兩圍邊. 居民半似猿嚬面.
怪石或如人奮拳. 盡日傍行寒瀉鏡. 一林延望爛生烟.
邇來自覺溪山助. 詩骨嶵嶵筆洒泉.

•시골詩骨 : 시 짓는 기개

〈창평동헌昌郡東軒〉

창평군 동헌에 뿔 角자를 각운자로 쓴 시가 있었으나 그 운자를 쫓아서 시를 한 수 지을 겨를이 없었다. 25일에 지나는 도중에 그 운자를 써서 본 바를 적다.

어지러운 봉우리 하늘로 찌를 듯 솟아 그 기세 뛰어오를 듯하고
가을 경치 메말라 낭떠러지는 모서리가 다 드러나네
구름은 동굴이며 골짜기로 돌아들어 그윽하고 깊은데
무수한 소나무 가래나무는 천 자나 자라 있네
푸른 내 구불구불 몇 구비나 지났을까
배 속에서 고개돌리니 푸른 절벽만 바라보이네
벼슬 그만두고 당장 돌아갈 수 없겠지만
이곳이라면 낮은 벼슬이라도 오히려 즐거우리

亂峯巉天勢騰踔 秋容瘦盡露崖角 雲歸洞壑窈而深
無數松枏老千尺 碧溪彎彎渡幾曲 舟中回頭望靑壁
不能休官便歸去 於玆吏隱猶堪樂

〈금강산金剛山을 그리워하며〉
직접 가 보지 못하고 상상한 것

큰 멧부리 동해에 임하여
씩씩하게 하늘로 반이나 솟아 있네
해와 달 번갈아 서로 가리고 이지러지는데
신령스런 선인들 분분히 굴집을 지키네
내 가서 그들에게 물어보고 싶지만
속세의 벼슬에 얽매여 심히 울적하네
한스럽긴 단약 처방 몰라서
날아가 숙원 풀 수 없는 것이라네

巨嶽臨東溟 雄雄半天出 日月互蔽虧 靈仙紛宅窟
我欲往問之 塵纓甚拘鬱 恨無丹竈方 飛去宿願畢

• 단조丹竈 : 단약 달이는 솥.

정선 《신묘년풍악도첩》 中 '단발령망금강산', 비단채색, 국립중앙박물관, 1711년.

〈경포대鏡浦臺〉

직접 가서 보지 않고 상상한 것.

뭇 신선들이 열 개의 아름다운 섬에 노니는데,
콸콸 솟아오르는 물은 좋아하는 바가 아니라네.
여기 거울 처럼 맑고 고요한 물 갖추었으니,
옥호玉壺라는 것은 헛된 이름 아니라네.
내 늙은 안상을 생각해 보니,
때때로 여기와서 옥패 흔들고 다녔었다네.
나 같이 못난 풍류객쯤이야,
어찌 목란 배에 오를 수나 있으리

羣仙游十洲 蕩蕩非所愛 辦此一鑑流 虛明玉壺內
我思老安詳 時來搖玉珮 風流我輩人 儻許蘭舟載

- 옥호玉壺 : 선경仙境.
- 늙은 안상(老安詳) : 신라의 화랑으로 신선이 되었다고 함.

〈석문령 넘어 양주로 가는 길에서
晚晴, 踰石門嶺, 入楊洲路上〉

석문 서쪽 아래로는 길 멀고도 멀어,
떨어지는 해 아득한데 안개 산모롱이에 피어나네.
비 짙푸른 하늘 쓸어내니 서리 기운 빠르고,
바람 누런 벌판에 굴러오니 저녁 풍경 차갑구나.
나락이며 수수 많은 곳에 기러기 먼저 날아들고,
저수지엔 부질없이 모여든 고기떼들 돌아가지 않네.
묻노니 오늘밤 하늘에 달빛 새로우면,
이십사교二十四橋 볼 수 있을는지?

石門西下路漫漫. 落日蒼茫烟岫間. 雨掃碧空霜氣緊.
風飜黃野暮光寒. 稻粱多處雁先集. 陂澤空來魚不還.
爲問今宵新月色. 可能二十四橋看.

• 이십사교二十四橋 : 수나라 양주에 건립한 24개의 다리.

〈소양강을 지나다가(過昭陽江)〉
'봄날 소양강을 가다'라는 시의 각운자를 써서 짓다

내 열흘 길 운무 뚫고 가자니,
말머리 위로 보이느니 하늘 꺾는 재뿐이라네.
오늘 아침 시계 트이어 춘주春州에 들어서고,
흰 깁 같은 물결 한 줄기 비스듬히 앞으로 뻗어 있네.
때는 서리도 맑은 가을 팔월인데,
강가 따라가고 또 가며 채찍 흔들며 읊조려 보네.
천 편이나 되는 시 하나같이 없지만 영웅들 그 얼마나 많았을까?
만고에 다 사라지고 산천만 남아 있네.
경치 적게 남겼다 혐의 두지 말게나,
옛 풍월 아직도 여전하다네.
조각배 달 뜬 물 위에 띄우는 것 사양하지 않고,
웃으며 빙이馮夷 춤추게 하고 상수의 신 연주하게 하리라.
어찌 경치에 열중하여 즐길 틈도 없는가?
올해는 또다시 먼 훗날 기약하네.
옛 동산에서 살던 때는 손수 매화 심었었고,
구릉과 골짜기 예부터 좋은 생각 품었다네.
한번 관리길 나서 평생을 그르치고 보니,
짚신으로 야계耶溪의 이끼도 밟지 못한다네.

하물며 빡빡한 여정에 생각조차 쉴 수 없거늘,
이 좋은 곳에 어떤 연유로 기꺼운 눈 돌릴 수 있는가?
세상의 욕망에서 벗어나 산수의 삶을 몹시 좋아하여,
병 중에도 술을 즐기어 여전히 술잔 든다네.
바깥 세상에서 빛나는 봄 마주치니,
아득하게 보이는 초파리〔塵甕〕뜬 먼지와 같네.
풍류 있는 이곳에 훤하게 경치 더하리니,
이름난 곳 마침내 쓸쓸하게 하지 마시오
시 이루어져도 부디 속세의 인간들에게 전하지 말게.
모래톱의 한 쌍 해오라기〔雪客〕에게 전할 테니.

— 소양강은 청평산(이자현이 거처했던 곳)을 거쳐 흘러오므로 계산 녹문의 고사를 썼다.

我行十日穿雲烟. 馬頭惟看嶺拆天. 今朝豁眼入春州.
素練一道橫拖前. 是時霜淸八月秋. 行行江浦吟搖鞭.
千篇一掃幾英雄. 萬古共盡餘山川. 莫嫌物色少分留.
故應風月還依然. 扁舟不爾泛空明. 笑舞馮夷奏湘絃.
胡爲不暇景物役. 今年又復期他年. 故園當日手種梅.
丘壑從前有好懷. 一行作吏誤半生. 青鞋不踏耶溪苔.
何況嚴程念靡鹽. 佳處何緣靑眼回. 多生結習在山水.

病裏樂聖猶銜杯. 會從物外爛占春. 杳視塵甕如浮埃.
豈惟稽山棹酒船. 便可鹿門開徑萊. 風流一境煥曾色.
莫使名區終寂寞. 詩成愼勿俗人傳. 報與沙頭雙雪客.
昭陽江過淸平山而來. 故用稽山鹿門故事.

- 춘주春州 : 춘천.
- 풍월환의연風月還依然 : 천 년만에 돌아왔는데 경물은 여전하다.
- 빙이馮夷 : 황하를 건너다 빠져 죽은 신.
- 야계耶溪 : 두보의 〈奉先劉少府畫山水障歌〉 "약야계와 운문사에 있는데, 내 홀로 어찌 진흙 찌끼 속에 있으리오. 푸른 신과 베 버선 신고 여기에서 막 나서리라."
- 초파리塵甕 : 초병 안의 초파리는 천지가 넓은 것을 모른다.
- 해오라기(雪客) : 증조의 〈유설類說〉 '흰 꿩은 가객, 해오라기는 백설객, 학은 선객, 공작은 남객, 앵무새는 농객이라 하였다.'

〈낮에 수인역에서 쉬다(午憩水仁驛)〉

　역참이 시내를 굽어보고 절벽을 마주하고 있어 그윽하고 상쾌하기가 방림보다 더 나았다(幽爽甚於芳林).

소리도 없고 모습도 없더니 어디에서 생겨났는가?
골짜기 깊고 바위 사이로 번개(雷轉) 지나듯이 흘러가네.
잠시 역참의 정자에 앉아 물속의 돌을 보고 있자니,
예까지의 속세 근심이 한꺼번에 맑아지네.

　　　　無聲無物自何生. 谷邃巖空雷轉驚.
　　　　小坐驛亭看水石. 向來塵慮一時淸.

- 수인역 : 양구현 남쪽 30일 지점에 있으며, 은계도에 예속되어 있었다.
- 번개(雷轉) : 바위 사이로 번개 치듯이 구비 틀고 요동치면서 흘러가는 물결을 표현.

〈띠를 읊다(詠白茅)〉 — 낭천狼川(화천)의 산 속에서

산 입구 적적한데 사슴 슬피 울고,
숲 아래 사람 없어 버려진 밭고랑서 풀 뜯었네.
구름처럼 땅 뚫고 나와 여름철에 부쩍 자라,
바람에 춤추는 눈같이 메마른 가을에 어지러이 날리네.
현인은 다만 뽑아서 나아갈 수 있기를 바란다지만,
절개 곧은 여인이야 어찌 그것을 묶어가서 구해짐을 용납하리?
삼가 덩굴 끌어다 띠집 때운 곳 물어보니,
한 구역을 한가로이 차지하고 있구나, 푸른 냇가 어귀를

　　山門寂寂鹿呦呦. 林下無人食廢疇. 撲地似雲齊茁夏.
　　舞風如雪亂枯秋. 賢人但願扷能進. 貞女何容束以求.
　　試問牽蘿相補處. 一區閒占碧溪頭.

- 백모白茅 : 흰 띠. 다년생 풀로서 마디 줄기가 땅 밑으로 뻗으며 연해서 먹을 수 있다.
- 속이구束以求 : 《詩經》 '죽은 사슴을 흰 띠풀로 묶어 가져가니, 아가씨 옥같이 예쁘네.'
- 견라상보牽蘿相補 : 두보의 〈가인佳人〉 '덩굴 끌어다 띠집 때우네.'
- 낭천狼川 : 지금의 화천의 옛 이름.

〈청평산을 지나다(過淸平山)〉
느낌이 일어(有感幷序)

춘천 청평산은 곧 옛날의 경운산慶雲山으로 전조前朝의 이자현李資玄이 벼슬을 버리고 이 산에 숨어 살았다. 이 산에 보현원普賢院이 있었는데, 이자현이 거기서 거처하면서 문수사文殊寺라 불렀다. 경운산을 청평산이라고 개칭한 것도 이자현으로 인해 이루어졌다.

이자현은 큰 공신의 가문에서 자라나 풍류風流와 운치가 당시에 가장 뛰어났고, 또 일찍이 벼슬하여 빛나고 중한 자리에 올랐다. 그가 부귀를 구하고 청자靑紫를 취하기는 마치 땅에 떨어진 지푸라기를 줍는 것처럼 쉬웠는데도 영화를 사양하고 지위를 피하기를 마치 더러운 세속에서 매미가 껍질을 벗듯이 만물 위로 홍곡鴻鵠이 날듯이 하여 이 산에서 37년 동안이나 오래 머물렀다.

임금이 겸손한 말과 후한 예禮로 불렀으나 그 절개를 굽히지 못하였고, 천사千駟와 만종萬鍾도 그 마음을 움직이지 못하였으니, 흉중에 즐기는 바가 없다면 어찌 그럴 수가 있겠는가.

내가 일찍이 《동국통감東國通鑑》을 읽었는데, 사관史官이 이자현을 논하면서 그를 몹시 깎아내리고 심지어 그를 가리켜 탐욕스럽

고 인색하다고 한 것을 보고 괴이하게 생각하였다. 아, 어찌 그리 심한 말을 했단 말인가.

예로부터 고인高人·일사逸士로서 이자현과 같은 사람이 어찌 적었겠는가. 그러나 그들은 대부분 농촌이나 산간에서 자라 나무와 돌과 더불어 살고 사슴이나 산돼지와 함께 놀면서 조밥과 나물을 먹고사는 것이 본래부터 익힌 생활이었기 때문에 마음이 편했을 것이니, 그가 아주 숨어서 나오지 않는 것도 그리 어려운 일이 아니었을 것이다.

그러나 이자현처럼 명성과 부귀를 신을 벗듯 떨치고 화려한 생활에서 몸을 빼치고 원망하거나 뉘우침이 없이 끝까지 변하지 않은 자는 절대로 없거나 아주 드물 것이니, 역시 높일 만하지 않겠는가. 어떤 이는 말하기를,

"이자현이 그 자취를 숨긴 것은 그가 고상하다는 명성을 얻기 위해서였다."

하는데, 이런 뜻에서 그를 깎아내린다고 한다면 나는 그 말을 납득할 수 없다.

흐르는 물을 베개 삼고 돌로 양치질하면서 바윗굴 속에서 말라 죽는 그 명성과, 청자靑紫를 허리에 두르고 종정鍾鼎에 이름이 새겨지며 현가絃歌에 오르는 명성이 어느 것이 낫겠는가. 세속의 소견으로 말하면 이 두 가지가 다 같이 명성이지만 그 괴로움과 즐거움은 아주 다른 것이다. 이자현이 부귀에 대해서는 자신을 더

럽히기라도 할 듯이 뒤도 안 보고 떠나갔으며 은둔에 있어서는 거침없이 나아가 종신토록 돌아보지 않았는데, 만일 이를 두고 명성을 위해 그렇게 하였다고 한다면, 그것이 어찌 인정人情에 가까운 말이라 하겠는가. 더구나 탐욕스럽고 인색하다는 것이 어찌 합당한 정론定論이랴. 이것이 내가, 그의 마음에 스스로 즐기는 것이 있었으며 세속에서 평하는 말이 그릇된 줄 아는 이유이니, 바로 내가 이자현을 사모하는 까닭이다.

사관은, 이자현이 밭을 마련하여 그 지방의 농민들을 괴롭혔다고 하였으나 은자인들 어떻게 지렁이처럼 위로는 마른 흙을 먹고 밑으로는 흙 속의 물만 마시고 살겠는가. 약을 팔거나 점쟁이 노릇을 하지 않는 한 밭을 갈아 그 노력으로 먹고살아야 할 것이 아닌가. 그렇다면 이자현이 밭을 갈아 그 노력으로 먹고산 것이 무엇이 나쁘기에 그것을 가지고 비방하는가.

이것은 아마도 영화를 탐하고 이익을 즐겨하여 세속 길에 골몰하던 당시의 사부士夫들이, 이자현이 자기들과는 공중의 황곡黃鵠과 땅속의 벌레 정도로는 비교가 안 되게 너무나 거리가 멀었으므로 마음에 불평이 있어서 가만히 그가 하는 일을 엿보다가 그것을 꼬집어내어, "은자는 세상에 구하는 것이 없어야 하는데, 어찌 밭을 마련하여 농사를 짓는가." 한 것이다. 그들이 근거 없는 비방을 만들지 않았다는 보장이 없다면 이른바 농민을 괴롭혔다

는 것도 그들의 모함이 아닌 줄을 어떻게 알겠는가.

    옛날 충명일种明逸에게도 늘그막에 밭을 장만하였다는 비방이 있었다. 그러나 논평하는 선비들은 기껏, "세상에 높이 알려진 이름에 걸맞기 어렵다."거나, "깨끗한 언론이 애석히 여겼다." 하였을 뿐이었다. 어디에 지금의 사관처럼 각박刻薄하게 심히 해치는 말이 있었던가. 전 시대의 사관이 의심스러운 것을 빼지 않고 심한 말로 전하였고, 뒤의 사관이 그것을 경솔하게 믿고서 함부로 논하니, 사람이란 논평하기를 좋아하고 남을 아름답게 만들어 주기를 좋아하지 않는 것이 이와 같은가.

내가 이자현이 조정의 부름에 나아가기를 사양한 글을 보니, 그 글에, "새로서 새를 길러서 종고鍾鼓의 걱정을 면하게 하여 주고, 고기를 보고 고기를 알아서 강해江海의 즐거움을 이루게 하소서." 하였다. 슬프다, 세속의 헐뜯는 자들이 그 사람의 흉금을 어찌 그 만분의 일이나마 엿볼 수 있었겠는가.

    내가 사명使命을 받들고 올 적에 청평산 밑을 지나다가, 그 역리驛吏에게 물어서 이 산에 청평사가 있다는 것을 알았으니, 아마 옛날의 이른바 보현원이 바로 이곳인 듯하다. 그러나 갈 길이 바빠 그윽한 자취를 찾아 산문山門을 두드리지 못하고, 아쉬운 대로 이 글을 지어 일찍이 사서를 읽다가 가슴속에 느꼈던 것을 위와 같이 표시하고, 이어 시를 짓는다.

소양호가 내려다보이는 청평산 계곡

　청평산은 강원도 춘성군 북산면 청평리와 화천군 강동면의 경계에 위치한 산. 산의 남쪽 기슭에 청평사가 있었는데 6.25 때 소실되었고 다만 회전문回轉門만 남아 보물로 지정되어 있다.
　다섯 봉우리라 하여 오봉산, 옛날에는 경운산이라고도 불리웠다. 이자현이 이곳에 와서 도둑과 호랑이가 자취를 감추어 깨끗하게 평정하였다고 청평清平이라 한다.

峽束江盤棧道傾	산협 사이 감도는 물 잔도는 구불구불
忽逢雲外出溪清	홀연히 구름 밖에 맑은 시내 흐르네
至今人說廬山社	지금까지 사람들이 여산사를 말하는데
是處君爲谷口耕	이곳에서 그대는 곡구 밭을 갈았다네
白月滿空餘素抱	허공 가득 하얀 달에 그대 기상 남았는데
晴嵐無跡遣浮榮	맑은 이내 자취 없이 헛된 영화 버렸구나
東韓隱逸誰修傳	동한의 은일전隱逸傳을 누가 지어 전하려나
莫指微疵屛白珩	조그만 흠 꼬집어서 흰 구슬을 타박 말라

- 경운산을~이루어졌다 : 이자현의 호가 청평거사清平居士이므로, 이로 인해 바꿔 부른 것이다.
- 청자青紫 : 대관大官의 복장에 청색과 자색이 있었으므로 전하여 높은 벼슬을 이른다.
- 천사千駟 : 《논어》에 "제경공齊景公의 말[馬]이 천사千駟가 있다."는 말이 있는데, 부귀를 말한 것이다.

- 만종萬鍾 : 만종록萬鍾祿은 가장 많은 녹봉祿俸인데, 종鍾은 곡斛 4두 斗에 해당된다.
- 흐르는〜양치질하면서 : 진晉나라 손초孫楚가 은거생활隱居生活을 하겠다는 말을 하면서, "돌베개를 베고 흐르는 물에 양치질한다[枕石漱流]"고 말할 것을 잘못하여, "흐르는 물을 베고 돌로 양치질하겠다."고 하였다. 옆의 사람이 조롱하기를, "어찌 흐르는 물을 베개로 삼고 돌로 양치질하려는가." 하니, 손초는 답하기를, "흐르는 물을 베개로 삼음은 세상 소리 들은 것이 더러워서 귀를 씻으려 함이요, 돌로 양치질함은 이[齒]를 매우 희게 하려는 것이다." 하였다.
- 종정鍾鼎에〜오르는 : 국가에 큰 공功이 있으면, 그 사실을 기록하여 종鍾과 솥[鼎]에 새겨서 영원히 전하고, 그것을 읊어서 악장樂章을 만들어 현가絃歌에 올리는 것이다.
- 은자인들〜살겠는가 : 제齊나라 진중자陳仲子가 지나치게 청렴하므로 맹자가 평하기를, "진중자처럼 그렇게 너무 청렴하려면 지렁이처럼 살아야 할 것이다. 지렁이는 위로 마른 흙을 먹고 밑으로는 땅속의 누른 물만을 마시고 산다. 그러나 사람이야 어찌 그럴 수 있으랴." 하였다. 《孟子 滕文公下》
- 충명일种明逸 : 송나라 충방种放으로, 字가 명일이다. 초년에 고상한 처사處士로 이름이 났다가, 조정에 불려 나와 만년에 전장田場을 마련하여 당시와 후세에 비방을 받았다.
- 새로서〜주고 : 해조海鳥가 노魯나라 교외郊外에 나타났는데, 노후魯侯가 그 새를 모셔다가 큰 상에 음식을 차리고 음악[鍾鼓]을 들려주었더니, 새가 놀라고 걱정하여 아무것도 먹지 못하고 사흘 만에 죽었

다. 이것은 노후가 자기가 받는 봉양奉養으로 새를 기른 것이지 새 기르는 방법으로 새를 기른 것이 아니다. 새로서 새를 기르려면 깊은 숲에 깃들이게 하고 물가에 놀게 하여 미꾸라지나 쪼아 먹게 해야 할 것이다. 《莊子 至樂》

- 고기를~하소서 : 장자莊子가 혜자惠子와 함께 호량濠梁 위에서 놀다가 말하기를, "물고기가 노는 것이 즐겁겠구나." 하니, 혜자는, "자네가 물고기가 아닌데 어찌 물고기가 즐거운 줄을 아는가." 하였다. 장자는 "자네가 내가 아닌데, 내가 물고기의 즐거움을 모르는 줄 자네가 어찌 아는가." 하였다. 《莊子 秋水》
- 여산사廬山社 : 진晉나라 혜원법사惠遠法師가 여산廬山 동림사東林寺에서 백련사白蓮社를 결성하였다.
- 은일隱逸 : 세상을 피하여 숨음. 세상일에 초연한 삶을 사는 사람을 은자隱者.
- 동한은일전東韓隱逸傳 : 동한의 황보밀이 지은 《고사전高士傳》을 최고最古의 은일전隱逸傳으로 꼽는다.
- 곡구谷口 : 한漢나라 은사隱士 정자진이 곡구에서 밭을 갈았다

8월 6일 서울로 돌아와 숙배肅拜하고 다음날 어사로 검찰하는 기간에 지은 詩를 묶어서 《관동행록關東行錄》이라고 이름하였다.

1542년(중종 37년) 1월1일 승정원에 전교하여 독서당 관원으로 학문 연구에 충실하도록 형조 정랑을 갈고 한직閒職에 임하도록 명령하였다.

"형조정랑刑曹正郞 이황李滉은 지금 독서당讀書堂 하번下番으로서 곧 사가 독서원賜暇讀書員이다. 그의 관사官司에서 찾지 말라는 것으로 요사이 법을 세웠었고, 형조의 낭관郎官은 그의 직무를 오랫동안 비울 수도 없으니, 이황을 한가한 관직에 바꾸어 차임하라."

사가 독서하게 된 사람들을 상께서 이처럼 중히 여겼는데도, 숙배肅拜한 다음에는 더러는 임의로 들락날락하여 자기 집에 있는 날이 많고 독서당에 있는 날은 적었으니 성상聖上이 위임하고 중히 여기는 뜻을 받드는 것이라 할 수 있겠는가.

동호 독서당에서 새벽에 일어나 소식蘇軾의 '定惠院寓居月夜偶出'의 시에 차운하여 〈호당효기용동파정혜원월야우출湖堂曉起用東坡定惠院月夜偶出〉을 지어서 서울에 올라올 수밖에 없었던 자신의 처지를 자조自嘲하는 한편, 고향으로 돌아가고자 하는 뜻을 밝혔다.

닭은 물가의 마을에서 울고 달은 처마에 달렸는데
한 번 잠들어 고향간 꿈꾸다가 새벽녘에 놀라 깨었네
봉관蓬觀 안에 창 작은 창 모두 조용하네
꽃나무 아래 아침 햇빛 영롱하게 비치네
정원의 매화 반 떨어지니 향내 더욱 풍기고
돌 사이 흐르는 물 새로 씻기어 소리 굴러가며 토하네
알고 싶나니 신선이 사는 경계는 필경 어떠한가
말 듣자니 요대瑤臺라는 곳도 이곳에 비하면 그 다음이라고
좋은 음식 늘 이었는데 임금님의 주방에서 보내어 준 것이오
고기잡는 가게에서 난초 기름과 촛불을 빌리는 것 허용하네
병들어 술친구들도 이미 모두 멀어지게 되었으니
늙어가면서 시를 즐기는 마음은 사뭇 시들어지지 않네
푸른 봄 저물려 하니 서울에 티끌 날아
흰 구름 쳐다보며 지산와사芝山蝸舍를 공연히 생각하네
나이 많은 늙은 소나무에는 나를 원망하는 학이 깃들 것이오
장마로 황폐한 山田은 추위에 시든 사탕야자 버렸을 것이네
영화와 욕됨 구름 같아 본래 정함이 없고
부귀공명 사람을 핍박하니 정말 견디기 두렵네
아침이 오니 새들이 숲속에서 수없이 지저귀네
마치 시승詩僧과 더불어 조롱하고 욕하고 있듯이

　홍문관 응교 겸 경연 시강관·춘추관 편수관·승문원 교감校勘에 임명되었다. 압구정에서 동호 독서당으로 돌아와 보니 독서당 남루 앞에 수목이 무성하게 우거져서 전망을 다 가리고 있었다. 그 답답하고 막힌 것이 싫어서 모두 쳐내어 전망을 튼 다음 그 기쁨을 〈전개함외수작剪開檻外樹作〉을 지어서 현실정치에서도 소인들을 제거하여 청명한 세상을 이루어야 함을 아울러 밝혔다.

남쪽 누각의 풍정은 쾌하지 못하고
난간 앞의 나무들만 아주 무성하구나.
피리와 퉁소의 소리를 어찌 들으며
다만 땅강아지와 개미 굴만 보이는구나.
왈칵 성이나 너그러이 용서하기 어려워
과감하게 하인 놈에게 도끼를 차라하고
쩍쩍 찍어 떨어뜨리니 먼 곳까지 드러나
가리고 막힌 것 덜어 없애니 넓게 뚫렸네.
내와 언덕에 갑자기 꽃이 만발하여도
고요히 앉아 뒤따르며 옮기지 않고
주렴을 끌어당겨 먼데 산을 들이고
상투의 근심은 번희樊姬가 막는구나.
투명한 비단을 다림질한듯 호수는 평평하고

안석과 자리에는 맑게 갠 하늘빛이 나타나네.
잠시 비슷하게 흉내 내어 고치고 제거하니
대와 큰집이 구름 사이에 솟아 있네.
담장 쪽 경계를 향하여 오니
많은 형상이 다투어 섬기듯 보이네
기러기 날아 하늘 끝에 아득하고
세상의 일이란 하루살이와 같구나.
사람의 마음은 사악한 일에서 벗어나려하고
나라의 정사는 작은 붓기를 덜어 없앰이라네.
조금 고집을 부린 보람에 숲이 열리니
소중함과 더불어 천함을 분간하지 않으리라.
남쪽 누각의 풍정은 쾌하지 못하고

南樓意不愜 檻前樹翕翕 那聞竽籟響 祇見螻蟻孔
勃然難恕宥 腰斧笑奴勇 丁丁落遠揚 豁豁去敝維
川原忽紛披 宴坐不移踵 遠山入簾鉤 愁髻樊姬擁
平湖熨氷紈 几席天光動 怳如學變化 臺殿雲間聳
向來墻面界 萬象爭獻捧 飛鴻渺天末 世事等蠛蠓
人心辟邪蠱 國政去微燻 較我開林功 無分輕與重

장광수 역, 2017

- 옹옹蓊蓊 : 장다리 옹, 동 옹, 무성하고 울창하다.
- 정정丁丁 : 말뚝을 박는 소리, 나무를 베느라고 도끼로 잇달아 찍는 소리, 바둑판에 바둑을 잇달아 두는 소리, 물시계의 소리
- 분피紛披 : 꽃이 만발함, 흩어져 어지러움.
- 연좌宴坐 : 고요히 앉아서 참선함.
- 번희樊姬 : 초나라 장왕은 우구虞丘를 어질다고 하자, 그의 부인 번희樊姬는 "우구는 초의 재상이 된 지 10여 년간 그가 천거한 사람들은 자제가 아니면 그의 형제였습니다. 어진 이를 알면서도 천거하지 않았다면 불충이며, 어진 이의 존재를 알지 못하였다면 그것은 지혜롭지 못하다는 것입니다."
- 우熨 : 찜질할 위, 다림질할 울.
- 멸몽蠛蠓 : 진디등에. 진디등엣과의 곤충을 이르는 말. 이 시에서는 하루살이로 풀이함.
- 고蠱 : 독, 독기, 벌레, 기생충, 일(事). 요염할 야.

통정대부·성균관 대사성 겸 지제교에 임명되었다. 이 무렵 성균관 대사성이었던 민기閔箕가 동지사冬至使가 되어 중국으로 떠나게 되자, 이조에서는 대신들의 뜻에 따라 당하관 중에서 학문과 재행이 있는 사람을 택차擇差하여 올리게 되었는데, 李子가 수천首薦되었다.

　동호 독서당에 있다가 성균관대사성 임명 소식을 듣고 저물녘에 바삐 도성으로 돌아가게 되었다.

　이때 걱정되는 심사를 담은 詩〈七月十一日自東湖暮入城(是日有成均館之命)〉을 지었다.

해 천리에 비껴 두 눈 찌르는데,
산들산들 가을바람 한강으로 불어오네.
쪽배 향하지 못하니 곧 흥취 사라지고,
야윈 말 채찍질하니 둥둥 북소리 울리네.

　　　　斜陽千里眼穿雙　嫋嫋秋風吹漢江
　　　　不向扁舟尋去興　強鞭羸馬踏逄逄

　도성에 들어가서 사직을 청하였으나 허락하지 않아서 하는 수 없이 출사出仕하게 되었다. 출사하던 날 명종이 정원政院에 불러서 쇠퇴한 학교 교육을 진작시킬 것을 당부하는 유시諭示를 내렸다.

　조사수趙士秀는 李子가 처음 통정대부로 승진되었다는 소식을 듣고, 당상관의 관복인 금포錦袍를 보내왔지만, 사양하고 받지 않았다.

3. 벽수단산

碧水丹山

　청송부사를 희망했으나, 단양군수에 임명되었다. 사헌부에서 외직 체임을 반대하였으나 명종이 이를 불허하였다.

　"이황李滉은 일찍이 시종侍從으로 부름을 받고 올라온 사람이니, 비록 병으로 사체辭遞되기는 하였지만 갑자기 외직外職에 보임시키는 것은 부당합니다. 더구나 그는 재주가 뛰어나서 지금 사가독서賜暇讀書에 들어있으니, 더더욱 잗단 직임에 맞지 않습니다. 경사京師에 머물게 하여 고문顧問에 대비하소서. 그렇게 하면 신정新政에도 도움이 없지 않을 것입니다."

　"백성들이 굶주려 고생하는 때에는 비록 현임 대간臺諫이나 시종이라도 외방에 차견差遣해서 백성을 진구할 수 있는 것이다. 설령 외직에 보임했다 하더라도 만일 쓸 곳이 있으면 의당 불러서 쓸 것이니, 꼭 체직할 것 없다."

　십 년을 병에 잠겨 시위소찬尸位素餐 부끄러워,
　성은으로 오히려 군수 부절 달게 되었네.
　청송이라 백학은 비록 연분이 없으나,
　벽수라 단산은 참으로 인연인가 보네.

　　　　十載沈痾愧素餐　洪恩猶得郡符懸
　　　　青松白鶴雖無分　碧水丹山信有緣

•시위소찬尸位素餐 : 하는 일 없이 국가의 녹祿을 축내다

　무신년 1월 48세의 李子는 단양군수로 부임할 때, 동호 독서당에서 박충원, 민기, 남응룡, 윤인서 등이 마련한 전별 석상에서 이 詩를 지어서 남아 있는 그들에게 증정하였다.

　단양에는 도담삼봉, 석문, 옥순봉, 하선암, 중선암, 상선암, 사인암, 구담봉 등 단양 8경이 있다.
　아홉 달 남짓 재임 기간에 〈유람할 만한 단양의 산수에 대한 속기續記〉를 남길 만큼 이곳의 산수를 사랑하였다. "산수山水를 좋아하는 것은 그 맑고 높음을 좋아하는 것이다. 맑은 것은 스스로 맑고 높은 것은 스스로 높은지라, 사람이 알아주고 알아주지 못하는 것이 무슨 상관이 있겠는가."

　산은 단풍으로 물들고 강은 모랫벌로 빛나는데
　삼봉은 석양을 이끌며 저녁노을을 드리우네
　신선은 배를 대고 길게 뻗은 푸른 절벽에 올라
　별빛 달빛으로 너울대는 금빛 물결 보러 기다리네

구담봉, 단양군청 제공 / 충청일보

퇴계는 구담봉의 단애斷崖가 마치 대나무순 같다고 옥순봉玉筍峰이라 이름지었다.

오늘날 한강을 막아서 충주댐을 조성하면서 충주시, 제천시, 단양군 일대가 수몰되면서 생긴 충주호는 골짜기마다 한강물이 고여서 피오르(노르웨이어 : fjord, 영어 : fiord)처럼 아름답다.

충주호는 단양에서 충주댐까지 월악산의 옥순봉, 구담봉 등의 기암절벽과 남한강이 이룬 산수가 절경을 이룬다.

충주호의 장회나루는 남한강과 충주호 일대의 빼어난 경치를 뱃길로 둘러보는 충주호 유람선 선착장이다. 충주호가 내려다보이는 장회나루 언덕에 2017년 단양군에서 작은 공원을 새로 조성하면서 조형물을 세웠다.

'한 선비가 등 뒤로 매화나무 가지를 숨기고 서서 바닥에 앉아 거문고를 타는 여성을 내려다보고 있다'

이 공원 입구에 '퇴계 이황과 단양 관기 두향의 신분을 뛰어넘은 애절한 사랑이야기를 만나다.'란 비석이 있어, 선비는 이황이요 여인은 두향이라는 뜻이다.

"퇴계가 단양군수로 부임하여 두향의 지극정성에 결국 마음을 열었다. 하지만 9개월 만에 풍기군수로 발령이 나서 단양을 떠나게 되자, 두향은 퇴계가 떠나자 그를 몹시 그리워하다 세상을 떠났다."*

오늘날 회자膾炙되는 '두향과 퇴계의 사랑', '뱃놀이를 즐기며

---

* 유홍준의 <나의 문화유산 답사기 8 : 남한강편>

서로 마음을 주고받다가 퇴계가 떠난 후 두향은 수절하였다'는 퇴계와 두향의 사랑 이야기가 사실일까?

만약 그것이 사실이라면, 공자는 '아름다운 여색을 좋아하는 것과 같이 하라.' 하셨으니, 퇴계가 여색을 좋아함은 인지상정人之常情이 아닌가.

李子가 부임할 당시 단양은 피폐한 고을이었고 백성들의 생활도 곤궁하였기 때문에 백성들을 예악禮樂으로 교화시켜 나가는 일은 쉽지 않은 문제였기에 항상 걱정이었다.

흉년을 맞아 끼니를 거르는 단양의 기민飢民을 불쌍히 여겨서 그들을 구제하러 다니기 달포가 지났다. 〈매포읍에서 백성들에게 진휼미 나눠주고(買浦倉賑給暮歸馬上)〉 밤늦게 돌아오는 길에 말 위에서 백성을 걱정을 詩를 읊었다.

깃발 히니로 군수로 니오니 거칠고 게으름 부끄러운네
곤한 백성들 봄을 당하니 마음은 저절로 근심스럽구나.
자주빛 언덕의 남은 눈을 멀리하고 곁으로 가면서
햇살이 비낄 때 어지러운 산속을 시 읊으며 돌아오네.
……

  一麾出守愧疎慵 民困當春意自忡
  去傍紫崖殘雪外 歸吟斜景亂山中

김홍도 / 마상에서

　무신년 2월, 단양에 부임한 지 겨우 달포가 지났을 때, 둘째아들 채寀가 겨우 22세의 젊은 나이에 별세하였다는 청천벽력 같은 부고가 날아왔다. 채寀는 외종조부 허경許瓊이 별세한 후 의령 종외가에서 봉사와 농감을 하고 있었다.

　맏아들 준寯에게 보낸 편지에 채寀의 죽음에 대하여,

　"너의 동생은 스스로 수명을 재촉하여 그 명을 다하지 못하고 죽었으니, 화禍를 당하게 한 것은 내가 당초 잘 대처하지 못했기 때문이니 더욱 가슴이 찢어질 듯 아프구나."

　태어나서 한 달만에 어미를 여읜 채寀의 죽음이 애처럽고, 이미 혼인하였으니, 동갑내기 청상 며느리가 안타까워 채寀가 태어나서 혼인하기까지의 기억에 뜬눈으로 밤을 지새웠다.

　정해년(1527) 10월, 許씨 부인이 영주 초곡 친정에서 둘째아들 채寀를 출산하였으나 삼칠이 지나도록 산후병에 시달렸다.

　마침 그때 경상도 향시가 있었지만, 사경을 헤매는 아내를 두고 과장에 나갈 수 없었다. 부인은 병통에 시달리면서도 향시에 나갈 것을 권했다.

　아내의 권유를 뿌리치지 못하고 과장으로 나갔다. 과장科場에는 학처럼 하얗게 차려입은 선비들로 붐볐다. 이윽고 시관이 시제試題를 내걸었다.

　진사시는 부賦와 시詩를 과목으로 하여 문장에 밝아야 하고, 생원시는 사서의四書疑와 오경의五經義의 경전에 밝아야 한다. 문장의 형

식과 내용이 시폐時弊의 대안 제술에 적합해야 하고 경전에 능하면 목민관으로서 덕성과 통찰력이 넓고 깊어진다.

과거의 목적은 앎에 그치지 않고 통찰력과 실천력을 검증하는 데 있다. 그러나 과유科儒들은 시부詩賦의 대우對偶와 압운押韻의 요령만 익히고, 경전의 뜻보다는 외어서 합격하고자 하였다.

향시는 진사시와 생원시 중 1개 과를 선택해서 응시하지만, 李子는 진사시와 생원시 양 과에 응시했다.

과장科場에는 기침 소리 하나 없이 침묵이 흘렀다. 집을 떠나올 때 꼭 입방入榜하라고 당부하던 아내의 퀭한 눈과 메마른 입술이 눈앞에 어른거렸다.

李子는 그날 향시에서 진사시는 1등, 생원시는 2등을 하였다.
양손에 행운을 거머쥔 것이 도리어 불안했다.
'아들 출생과 향시 합격이 호사다마好事多魔가 아닐는지?'

그날따라 먹구름 잔뜩 낀 밤하늘은 별 하나 없었다. 어둠 속에서 하얀 길을 더듬어 영주 초곡 마을 입구에 들어섰을 때, 처가 대문에 사람들이 우왕좌왕하고 희미한 조등弔燈이 바람에 흔들리고 있었다. 마치 악령이 조등 위에서 저주詛呪의 굿판을 벌이고 있는 듯하였다.
'아, 이럴 수가……'
李子는 그 자리에 쓰러져 땅에 눈물을 뿌렸다.
하늘이 자신에게 고통을 주는 뜻을 헤아릴 수 없었다.

남편의 진사·생원 양과 합격 소식 듣지 못한 채, 출산 한 달 후인 11월 7일, 許씨 부인이 세상을 떴다.

영주 이산현 신암리 외조부 창계 문경동의 산소 뒤편, 내성천이 하얗게 바라다 보이는 언덕에 장사 지냈다. 후손들이 속사(俗祀)하기 편하도록 창계 문경동의 배려가 있었지만, 도산에서 서울로 오가는 도중이어서 오고가는 길에 부인의 산소에 들러서 마치 산 사람 대하듯 하였다.

갑오년(1534년)에 식년문과 대과 회시에서 2등으로 합격한 李子는 종9품 승문원 부정자가 되어 관직을 시작하였다.

그 해 10월에 문신 정시(庭試)에서 차석을 하여 한 품계(品階) 특진하는 상을 받아서 통사랑(정8품)에서 계공랑(종7품)으로 승진되었다.

정유년(1537)에 어머니 춘천 朴씨가 별세하여 3년 동안 여막에서 보내고, 1541년 3월 14일 홍문관 교리(정5품)로 승진하고, 문신으로서 가장 영광스러운 사가독서(賜家讀書)에 선정되어 동호 독서당(성동구 옥수동, 두모포)에 가서 독서하게 되었다.

1542년 형조정랑에 승진하고 그해 6월에 자문점마관이 되어 평안도 의주에 다녀왔으며, 그해 8월부터 9월까지 강원도 재상어사(災傷御使)로 강원도 영서 지역을 검찰하고 돌아왔다.

임인년 섣달 그믐날, 단성에서 둘째 아들 寀의 혼례가 있었다.

당시 寀가 16세가 되어 단성에 살고 있는 柳씨 집안의 동갑의 신부를 맞이하게 되었다. 집안의 경사가 생긴 것이다. 맏아들 寯에게 보낸 李子의 편지에 혼사에 간다고 하였다, "寀의 혼사는 저쪽 집에서 이달 그믐으로 정했으므로 바꿀 수 없다. 그래서 20일 의령으로 가기로 했다."

겨울철은 한강이 얼어붙어서 수운을 이용할 수 없으니, 눈보라를 맞아가며 천릿길을 말을 타야 하지만 빙판길에서는 도보로 이동하게 된다. 그러나 아무리 길이 멀고 엄동설한의 노정이지만 아들의 혼례식에 아비가 참석하지 않을 수 없다.

단성은 경상우도에 있어서 한양에서 용인―충주―새재를 넘어서 문경의 유곡에서 통영별로統營別路를 따라서 산을 넘고 강을 건너서 상주―선산―성주―현풍―합천―단성에 이르는 길이다.

12월 20일 휴가를 받아서 단성으로 출발했다. 단성 가는 길에 문경에서 폭설이 내렸다.
〈문경으로 가는 도중에 눈을 만나다(聞慶途中遇雪)〉 詩를 지어 읊었다.

〈문경으로 가는 길에서 눈을 만나다〉

눈은 어지럽게 날리어 산을 덮으려 하고
급한 눈 미친 바람이 말안장에 휘몰아치네.
수많은 나무를 바라보니 은이 섞여 떨어져 오듯 하고,
시내 하나 끝나 가는데 옥 같은 물굽이가 둘러있네.

　　　　亂雲吞吐欲埋山 急雪驚風撲馬鞍
　　　　千樹望來銀錯落 一溪行盡玉彎環
　　　　　　　　　　　장광수, 역. 2024

12월 23일 입춘이니 지금까지 겨우 3일이 지났다. 정유년(1537년)에 의령에 가서 장인 허찬許瓚의 영전靈前에 곡哭하였는데, 지금 임인년(1542년)이니 (그 사이가) 6년이 지났다.

세상사는 많이 변했다. 백낙천白樂天의 詩,

"고향으로 가는 만릿길은 늘 그대로인데, 6년 만에 이제 비로소 돌아왔네. 내가 지나온 곳에 구관이 많았지만, 태반은 옛날 그 주인이 아니었네(萬里路長在 六年今始歸 所經多舊館 太半主人非)."

12월 24일 안곡현(구미시 무을면)에서 모진 추위로 고초를 겪는 나그네를 보고 연민하는 마음을 표현하는 詩, '安谷驛苦寒憫行旅'를 지었다.

風聲叱吸窓扉語	성난 듯한 바람 소리에 창문이 요란하고
烟氣飄蕭客舍寒	연기는 빠르게 날리고 객사는 춥다.
受凍肌膚寧異性	피부는 얼어 차라리 본성이 달라질 정도,
狐裘憐汝訴衣單	너를 가련히 여겨 호구狐裘를 벗어주니, 겉에 입는 얇은 옷(薄衣單裳)을 내게 사양辭讓하는구나.

장광수, 역. 2024

　안곡역은 문경의 유곡역의 속역으로 구미시 무을면 안곡리에 있었다. 안곡역에는 관리나 상인 등 공무 여행자에게 숙식 편의를 제공하던 안곡원安谷院이 있었다고 한다.

　무을면에는 말발굽을 갈아 주던 곳이라는 뜻의 '말발티', 고을 원님이 쉬어 가는 곳이라는 의미의 '원리' 등 안곡역과 관련된 지명들이 전하고 있다.

　오늘날 급행열차로 3시간이면 어디든 갈 수 있는 처지에서 당시의 형편을 이해하기 쉽지 않다. 엄동설한에 찬바람이 살을 에는 얼어붙은 강을 건너고 응달진 산고개의 빙판길을 걸어서 당도한 숙소는 멍이 숭숭 뚫린 방문이 바람에 덜컹거리고, 새벽녘이면 냉냉해진 방바닥에 뭇 여행객이 덮는 퀴퀴한 이불은 얇기도 하지만 쌀알만 한 이蝨가 사정없이 살점을 파고드는 주막(숙박지)의 형편은 당시 한양에서 단성까지의 노정에서 모든 역원驛院에서 겪을 수 있었던 일반적인 형편으로 짐작할 수 있다.

　'가련히 여겨 양피를 벗어주니, 얇은 옷을 사양하는구나(狐裘憐女訴衣單)'

　추위에 떨고 있는 빈자에게 기꺼이 벗어주었으며, 그 또한 자신의 겉옷을 양보하였으니, 李子의 '측은지심惻隱之心'이 발동한 것이다. 李子의 '사단칠정론四端七情論'은 박제된 이론이 아니라, 살아있는 실천의 철학이었다. 엄동설한의 주막이지만 훈훈한 情이 소통하는 공간이었다.

  12월 25일 합천에서 삼가현으로 들어가면서 詩를 지어서 읊었다. 〈25일 합천에서 삼가현으로 향하여 가는 중에(二十五日, 陜川向三嘉途中)〉

아침에 해가 솟아 가천 가에 떠 있네,
낮이 지나니 남정에 자줏빛 안개가 서리네.
세속의 헛된 권세를 잡아 묶어 두고 폐단에서 벗어나려는데,
어찌하여 세상일은 흔들리고 휘둘리고 얽매이게 되는고.
새봄에 눈 녹는데 겨우 3일이면 되는데,
구관에 사람이 없는 것이 이미 6년이로구나
멀어 아득한 고향 산천은 이제 다시 멀리 있으니,
나그네 마음 쉴 길은 한양에 치우쳐 있구나.

    朝看旭日傍伽川　午過南亭入紫烟　欲把塵機渾脫累
    奈何世事動遭牽　新陽雪盡纔三日　舊館人非已六年
    杳杳家山今更遠　羈心休道洛中偏

장광수, 역. 2024

  합천군 삼가는 조선 태종대에 기존의 삼기현三岐縣과 가수현嘉壽縣이 병합되어 만들어진 지역이다. 동쪽으로 의령까지 13리, 의령과 단성이 지근에 있다.

경상우도의 중심지였던 진주가 가까운 삼가는 합천보다 문화가 더 발전되었는데 성안에는 쌍명헌, 관수루, 정금당, 홍심정 등의 누각이 있었다고 한다.

석양에 산뜻하고 아름다운 쌍명헌에 올라서 詩를 읊었다.

〈삼가현의 쌍명헌에서(三嘉雙明軒)〉

버드나무에 옅은 황혼이 내린 것을 가만히 깨달을 때
석양은 산뜻하고 아름답게 누각에 천천히 내리는구나
올해 눈 내린 다음에 찾아가 시를 읊조릴 곳에는
전과 다름없는 인가에 대나무 울타리가 쳐져 있구나

暗覺輕黃著柳時 夕陽明麗下樓遲.
當年雪後行吟處 依舊人家有竹籬

장광수, 역 2024

진산의 시에, "옛 고을에 까마귀 울고 해 질 무렵에 눈 그친 강가의 길은 가늘고 구불구불하구나. 인가 곳곳의 숲 그늘은 전과 다름없는데, 흰 널조각 쌍문이 대나무 울타리를 가리고 있네."

晉山詩, "古縣鵶鳴日落時, 雪晴江路細逶遲.
　　　　人家處處依林樾, 白板雙扉映竹籬."

처마 끝에 눈 녹아 방울져 떨어지는 쓸쓸한 저녁
오래된 집에서 나는 연기는 (집의) 절반에 깔리는구나.
남쪽 고을에도 아름다운 운치가 있다고 스스로 여기니,
대나무 우거진 숲에 물총새 우누나.

　　　　滴殘簷雪暮凄凄 古屋烟生一半低
　　　　自是南中有佳致 竹林多處翠禽啼

　　　　　　　　　　장광수, 역. 2024

12월 28일 의령에 도착하였다. 당시 宋가 의령의 외종조부 허경許瓊의 시양손侍養孫으로 허경의 집에 있었다. 허경許瓊은 예촌禮村 허원보許元輔의 셋째 아들로서, 딸 셋을 두었는데, 맏딸은 황해도 관찰사 곽월郭越(곽재우 아버지)의 후처가 되어 의병장 곽재우郭再祐를 3살 때부터 길렀으며, 임란 당시 곽재우의 의병 군자금을 지원하였다.

　예촌禮村 허원보許元輔의 백암정은 500년 동안 허許씨 문중과 가례 주민들이 중수를 거듭했는데, 2003년 9월 태풍 매미로 완전히 파손되어 건물 전체가 무너졌다.

　2019년 의령군에서 의령여자고등학교 건너편 백암천 강가 언덕 위 백암정 자리에 옛 모습으로 백암정을 복원하였다.

　1542년 12월 30일 채의 혼인날이어서. 의령에서 단성에 갔다. 단성은 지리산에서 발원한 맑은 경호강이 함양산청 산골을 흐르다가 단성 배양리를 지나서 남강으로 흘러들어간다.

　배양리는 목화시배지木花始培地이다. 문익점이 원나라에 사신으로 갔다 오는 길에 면화씨를 붓통에 숨겨 와서 고향인 단성 배양리 경호강 강에 심어서 3년 만에 전국으로 전파를 시켰다.

　목화에서 솜을 따서 실을 만들고 베를 짜서 옷감을 만든다.

　당시 사람들은 구멍 숭숭 뚫린 베옷을 입었다. 추운 겨울에 이불이니 의복이 어떠했을까?

　문익점의 손녀가 단성 배양리에 살았던 이원李源의 할머니이다. 이자와 이원은 처가가 의령 가례에 있어서 나이와 학문의 지향점이 같은 두 사람은 일생 동안 친구가 되었는데, 1526년(중종 21년) 봄 의령 가례의 처가에 갔을 때 단성현 배양리의 이원李源을 방문하였으며, 권씨 부인이 별세하였을 때 이원은 예안까지 문상을 다녀가기도 하였다.

이원은 1533년에 진사시에 합격하였지만, 출사를 단념하고 고향에 청향당淸香堂과 구사재九思齋를 지어서 후학을 지도하며 학자로서의 삶을 살았다. '항상 경을 지킨다면 구방심求放心의 상황에 이르지 않으며, 욕심을 적게 하는 것[과욕寡慾]이 마음을 수양하는 요체'라고 하였다.

그 해 섣달 그믐날, 단성에서 둘째아들 寀의 혼사가 있었다. 전날 신부용 채단과 혼서婚書를 넣은 혼수함을 보내놓고, 이날 李子는 처남 허사렴과 동행하여 혼례식에 참석하였다.

경호강이 하얗게 광목을 깔아놓은 듯 얼음이 지폈고 지리산에서 불어오는 북풍은 살을 에는 듯했지만, 신붓집 마당에는 차일을 치고 사랑방에 상객을 모셨다.

차일 아래 초례청醮禮廳이 차려졌다. 독좌상에는 촛대 한 쌍에 불을 밝히고, 대추·밤·쌀·달떡 등을 진설하고, 장닭과 암탉을 올려놓고, 소반에 청홍실을 맨 술잔과 주전자가 놓여졌다.

촛대에 촛불이 켜지자, 얼굴에 연지곤지 찍고 금박 자수 활옷에 화려하게 칠보 단장한 화관을 쓰고 용잠龍簪 비녀에 채색 댕기를 늘어뜨리고 원삼에 두 손을 가린 신부가 꽃신을 신고 초례청에 섰다.

이윽고 사모관대 차림의 신랑이 목안木雁을 들고 전안청으로 들어서니 안부雁夫가 기러기를 받아서 탁자에 놓고 신랑 신부가

재배再拜하였다. 청실홍실로 묶은 표주박에 든 술을 서로 교환해 마시는 순간, 강풍이 차일을 찢듯이 휘몰아치자, 촛불이 꺼지고 독좌상에 차려진 진설물들이 난장판이 되었다.

바람이 진정되자 식장을 수습하여 혼례는 끝났으나, 李子는 불길한 기억을 떨칠 수가 없었다. 악령이 굿판을 벌이던 허씨 부인의 초상初喪 때의 불길한 기억이 되살아난 것이다.

혼례식을 마치고 함양으로 갔다. 함양 군수 김윤석金潤石(字, 중수仲晬)이 경직에 있을 때 사헌부 장령, 李子는 사간원 정언이었으며, 김사문金士文 등과 영주의 친구이다. 고향 이야기를 나누는 한편 그곳 동헌에 걸린 시 2首 '咸陽與主人金仲晬舊次東軒韻贈之'를 차운하여 당시의 심정을 읊었다.

〈함양에서 군수 김중수와 옛날이야기를 하다가 동헌에 걸린 시를 차운히어 주었디(咸陽, 與主人金仲晬話舊, 次東軒韻, 贈之)〉

함양(天嶺)은 이미 봄기운이 무르익는데
옛 친구와 즐거이 고향 이야기를 나누었다.
나는 병이 많은 그대는 오히려 더 심하니.
고향으로 돌아가는 꿈을 소백산 남쪽에 걸어두세.
방장산은 높아 푸른 안개에 닿았으니

황폐한 성의 교목은 나이를 알 수 없구나
닭 잡는 묘한 기술을 응당 터득했을 것이니
김계온(점필재)의 맑은 향기와 더불어 전하세.

天嶺逢春氣已酣 故人喜作故郷談 我今多病君歸夢
同懸小白南猶甚 方丈山高接翠烟 荒城喬木不知年
割雞妙術君應得 詩老淸芬與共傳

중수와 나는 모두 예안 출신으로 집이 영주에 있어서 영천과 예안은 모두 소백산 남쪽에 있다. 시노詩老는 김계온을 지칭한다 (仲晬與余俱禮安人, 而家在榮川, 榮·禮皆小白山之南. 詩老, 指金季昷).

장광수, 역. 2024

김계온은 김종직의 字이다. 1475년(성종 6년) 함양군수 임기가 만료되어 승문원참교承文院參校로 전임되었으나 연산군 때 무오사화로 부관참시 당했다.

김윤석의 父 낙금당樂琴堂 김흠조金欽祖는 예안 태곡의 의성 金 씨 문중에서 영주 이산 신천리로 옮겨 살았다.

김흠조는 영주군수를 지냈으며, 1507년(중종 2년) 예문관봉교

때 예문관 관원들과 함께 상소하여 무오사화 때 화를 당한 김종직·김일손 등의 신원伸冤과 유자광 등의 처벌을 주청하여 중종의 비답을 받아내었다.

김흠조가 살았던 신천리 마을 근처 사해마을은 내성천 모래사장이 '모래바다' 같다 하여 사해沙海라 불렀다고 한다. 1997년 영주-평은 간 국도공사 때 사해沙海에 있던 김흠조 부부 묘에서 500년 전 복식류 등 총 134점의 유물이 나왔으며 소수서원 박물관이 수장하고 있다.

1월 3일 안음 영승부로 가서 장인 권질權礩의 회갑연에 참석하였다.

영승마을은 오늘날 거창군 마리면 영승리이며 덕유산에서 발원한 황강의 지류가 수승대에서 영승을 지나서 거창읍에서 황강으로 흘러든다.

안음현安陰縣에 마을이 있으니, 그 이름을 영송迎送이라 한다. 산과 물은 맑고 고우며, 토지는 살지고 넉넉하다. 여기는 전씨(全氏)가 옛날부터 대대로 살던 곳인데, 시냇가에 정자를 지었는데 자못 그윽하다. 장인 권공權公이 귀양살이에서 돌아오자, 온 집안을 이끌고 남으로 가서 이 마을에 우거寓居하였다. 이 정자를 발견하고는 매우 기뻐하여 새벽에 가서는 저녁이 되어도 돌

아오기를 잊곤 하였다.

서울에 있는 내게 글을 보내어, 정자 이름과 함께 그에 따른 시를 청하였다. 나는 그곳의 훌륭한 경치를 익히 들은 터라 한번 가 보고자 하였으나 뜻을 이루지 못한 지 10년이 되었다. 생각해 보면 촌에서 살면서 즐길 만한 것이 한두 가지가 아니다. 거기서 여러 사람들과 함께 즐길 수 있는 것과 또 혼자서도 즐길 만한 것을 찾아본다면 농사짓기와 누에치기, 고기잡기와 나무하기의 네 가지가 있다. 그래서 정자 이름을 사락四樂이라 하고, 그에 따른 시를 쓴다.

〈영승촌의 사락정(迎勝村, 留題四樂亭)〉

계묘년(1543) 정월 초4일 영승촌의 옛이름은 영송으로 그 이름이 고상하지 못하다 여겨 송送자를 승勝자로 고쳤는데, 이는 그 음이 서로 비슷한 것을 취한 것이다.

마을은 산수의 경치가 빼어난 데다 또 마침 이른 봄이라 경치가 막 새로워지려던 참이어서 '영승'이라 하였다.

영승마을에서 이른 봄을 맞으니,
보이느니 매화와 버들 이미 새싹을 다투네.
봄바람은 화창하여 먼저 나무 끝 움직이려 하고,
북쪽 기러기는 이제 돌아가려고 물가에 잠시 모이네
누가 농월담 지어놓고 나그네 손짓해 불렀던가?
내 일찍이 구름 걸린 집에 글 써서 사람에게 보낸 적 있는데
술잔 앞에 두고 어사대의 일 말하지 마라
들 정취에 기쁘고 참된 것 소박하여 마음 상쾌하네.
농월담은 앞 내에 있다.

〈영승마을 사락정(迎勝村留題四樂亭)〉
농사짓기

나는 농가의 즐거움을 알고 있네.
봄에 밭 갈면 흙 부수는 먼지기 이네
새싹은 단비 뒤에 돋아나고
벼는 늦서리 오기 전에 익어가네.
옥 같은 쌀은 나라의 조세를 채우고
오지 술동이는 마을 사람 잔치에 알맞네.
이렇게 사는 것이 금인(金印)을 찬 사람이
근심과 걱정으로 세월을 보내는 것과 비교해 어떠한가

누에치기

나는 누에치는 집의 즐거움을 알고 있네.
지난해 누에 채반을 고쳐 두었네
누에씨 물에 담그는 때가 오면
잠에서 깨어나 어린 뽕잎 따러 가네
온 식구들 따뜻하게 입는 것이 기쁘고
빚도 다 갚았으니 아무런 걱정 없네
이렇게 차려입고 질투와 근심으로 세월을 보내는 것과 비교해
어떠한가

고기잡이

나는 고기 잡는 집의 즐거움을 알고 있네.
사립문 매단 물가의 집에 살고 있네
물새와 고기들의 움직임에 익숙하고
구름과 달, 맑은 물결과 더불어 늙어가네
시골 술도 나름 맛이 나고
생선 삶는 내음과 시냇가 나물 향기 은은하네
이렇게 사는 것이 한 끼에 만 전萬錢어치 먹는 사람들이
망할 때에 화禍가 헤아릴 수 없는 것과 비교해 어떠한가

땔감하기

나는 나무꾼의 즐거움을 알고 있네.
깊은 산중 마을에 살고 있다네
서로를 부르면서 구름 속 멀리 들어갔다가
한 짐 가득 지고 어두워서야 산에서 나오네
동무를 사랑하는 마음은 사슴과 같고
이렇게 사는 것이 명리名利를 꿈꾸던 자가
갑자기 평지풍파 당하는 것과 비교해 어떠한가

1월 5일 거창에서 덕유산의 수송대愁送臺의 이름을 수송대搜勝臺로 개명하고 詩, '기제수승대寄題搜勝臺'를 지었다. 시간이 없어서 수승대에는 갈 수 없었다.

안음의 고현에는 내를 굽어보고 있는 바위가 하나 있는데 속칭 수송대라고 하였다. 산수가 매우 뛰어나다는데 내 이번 발걸음에 한번 가 볼 여가가 없는 것이 한스러웠다. 또한 그 이름이 고상하지 못함을 좋지 않게 여기어 '수승'이라 고치고자 하였는데 여러분들이 모두 이를 기꺼워하였다.

〈수승대에 지어 부치다(寄題搜勝臺)〉

搜勝名新煥	'수승'으로 이름을 새로 바꾸고,
逢春景益佳	봄을 맞으니 경치 더욱 아름답구나.
遠林花欲動	먼 숲 꽃망울은 터지려 하는데,
陰壑雪猶埋	그늘진 골짜기는 아직도 눈속에 묻혔네.
未寓搜尋眼	눈으로 찾아가 볼 수 없으니,
唯曾想像懷	가슴 속에 상상만 한다네.
他年一尊酒	훗날 한 잔 술 마시면서,
巨筆寫雲崖	큰 붓으로 구름 걸린 벼랑에 시를 적으리라.

　1월 7일(人日), 영승촌에서 동쪽으로 6~7리를 나서니 산수의 경치가 매우 기이하고 빼어난 것이 사랑스러웠다(人日, 自迎勝村 東行六七里, 泉石甚奇絶可愛).

두 산 물을 한데 묶어,
감돌며 겹쳐지니 마치 문이 없는 듯하네.
정연하고 정연하여 산의 골격 쌓은 듯하고,
맑고 맑으니 눈의 근원 쏟아내네.
흥취 일어 붓 잡고 시 지을까 하는데,
그윽한 곳에 동산 열리려는 듯하네.
흘러감 그치지 않음이 이치라 하니,
냇가에서도 누구와 따지겠는가?

　안음현에서 김천 지례 가는 길에 소지현所旨峴을 넘으면서 詩를 지어 읊었다.

〈소지현所旨峴〉

진흙탕은 깊고 미끄러우며 길은 구불구불한데
깊고 큰 골짜기에 척척 굽은 나뭇가지는 차갑구나.
양지쪽 언덕에 해가 솟아 자주빛과 비취색이 겹치고

그윽한 골짜기엔 봄이 왔으나 응달엔 아직도 눈이 남아 있네.
맹수로부터 몸을 보존하기 위해 홀로 집에 들어박혀 사니
갑자기 번적하며 주위를 떠도는 원숭이와 날다람쥐들
내 어찌 고향에 돌아가지 못하는지 탄식하나니
멀리 고향 산천이 사내종을 근심스럽게 하는구나.

   泥深滑滑路盤盤, 洞壑杈枒雲木寒. 陽坡日上紫翠重,
   幽谷春生陰雪殘. 猛獸存身獨深居, 倏閃流離多狖鼯.
   嗟我曷不歸故鄉, 遠度關山愁僕夫.

            장광수, 역. 2024

 안음에서 소지현을 넘어서 김천 지례를 지나 김산金山(김천)에 갔다, 김산은 영남, 호남, 충청 3도의 경계를 이루고 있다.

 김산에서 한양길은 추풍령을 넘어야 한다. 백두대간의 추풍령에 올랐다. 황간 향교 앞 언덕의 가학루에 올라서 시 한 수를 읊었다.

 〈황간 가학루黃澗駕鶴樓〉

지세는 높아서 사방이 훤히 트였고
산의 형세는 질주하는 듯하다가 또 머무르는 듯하네
눈은 남아 석양에 밝게 빛나고
갈매기 떠서 봄 강물을 밝게 드러내는구나
멀리 바라보노라 때때로 눈 비비고
걸린 글귀 보느라, 여러 번 머리 기울이네
선학은 빠르기가 말보다 더하나니
어찌하면 그걸 타고 구름 속에서 마음껏 노닐꼬.

 地勢高仍豁, 山形騖亦留. 雪殘明夕照, 鷗泛炯春流.
 望遠時揩眼, 看題屢側頭. 仙翎快於馬, 安得恣雲遊.
                             장광수, 역. 2024

　　선학처럼 바람 따라 떠다닌다는 뜻으로 가학루라 하였다고도 하고 누각이 새의 날개와 같아서 가학루라 하였다고도 한다. 李子는 하늘을 날아다니는 선학을 타고 구름 속을 날아보고 싶은 심정이었으니, 그 때 이미 비행기를 꿈꾸었을까?

　　〈죽산으로 가는 중에(竹山途中)〉

모진 추위가 기세를 부리더니 새벽에 바람이 잠잠하였다,
조금 기뻐하고 있는데 해가 해동 떠오르는구나.
한 일 자로 얼어붙은 강물은 은빛이 완연하고,
눈 덮인 뭇 산은 옥이 총총하구나
먼 길 가는 나그네 들에서 밥을 먹는데 푸른 연기가 둘러있고,
사냥하는 말을 타고 들에서 백초를 찾는구나.
가는 곳마다 한 잔씩 주는 관의 술이 아름답지만,
멀리 떨어져 있는 곳에서 죽은 자와 함께 하기가 어렵구나.

　　　　苦寒贔屭曉無風　稍喜金鴉上海東　一水帶冰銀宛宛
　　　　衆山排雪玉叢叢　征夫野食靑烟外　獵騎郊搜白草中
　　　　到處一杯官酒美　天涯難與故人同
　　　　　　　　　　　　　　　장광수, 역. 2024

　　죽산竹山은 오늘날 안성시 죽산면을 중심으로 용인시 처인구의 일부가 속한다. 죽산은 고구려의 개차산군皆次山郡이었는데, 1413년(태종 13년)에 죽산현竹山縣으로 개칭하였다. 원일면과 근삼면 일부는 용인군에, 나머지 지역은 안성군安城郡에 편입되었다.

〈14일 죽산 동헌(十四日竹山東軒)〉

눈이 올 듯한 하늘은 아득하고 저녁 빛은 새로운데,
솔가지 뒤집혀 학이 날아오르니 흡사 고인(벼슬하지 않은 고결한 선비) 같더라. 삼춘三春, 이는 정월 대보름이니, 4년 만에 이제 다시 손님으로 오게 되었구나.
병으로 인해 일찍 쇠약해져 가히 물러나야 하는데,
어리석어서 물러날 방도를 잃고 대책이 어렵도다.
군사를 일으켜 군주의 한을 풀어주는 것은 모름지기 훌륭한 장수가 하나니,
전략을 알고 귀신을 움직이는 것을 누가 감당할꼬.

　　雪意蒼茫暮色新 松顚鶴立似高人 三春此是上元節
　　四歲今爲再到賓 緣病早衰身可退 以愚過計策難陳
　　興師敵愾須良將 智略誰堪動鬼神

장광수, 역. 2024

영승촌을 출발하여 김천 지례知禮, 김산金山, 영동 황간, 옥천, 청주, 진천, 죽산, 용인을 거쳐서, 1월 16일 한양에 도착하였다.

단성과 안음을 다녀오는 동안 지은 시를 묶어서 癸酉 '영남행록嶺南行錄'이라 이름하였다.

둘째아들 寀의 혼사와 장인 권질의 회갑연에 다녀온 3년 후 1545년 12월 2일 장인 권질權礩이 풍산 지곡리 옛집에서 별세하였다.

당시 을사사화의 여파로 조정이 크게 어지러웠기 때문에 외직으로 나가기를 구하였다. 하지만 뜻대로 되지 않아 장인 권질의 장사를 지내는 것을 사유로 휴가를 받았으나, 이것도 병 때문에 기한을 넘겨서 고향으로 돌아갈 수 없게 되었다.

3월 1일 경, 고향으로 출발하여 풍산 지곡선원에 있는 장인 권질의 산소에 참배하였다.

장사 때 휴가를 받아 내려오려고 했으나 병으로 기한을 넘겨 내려오지 못하고 고향 가는 길에 장인의 산소를 참배하고 '拜權奉事公墓' 詩를 지었다.

옛날 그땐 참사람을 몰라보고
까닭 없이 저승으로 이분을 데려갔네
고향에 돌아와서 묘사를 지낸 후
매화 피는 모습 보고 장인 생각하옵니다.

권질은 갑자사화(1504년)로 평해로 유배 갔던 그의 아버지 권주가 사약이 내려진다는 소식을 듣자 스스로 누각에서 투신하였고 부인 고성 이씨도 자결하였으며, 권질 자신도 거제도로 귀양 갔다. 훗날 중종반정으로 귀양에서 풀려나서 광흥창봉사廣興倉奉事를 지냈다.

마포 한강 변에 있는 광흥창봉사는 종8품으로 관리들의 녹봉인 전곡錢穀에 관한 사무를 담당하였다. 그러나 그의 아우 권전權磌이 기묘사화에 연루되어 형장에서 숨을 거두었으며, 권질 자신도 또다시 예안에서 귀양살이를 하게 되었다.

李子는 권질을 찾아뵙고 그를 위로하였다. 권질은 李子가 아직 둘째 부인을 들이지 않았다는 것을 알고,

"나의 여식이 혼기를 넘겼으나, 그저 보고만 있네. 집안이 참극을 당하는 바람에 정신이 온전치 못하니 누가 데려가겠나……"
탄식하였다.

　신묘년(1531)에 권씨 부인과 혼례를 올렸다. 권씨 부인은 눈매가 서글서글하고 선량한 인상이 말해주듯, 성정性情이 양처럼 온순하며, 자신의 생각을 내색하지 않고, 상대가 누구든지 언제나 밝은 미소로 상냥하게 대했다.
　李子는 권씨 부인을 맞아서 온혜마을 남쪽 영지산 기슭에 달팽이같이 작은 지산와사芝山蝸舍를 지어, 권씨 부인과 함께 두 사람만 따로 나와서 살게 되었다.

　　영지산 끊어진 기슭에 새 집 지었는데,
　　달팽이 같아도 몸은 감출 수 있네.
　　북쪽 낭떠러지 마음에 들지 않아도,
　　남으로 안개 노을 운치가 넘치고,
　　아침저녁 문안인사 드리기 가까우니,
　　뒷산은 둘러앉아 춥고 더움 다 가리랴.
　　달 보고 산 바라보는 꿈 다 이뤘으니,
　　이 밖에 또 무엇을 이에 비할까.

　〈달팽이집(芝山蝸舍)〉에서, 겨우 몸을 담을 만한 달팽이 같은 작은 집이지만, 남쪽으로 아침저녁 안개와 노을이 산천을 감아도는 풍광이 펼쳐져 있고,

但得朝昏宜遠近 어머님 거처와 가까워 문안드리기에 좋고,
已成看月看山計 달 보고 산 바라보는 꿈 이뤘다고 했다.

이 지산와사芝山蝸舍에서 서른넷의 나이에 문과 급제하여 출사하였으며, 손자 안도가 태어났다.

서소문에 있던 장인丈人 권질權礩의 서울 집을 받지 않고, 처가 근처에 셋집을 구하여 권씨 부인과 살았다.

권씨 부인은 남편의 찢어진 도포를 예쁘게 기우고 싶어 하얀 도포에 빨간 천을 덧대어 꿰맸는데, 李子는 군소리 없이 입고 다녔다.

1546년 7월 2일 부인 안동 권씨가 별세하였다. 당시 李子는 장인 권질의 장례를 치르는 동안 기력이 쇠하여 서울로 돌아가지 못하고 고향에 있었다.

권씨 부인은 서울에 있으면서 출산 중에 별세하였다. 그 때 태어난 영아도 며칠 지나지 않아서 사망하였다. 이 소식을 듣고 곧바로 아들 준寯과 채寀를 서울로 분상奔喪(먼 곳에서 어버이의 죽음을 듣고 급히 집으로 달려옴)하게 하였다.

넷째 형 瀣가 서울에서 치상治喪하고 한강의 수로水路로 운구運柩하여 예안 동쪽 하계 백지산栢枝山에 장사 지냈다.

　권씨 부인의 집상執喪 중에 맏아들 준寯이 학질에 걸려 건강이 극도로 나빠지자, 건포乾脯와 함께 편지를 보내어 권도權道에 따라 개소開素를 하도록 당부하였다.

　준과 채 형제는 계모인 권씨 부인의 상喪에 소상小祥(사람이 죽은 지 1년 만에 지내는 제사) 전까지 일 년간 쇠복衰服을 입은 다음 그 뒤에는 심상心喪만 하였다.

　둘째아들 采의 부고를 받고, 초취아내(처음 장가 가서 맞은 아내) 許씨 부인의 죽음, 채의 혼례와 장인 권질의 회갑연에 단성을 다녀온 뒤 장인 권질과 권씨 부인의 죽음 등 지난날들을 회상하면서 밤을 하얗게 지새웠다.

　李子의 편지에 의하면 채의 죽음은 예기치 못한 사고인 듯하다.

　"군 사람들이 돌아와서 편지를 받아 자세한 사정을 알게 되었다. 초상과 장사는 큰일인데, 다행히 너의 두 외삼촌에 의해 길에 버려지는 것만은 면하였구나.

　장삿날이 마침 대한大寒 때라 매서운 바람과 눈으로 추위가 극심할 것이니 무덤을 만드는 일이 몹시 어려우리라 생각된다. 그러나 장사를 지내는 어려움이 오히려 청상과부 혼자서 빈소를 지키는 어려움보다는 덜할 것이니 어찌할꼬?"

　采는 혼인을 하고 6년을 살았으나 자식을 남기지 않고 22세의 젊은 나이에 요절하고 말았다. 맏아들에게 보낸 편지에 采의 혼인 때 신부 측에 보낸 납폐納幣에 관한 글도 있다.

"죽은 네 동생 일은 비참하여 차마 말하기도 싫다만, 전날에 공간(公簡 : 처남 허사렴)이 나에게 보낸 편지에 납폐했던 물품을 옮겨오면 보내겠다고 했는데, 차마 그 물건을 볼 수 있겠는가. 雋에게는 알리고 나에게는 알리지 말라고 일러두었다. 지금 다시 생각해 보니 넌들 그 물건을 받아서 어찌할 수 없으니 그곳에 보관해 두었다가 훗날 이장移葬할 때나 재사齋舍를 지을 때 쓰도록 하여라."

납폐를 옮겨온다는 것은 신붓집에서 가져온다는 뜻이다. 당시 관습대로 허씨 부인이 영주 초곡 친정에 있으면서 李子가 처가를 드나들었던 것처럼 宷가 단성의 처가에 드나들었을 것으로 짐작된다.

맏아들 雋에게 보낸 편지에, 당시 일부종사一夫從事가 엄하게 지켜지던 유가儒家의 법도에 얽매이지 않고 둘째 며느리의 개가改嫁를 허락하였다.

"의령에 통지할 일은 너는 모름지기 짐작하여 속히 저 어머니(안사돈)에게 통보하여 실본失本하게 하여라."

1548년 1월 단양군수로 부임하자마자, 둘째 아들 宷가 겨우 22세의 젊은 나이에 별세하였다는 부고가 날아들었다.

그 날 이후 단양과 풍기 군수로 가뭄으로 배고픈 주민들을 구

휼하고 소수서원 운영에 필요한 위토位土, 노비 등을 국가에서 지원하는 사액서원賜額書院을 지정받고, 1549년 12월 병으로 감사에게 세 번째 사직장을 제출하였으나 감사의 회답도 기다리지 않고 고향으로 돌아왔다. 돌아올 때 짐은 서적 두어 상자뿐이었다.

벼슬을 버리고 고향으로 돌아 온 뒤 그 해 겨울, 백운동서원에서 학업에 매진하는 유생儒生들을 격려하는 편지 '與白雲洞書院諸生(己酉)'를 보내면서 벽어碧魚 60마리와 꿩 2마리도 함께 보냈다.

단양과 풍기에서 군수로 재직하면서 고을을 다스리는 일은 일체 간편하고 요란스럽지 않게 처리하였으며, 백성들에게 세금을 거두는 것은 몹시 가볍고 편하게 하였지만 백성들이 당연히 해야 할 일은 괜히 늘이거나 줄여 도리를 어기면서 명예를 구하는 일은 하지 않았다.

오늘날 회자膾炙되는 '두향과 퇴계의 사랑', '뱃놀이를 즐기며 서로 마음을 주고받다가 퇴계가 떠난 후 두향은 수절하였다'는 퇴계와 두향의 사랑 이야기가 사실일까?

   1726년 6월 사양재 강호보姜浩溥가 단양을 유람하고 지은 〈상유사군산수기〉에, 강선대 정남 쪽에 한 외로운 무덤을 단양 사람들이 말하기를,

   "이것은 단구 기생의 무덤입니다. 그 기생이 이 강선대의 경치를 좋아하여 '내가 죽거든 강선대 건너편에 묻어 주세요. 그렇지 않으면 죽어서도 당신을 보러 올 거예요.'라고 하였다. 얼마 후 그녀가 죽자, 여기에 묻어 주었습니다."

   단구에 도착하자 늙은 기생을 불러서 그 일을 물었더니,

   "정말 그렇습니다. 그녀가 죽은 지 겨우 10여 년 지났습니다. 나이 스물두 살에 병도 없는데 죽었습니다."

   1726년 실재를 기록한 강호보의 〈상유사군산수기〉에는 李子에 관한 언급이 없으며, 그로부터 10년여 전은, 1710년 무렵이니, 李子의 단양군수 재직한 1548년과는 무려 160년의 차이가 난다.

   남한강이 옥순봉과 어울려 구담을 이룬 단양의 풍광이 단구丹丘로 불릴 정도로 산수가 수려하여 이곳을 지나는 선비들의 시심詩心을 자극하여 춘향전이 여러 형태로 구전되듯이 점점 더 흥미롭게 이야기를 덧붙여 춘향전식 '두향전'은 캐릭터(character)가 남다른 도덕군자이며 단양의 선경이 배경이기 때문이 아닐까.

김홍도,《병진년화첩》中 옥순봉, 종이 바탕에 수묵담채 26.7㎝ x 31.6㎝.
삼성미술관 리움 소장

　단릉 이윤영李胤永은 부친 이기중이 단양군수로 부임할 때 5년 동안 머물면서 지은 문집 속 〈산사山史〉 편에 퇴계와 두향이 함께 배를 타고 남한강을 유람한 것으로 기록한 것을 1976년 정비석(정서죽)이 《명기열전》을 조선일보에 연재하였다. 그러나 단릉은 '믿을 만한 것인지 아닌지는 알지 못하겠다.'고 기록하였으니, 단릉도 정비석도 허구를 흥미롭게 각색한 것이다.

　'단양 문화 보존회'에서는 '두향제'를 열어서 李子를 추모하고 있다. '퇴계와 두향의 사랑 이야기'가 여러 형태로 전해지고 있는 것은 탓할 이유가 없으나, 역사는 과거의 사실을 현재의 관점에서 기술하는 것이다. '두향제'가 미래의 어느 시점에서 역사화 될 가능성을 배제할 수 없다. '춘향전'이 역사가 아니라 소설로 여기듯이 '두향 이야기'도 소설 '두향전'으로 분명하게 확정해야 한다.

　단양군수 부임 당시 부인 권씨의 죽음에 이어 둘째아들의 부음은 李子의 일생 동안 가장 큰 슬픔이었다.

　"몸이 쪼개지듯 아프다. 지탱하기 힘들다. 원통함을 이루 다 말할 수 없다."

　　　人生如朝露　사람의 인생살이 아침 이슬 같은데
　　　羲馭不停驅　희어는 한순간도 쉬지 않고 몰아대네

4. 오불의

五不宜

1392년 7월 17일 태조가 수창궁壽昌宮에서 왕위에 올랐다.

백관百官들이 궁문宮門 서쪽에서 줄을 지어 영접하니, 태조는 말에서 내려 걸어서 전殿으로 들어가 왕위에 오르는데, 어좌御座를 피하고, 영내楹內에 서서 여러 신하들의 조하朝賀를 받았다.

"왕은 이르노라. 하늘이 많은 백성을 낳아서 군장君長을 세워, 이를 길러 서로 살게 하고, 이를 다스려 서로 편안하게 한다……. 문무文武 두 과거科擧는 한 가지만 취하고 한 가지는 버릴 수 없으니 중앙에는 국학國學과 지방에는 향교鄕校에 생도生徒를 더 두고 강학講學을 힘쓰게 하여 인재를 양육하게 할 것이다……."

태조 이성계는 형식상 국대비 왕씨國大妃王氏의 교서에 의해 공양왕을 폐위하고 선양을 받아 고려의 국왕으로 즉위하였다.

교서敎書는 정도전이 지은 것이며, 조선 건국이념은 고려와 차별하여 억불숭유抑佛崇儒정책을 천명하여, 성리학만이 올바른 도학道學으로 국왕도 경연에 참여하였으며 성리학에 반하면 사문난적斯文亂賊으로 취급하였다.

건국 초기의 정치적 의사결정은 고려의 제도를 따라서 의정부를 통하여 이루어졌으나, 태종의 왕권 강화 시도로 이루어진 육조 직계제 이후 각종 제도의 정비에 대한 논의가 세조까지 이어졌고 성종에 이르러 《경국대전》이 시행되기에 이르렀다.

　조선의 정체는 국왕 중심제의 전제군주제이다. 주권이 국민에게 있는 공화제와 달리 왕이 국가의 모든 통치권을 장악하여 단독으로 행사하는 정치제도이다.

　왕위 찬탈을 위한 세조의 계유정난癸酉靖難, 연산군의 무오·갑자사화의 폭정은 전제군주의 왕권에 대한 반감을 가져왔고 중종반정이 일어나면서 국왕은 스스로 절제하여 신료의 지지를 받고자, 왕권과 신료의 권한이 긴장과 타협 속에서 조정되어 국정에 반영되었다.

　중종이 승하하고 윤임을 비롯한 대윤파가 득세하였으나 인종仁宗이 재위 8개월 만에 승하하자, 12세의 명종을 문정왕후가 수렴청정하면서, 양재역良才驛 벽서를 빌미로 권벌·이언적·김난상·노수신 등 20여 명의 사림士林을 숙청하는 을사사화를 일으켰다. 이때 李子는 이기李芑의 올가미에 걸려 죽을 뻔하였으며, 다행히 단양과 풍기군수로 나왔다가 사직하고 고향으로 돌아갔었다.

　문정왕후가 수렴청정을 거두고 친정親政을 하게 된 명종은 문정왕후와 윤원형을 견제하고 왕권을 안정시키기 위하여 의로운 신하가 절실히 필요했다.

　"조정을 안정시키려면 먼저 간사한 사람을 없애야 하니, 대신

은 어진 사람을 진용進用하고 간사한 사람을 물리치는 데 마음을 다해야 한다. 양사兩司는 이목耳目을 맡은 책무이고 옥당玉堂은 논사論思하는 지위이니, 미리 간사한 사람을 막아서 그 세력이 성하지 못하게 해야 할 것이다.

이황을 간절히 부르는 뜻을 감사에게 하유하여 서울로 올라오게 하라. 이황은 집에 부리는 하인이 없다고 하니, 적당히 조처하여 주라고 해조에 말하라."

이에 앞서 정사룡이 아뢰기를,

"이황은 재주와 행실이 아울러 갖추어져서 사람들에게 존중 받아온 지 오래되었습니다. 성품이 조용하고 겸손하며 기질이 미약하므로 번거로운 일을 싫어하고 한가하고 고요한 것을 좋아합니다. 그의 글은 경박한 글이 아니요 이학理學이 정하고 깊으며 문장이 바르고 점잖으니, 문관 가운데에 이만한 사람이 없습니다.

이황은 청빈으로 자기를 지키므로 서울에 있을 적에도 집에서 부려 오던 하인이 없으므로 땔나무도 대기 어려웠습니다. 이것은 그의 사사私事일 뿐이므로 아뢰기는 미안하나 위에서는 아랫사람의 정상을 마땅히 아셔야 하겠으므로 감히 아룁니다.

이황은 자획字畫에 능하여 전액殿額 문액門額과 내전에서 어람御覽하는 글을 이황이 다 썼습니다. 또 《주역周易》에 밝으므로 《주역》을 진강할 때에 경연에 나오게 하면 크게 강론에 도움이 있을 것이니, 감사에게 하서하여 간절히 부르는 뜻으로 일러서 도타이 권하여 올려보내게 하여 관각館閣의 벼슬에 있게 하는 것이 어떠하겠습니까?"

이조吏曹에서 성균관 대사성과 홍문관 부제학에 의망疑網하려 하자, 李子는 벼슬에 임명된 다음에는 처신하기가 더욱 어려울 것이라고 생각하여 사직소辭職疏를 올렸다.

李子는 이 소장疏章에서 먼저 그간 벼슬에서 물러나려 했던 과정을 갖추어 기록한 다음, '마땅히 벼슬할 수 없는 다섯 가지 이유', 이른바 '오불의五不宜'를 들어서 치사致仕할 것을 간절히 청하였다.

첫째, 諱愚竊位(휘우절위) 어리석음을 감추고 자리를 차지
둘째, 病廢冒祿(병폐절녹) 아파서 일을 못하는데 봉록 받기
셋째, 虛名欺世(허명기세) 헛된 이름으로 세상 속이기
넷째, 知非冒進(지비모진) 나갈 바를 알지 못하고 모험하기
다섯, 不職不退(부직불퇴) 일을 못하면서 물러나지 않기

〈무오사직소戊午辭職疏〉를 받은 명종은 전교하기를,

"지금 이황이 상소한 말을 보니, 물러가기를 바라는 5가지 합당치 못한 점을 들어 굳이 고집하고 오지 않는다. 내가 진실로 덕이 작고 어두워 함께 일을 할 만하지 못하기 때문에 선비들이 결단코 보필할 뜻이 없는 것이니 내가 매우 부끄럽게 여긴다. … 회유하라."

명종의 교지教旨가 담긴 승정원의 서장書狀에서 명종의 뜻이 준엄하고, 여론도 비등한데, 조사수趙士秀가 이르기를,

"이번에 올라오지 않으면, 명종이 크게 노할 것"이라는 말을 전해 들었기 때문에 부득이 상경하지 않을 수 없었다.

무오년 8월 21일, 58세의 李子는 소명召命을 받고 서울을 향해 출발하였다. 이번 상경 길은 육로를 택해서 올라갔는데, 맏아들 준寯과 17세의 맏손자 안도가 배행하였다.

운곡에서 용두산을 넘어서 원천 매정에서 도마티를 넘어 구이내龜川 야옹野翁(촌로) 전응방全應房의 야옹정에서 점심식사를 하고 우금에서 내성천을 건넜다.

우금마을에서 내성천을 건너면 李子의 초배初配 허씨 부인의 묘소가 있는 사금골이다. 서울을 오가는 길에 언제나 허씨 부인의 묘소에 참배하였다. 이날도 아들 준과 손자 안도를 데리고

사금골 부인의 묘소에 올라서 참배하고 영주 푸실草谷 처가에서 하룻밤을 묵었다.

영주는 李子의 처향妻鄕으로 친구 금축琴軸과 김사문金士文, 제자 박승임과 황금계가 있어서, 고향의 정情을 느꼈다.

영주는 국도변의 큰 고을마다 설치하는 계수관界首官이었다. 각 도에서 교수관을 파견하고 양반 자제들을 선발하여 의서醫書를 교육하던 제민루濟民樓가 서천강 언덕에 있었다.
숙부가 별세한 후 무엇을 할지 갈피를 잡지 못하던 젊은 시절, 영주 제민루에서 의학공부를 하였다.

영주에서 죽령을 넘어서 단양으로 가려면 풍기를 지나가야 한다. 풍기는 영천군·풍기군·봉화군 지역을 관할하는 순흥도호부에 속한 기천현基川縣이었으나, 1457년(세조 3년) 단종복위사건으로 순흥도호부가 해체되면서 풍기군으로 승격되었다. 기천基川의 기基와 은풍殷豊의 풍豊자를 따서 풍기豊基군이 되었다.
소백산맥이 서남쪽으로 뻗어 내리면서 북서쪽의 고구려와 남동쪽의 신라가 서로 대립하던 국경이었으나, 아달라왕阿達羅王 5년에 죽령길이 열린 이후 사람과 물자가 왕래하는 관문이 되었다.
풍기군은 죽령 남쪽에 위치해 있는데, 안동, 예천, 순흥, 영천榮

川 지역의 공물을 수송하는 길목이며, 영남의 관문으로서 국가가 위기에 처했을 때 보장保障으로 삼을 수 있는 요충지이다.

1549년 李子가 부임할 당시의 풍기 관아는 오늘날 풍기초등학교가 들어선 흥인동리에 있었는데, 풍기 관아의 남쪽에 있던 남원南院은 관원과 여행객들의 숙박지인 원院이 있어서, 지금도 남원다리, 남원천 등으로 불리고 있다. 남원은 창락역과 창보역 사이에 있었으며, 풍기군에서 관리하면서 군의 남쪽에 있다 하여 남원이라고 불렀다. 원院은 주로 교통 요지에 자리잡고 있어 교역의 중심 역할을 하면서 상고商賈 상인들이 많이 드나들면서 교역이 활발하였다. 오늘날 풍기에 농공단지와 인견 및 인삼 매장이 활발한 것도 역사적인 맥락에서 볼 수 있다.

풍기에서 소백산 죽령을 올랐다. 풍기에서 죽령에 오르면서, 이미 고인이 된 넷째형 해瀣와 마지막으로 헤어졌던 촉령대에서, 〈새로 촉령대를 쌓고〉 詩를 지어 애석해했다.

仙區道左沒寒煙	선경가는 길 왼쪽에 찬 안개 자욱한 곳
覷奧眞人偶顧憐	깊은 골 찾는 진인이 우연히 사랑했네
可惜風流來不又	애석하다, 그 풍류 다시 올 수 있으랴
高臺愁絶倚雲巓	높은 대 시름겹게 구름머리에 기대 있네

죽령을 넘어서 단양에 도착하니, 그곳 군수이던 제자 황준량과 구담龜潭에 은거해 있던 이지번李之蕃, 토정土亭 이지함李之菡 형제가 배를 타고 마중을 나왔다.

단양에서 하루를 묵고 다음날 충주에 도착하였다.

한강 유역은 삼국의 각축장이었다. 신라는 중원경中原京으로 삼고 중앙탑을 쌓아서 통일신라의 중앙임을 표방했는데, 1550년 충주 출신 이홍남이 이홍윤·배광의가 역모를 꾀했다고 거짓 고변한 사건으로 80여 명이 관련되면서 충주가 역적의 소굴이라 하여 충청도를 청홍도淸洪道로 충주목을 유신현維新縣으로 강등하였다.

李子의 형 이해李瀣를 청홍도관찰사로, 이치李致를 유신현감이었는데, 이 무고사건으로 李子의 형 이해李瀣는 권신 이기李芑의 모함을 받아 갑산에 귀양 도중에 양주에서 병사하였다.

李子는 1550년 휴가로 고향에 있었는데, 그의 형 해瀣가 비명에 세상을 떠나자, 풍기로 돌아가지 않고 군수를 사임하고 관직을 떠났던 것이다.

8월 25일, 충주의 목계나루에 도착하였다. 목계나루는 '여울이 심해 물이 막 흐른다, 유속이 빠르다'는 뜻으로 '막흐레기'에서 유래되었다고 한다.

월악산에서 발원한 '달천'이 남한강에 합수하는 탄금대 하류의 '목계나루'는 강원·경상·충청도에서 거둬들인 세곡稅穀을 보관하는 가흥창이 있었다.

한양까지 오가는 관리나 상인, 백성들이 주로 공물貢物을 운반하는 조운선을 이용하였는데, 한양까지 배로 사흘거리인 목계나루는 수운을 이용하는 여행자들이 묵어가는 원院이 있어서 물산이 집결되고 장판이 벌어지고 주막들이 즐비하였다.

공물은 토산물을 현물로 납부해야 하는 만큼 시간이 지나면서 더 이상 생산되지 않는 경우가 생길 수도 있고 제 때에 납부하더라도 현물의 상태를 빌미로 '점퇴點退'시킬 경우 백성들의 부담은 더욱 가중되었다. 공납을 전문직으로 담당하는 방납업자防納業者에게 수수료를 부담하면서 더욱 큰 부담이 되었다.

양란兩亂 이후 국가 재정이 흔들리면서 세금 부담이 가장 컸던 충청도를 중심으로 공물貢物을 쌀로 대신하는 대동법이 실제 개혁으로 이어졌다.

李子의 방계 후손인 충청관찰사 이명익李溟翼은 낙동강 상류 지역과 한강수계漢江水系 지역인 강원도·경상도·충청도의 세곡稅穀을 한강으로 운송하면서 세곡을 보관하는 70여 동棟의 창고와 조운선漕運船과 나루터 등 시설을 개선하면서 목계나루에 집결된 세곡은 다시 한양의 광나루, 마포의 광흥창 등 경창京倉으로 보내졌다.

목계나루에 도착한 李子 일행은 서울에서 오는 사람을 통해 여론을 듣게 되었다. 영의정 심연원이 6조목을 올리고 물러나자, 상진尙震을 영의정으로, 윤개를 좌의정, 윤원형尹元衡을 우의정으로 삼았다. 윤개는 책략이 많고 응변을 잘하며 윤원형을 곡진히 섬겨서 작록을 보전하였으며 윤원형은 외척의 권력을 끼고 있으니, 이것이 상진과 윤개가 그를 재상으로 삼은 이유라고 하였다.

정치가 외척에 휘둘리게 되었으니 애석함을 견딜 수 있겠는가. 가뜩이나 내키지 않는 길인데, 여론까지 시끄럽다고 하니 몹시 심란하지 않을 수 없었다.

李子는 목계나루에서 묵었다. 이곳 충청도관찰사이던 넷째 형이 더욱 그리워 잠을 이루지 못하였고, 출사出仕 후 지난 20여 년 동안 몇 번이나 진퇴進退를 거듭했던가? 생각이 꼬리를 물고 이어졌다.

계사년(1533년) 봄, 어관포의 초청으로 남행을 다녀온 李子는 이듬해 갑오년 3월, 드디어 대과에 급제하였다.

4월 8일, 권지權知로서 승문관承文院 부정자副正字에 선임되었다. 승문관에서 외교문서를 취급하는 견습 관원이었으니, 권지權知는 오늘날의 인턴(Internship)이다.

대과大科에 급제하여 면신례免新禮를 치르느라 사람들에게 이리저리 이끌려 술을 마시고 다녔다. 잠깐 틈이 나서 생각해 보니 자신의 처신이 부끄러웠다.

4월 18일, 통사랑通仕郎, 예문관藝文館 검열檢閱 겸 춘추관春秋館 기사관記事官에 정식으로 임명되었다. 견습 관원인 권지에서 10일 만에 정식 관원인 통사랑通仕郎에 임용되었다.

통사랑에 임용된 지 이틀 만에 예문관藝文館 검열檢閱에서 걸리었다. 그것은 그의 장인 권질權礩의 일 때문이었다.

"검열檢閱 이황李滉은 반역한 사람 권선權碩의 농목형同腹兄 권질權礩의 사위인데, 권질은 지금도 정속定屬되어 있으니, 이황은 결코 사관史官이 될 수 없습니다. 예문관 관원을 추고하고 아울러 이황을 체직시키소서."

장인 권질은 1521년 안처겸安處謙의 옥사 때 연좌되어 죽음을 당한 권전權磌의 형으로, 그때 죄를 받고 예안에서 귀양살이를 하고 있었다.

　김안로金安老는 대간臺諫을 사주하여 李子가 사관이 될 수 없음을 논하게 하였을 뿐 아니라, 李子를 추천한 예문관 관원들도 잘못되었음을 논하게 하였다. 그 결과 예문관 검열에서 걸리게 되었고 예문관 관원들도 모두 화禍를 당하였었다.

　중종의 옹주를 며느리를 둔 김안로는 1534년 3월 당시 대제학이었다. 김안로는 李子의 전 부인 김해 許씨의 친정이 있는 영주에 전장田庄을 가지고 있었다. 그는 이런 연고로 자신을 찾아오기를 바랐지만, 李子는 찾아가지 않았다.

　李子는 우여곡절 끝에 승문원承文院의 9품 부정자로 정식으로 임용되었다. 당시 전조銓曹에서는 사람이 모자라서 파직하자마자 곧 서용하는 실정이었기 때문이다.

　6월에 승문원承文院 정자正字로 승진되었는데, 승문원의 정자는 문서응봉사文書應奉司를 승문원으로 개편하면서 2인을 두었다.

　李子는 대과 급제 후 첫 휴가를 받고 7월에 고향으로 내려와 어머니 춘천 박씨께 홍패紅牌를 올렸다. 생원 진사 때 백패白牌를 받았으나, 이번에는 붉은 종이에 합격자의 직위와 성명, 합격 등급과 순위를 쓴 홍패를 받았기 때문이다.

　어머니를 모시고 꿈같은 시간을 보내고, 10월에 승문원承文院 저작著作(정8품)으로 승진되어 다시 조정으로 돌아왔다.

  10월 21일부터 문신 정시庭試가 시작되었다. 문신 정시는 문신의 학문을 장려하기 위하여 시행된 시험으로 당상堂上 정3품 이하의 문신을 대상으로 왕의 특별한 명이 있을 때 전정殿庭에서 행하였는데, 제술시험 과목은 증광문과전시增廣文科殿試와 같았다.

  임금이 사정전思政殿에 직접 나와서 우선 '기영회도耆英會圖'란 제목으로 문신들에게 배율排律을 짓게 하였다.

  李子는 배율에서 1등을 하였다. 이때부터 11월 1일까지 사정전에서 임금이 임장한 가운데 계속 치러졌다.

  23일에는 책策과 율시律詩, 24일에는 표表, 제소制詔, 25일에는 부賦와 잠箴, 29일에는 송頌·서序·명銘, 마지막에는 설說과 고시古詩를 짓게 하였다. 문신이라면 대과에 급제하고 나름대로 내로라하는 선비들이 아닌가.

  李子는 전체에서 차석을 하여, 한 품계品階 승진되는 상으로 계공랑啓功郞으로 특별승진 되었다. 종7품관에게는 일년에 네 차례에 걸쳐 모두 중미中米 3석, 조미糙米 14석, 전미田米(벼) 2석, 좁쌀 2석, 황두콩 4석, 소맥小麥(밀) 3석, 정포正布 6필, 저화楮貨 2장을 지급하였다.

  12월 무공랑務功郞에서 정7품 승문원承文院 박사博士로 승진됨으로써 3월에 대과에 급제하여 4월에 승문원에서 권지로 임용되어 12월에 정7품 박사로 승진하였다.

35세의 李子는 왜인倭人 호송관으로 차출되어 동래에 가게 되었다. 삼포왜란이 있은 뒤 조정에서 왜의 납관을 불허하자, 왜는 수차에 화해를 애걸하였다.

동래 가는 길에 여주를 지나며, 그곳 목사 이순李純 및 훈도 이여李畲와 신륵사에서 황극경세서皇極經世書의 관물내편觀物內篇과 주역참동계周易參同契의 수련법에 대해 논하였다. 그때의 감회를 詩로 적어 두었다.

京洛風塵一夢悠　서울의 풍진이란 한바탕의 꿈처럼 아득한데
從公聊作靜中遊　나리들 따라서 고요한 곳 찾아와 놀아보네

상주에서 '낙동관수루', 성주에서 '임풍루', 안동에서 '영남루'에 올라 시를 지었다. '낙동관수루'는 '乙未夏, 護送官時'로 보아 6월에, '임풍루'는 '七夕'에 지은 것으로서 이 기간 동안 李子는 행차行次를 상주 낙동에서 잠시 멈추고 고향에 들러 어머니를 뵈었다. 젊은 아들은 백발의 어머니가 안쓰럽고, 늙은 어미는 막내아들이 언제나 어렸다.

낙동관수루에 올라서 낙동강 유역의 풍광을 그림처럼 표현하면서 '총총최일기匆匆催馹騎'에서 말을 바쁘게 몰아서 공무수행하는 관리의 입장을 읊었다.

〈낙동관수루洛東觀水樓〉에서 공문을 전달한다고 하였다.

野闊烟籠樹　들판은 트였는데 안개 나무에 서려 있고,
江淸雨捲雲　강은 맑은데 비는 구름을 말았네.
匆匆催馹騎　바삐 역마 재촉함은,
要爲趁公文　공문을 전달하기 위함일세.

7월 7일, 성주의 임풍루臨風樓에서 목계木溪 강혼姜渾의 시를 차운하고, 말 위에서 〈성주마상우음星州馬上偶吟〉을 읊었다.

勝事由來天所慳　좋은 일은 본래 하늘이 아끼는 바이나
臨風樓上且偸閑　바람 맞는 누각에서 잠깐 한가로움 훔쳐보누나

'한가로움을 훔쳐본다'는 '차투한且偸閑', 얼마나 멋있는 시어詩語인가, 李子는 남의 시를 평하는 일을 하지 않았지만, 감흥이 일어나면 언제 어디서든 시 짓기를 어시餘事로 여겼다.

曉天霞山初昇日　새벽까지 노닐다 찬란한 해가 솟아오르니
水色山光畵裏誇　대자연이 그림같이 그 모습을 펼치고
馬首吹香渾似雪　새벽향이 말머리에 눈처럼 흩날리며
泣殘殊露野棠花　야당화에 맺힌 이슬이 눈물처럼 흐르네

이른 새벽에 성주의 이천 강둑을 말을 타고 성주 관아의 후원을 거닐면서, 새벽하늘에 태양이 솟아오르자, 어둠이 걷히면서 여명에 성산星山의 윤곽이 희미하게 드러나고, 흐르는 강물 위로 물안개가 서서히 걷히면서 백화가 햇빛에 반짝이기 시작하는 새벽의 기운을 표현한 그림 같은 시이다.

시의 묘사 범위가 먼 데서 가까운 데로, 넓은 데서 점점 축소되어 마지막에 이슬 맺힌 야당화의 꽃잎에서 멈춘다.

설雪, 수로殊露, 야당화野棠花에서 색채라는 말이 없으면서 색채나 빛의 감각을 돋워주고 있다. 이 시에서 李子의 도문학적道問學的 정신세계를 자유로이 소요하였다.

형양衡陽은 밀양의 옛 지명이며 〈영남루嶺南樓〉는 영남루에 걸려 있는 원시原詩를 차운次韻한 것이다.

그 해 7월 성주, 밀양 등을 거쳐 동래東萊에서 왜인 호송을 마치고 서울로 돌아온 후 선무랑宣務郎에 임명되었다. 벼슬이 점점 높아지지만, 원래 벼슬이 소망하는 것이 아닌 데다가 실제 여러 가지 문제로 그에 대한 환멸감만 더해지게 되었다.

밀양을 지나면서 영남루에 올라서, 그곳 누각에 걸린 작품을 차운하여 〈영남루嶺南樓〉를 읊었다.

樓觀危臨嶺海天　누각은 영남의 하늘 높이 솟았고
客來佳節菊花前　국화꽃 피는 가절佳節에 객이 찾아왔네
雲收湘岸靑楓外　강둑에 구름 걷히니 푸른 숲 밖이네
水落衡陽白雁邊　형양에 강물 떨어지니 흰기러기 맴도네.

밀양강변 절벽 위에 자리한 영남루의 대루는 동서로 정면이 5칸, 남북으로 측면이 4칸인 장방형 대형 목조누각이다. 영남루 아래 밀양강 나룻배.

새벽에 일어나 거닐다가 우사寓舍(현 중구 정동) 정원에 여러 초목과 조수들이 봄날을 다투는 모습을 보고 시를 지어서 〈감흥感興〉이라 하였다.

맑은 날 새벽, 마침 다른 일 없어, 옷을 걸쳐 입고 서쪽 마루에 앉았다. 일하는 어린 종이 뜰을 쓸고 간 뒤 닫힌 문에 적막이 다시 찾아왔는데, 섬돌에 가는 풀 돋아나고 향기로운 나무들이 정원에 흩어져 있었다.

서울살이 세 번째 봄을 맞으니, 삶이 옹졸해져 멍에 진 당나귀 같으며, 아득한 세월 동안 무슨 보탬이 되었는지 날마다 나라의 은혜에 부끄럽기만 하였다.

杏花雨前稀	살구꽃은 비 오기 전에 성글게 피더니
桃花夜來繁	복사꽃은 어젯밤 비 뿌린 뒤 활짝 피었다.
紅櫻香雪飄	붉은 벚꽃 향기가 눈처럼 휘날리고
縞李銀海翻	바람에 하얀 자두꽃이 은빛 바다 물결 인다.
……	
煙霞映川原	고향의 강과 언덕이 연하처럼 피어오른다
溪中魚與鳥	냇가에는 물고기와 새들이 노닐고
松下鶴與猿	소나무 아래에는 학과 원숭이가 노는구나
樂哉山中人	즐거워라, 산촌의 고향 사람들이여
言歸謀酒樽	사직을 청하고 돌아가 술잔이나 나누리라.

 선무랑에 오르자, 연로하신 어머니를 모시기 위해 지방 고을 수령을 희망하였으나 김안로金安老의 방해로 소망을 이루지 못했다.

 7월, 휴가를 받고 고향으로 내려오는 도중 죽령에 이르렀을 때 가을 경치가 난만하여 해澨가 마상에서 시 1首 '서울에서 고향으로 가는 길에 죽령에 이르니 마상에서 즐기는 가을풍경이 아름답구나(自京還鄕行到竹嶺時秋景爛漫馬上口占一絕)'를 지어 벼슬살이에 매여 자유롭지 못한 처지를 탄식하였다.

 이로부터 7년 뒤인 1542년 8월에 재상어사災傷御使로 강원도 지방을 검찰하는 동안 매번 푸른 시내와 붉은 단풍을 볼 때마다 이 시를 읊조리는 한편 그에 차운한 詩〈洪川三馬峴用景明兄竹嶺途中韻〉을 지어 소회를 풀었다.

 그때, 넷째 형 해澨의 서제西齋에서 함께 잤다. 이때 의령으로 갈 참이었는데, 만나고 헤어짐에 느낌이 없을 수 없어 소철蘇轍의 '소요당회숙逍遙堂會宿' 시에 차운하여 시 2首를 지었다.

公約靑山映黃髮	누런 머리 비치도록 청산에 살자했건만
何時官爵棄如泥	어느 때나 관직과 작위 진흙 버리듯 하리.
怪來今夜同眠處	이상하구나, 오늘밤 함께 자는 이곳에,
風轉蕭蕭雨轉凄	바람소리 쓸쓸해지고 빗소리는 처량해지네.

을미년 12월 29일, 장인 허찬許瓚이 의령에서 별세하였다. 의령으로 가는 길에 안동의 애련당愛蓮堂 숙부의 정자 및 종가에 들렀다. 숙부가 안동부사였을 때 연못 가운데 정자를 짓고 애련정이라고 하였는데 그곳에 걸려 있는 숙부의 詩 '雨後與欽之輩飮蓮亭'을 차운하여 〈안동애련당安東愛蓮堂〉을 읊었다.

竹因風細笑無聲　대나무 바람소리 가늘기 때문에
荷爲秋涼韻更淸　연잎은 가을 기운에 다시 맑아졌네
不見西牆紅間綠　푸른 대숲에 붉은 촉규화 보이지 않네
空餘珠玉映簾旌　주옥 같은 시구만 주렴 사이를 비추네

숙부이신 송재 공께서 안동부사 계실 때 애련당을 지어서 자질들을 가르쳤다. 그 때 시를 지으셨는데,
'거문고 소리 시원시원하게 빗소리에 섞여 있고, 찢어진 연잎 처량하나 여전히 맑은 기상 지니고 있네. 촉규화는 대나무 사이로 옮기어 서녘 담 아래 심으니, 붉고 푸름 분명하게 제각기 드러내네.'
그 후 안동부사 농암 이선생께서 정자를 당으로 고쳐 짓고, 여전히 송재의 시를 벽에 걸어두었는데, 대는 북쪽 담장 아래로 옮겼으나, 촉규화蜀葵花는 간 곳이 없어졌다.

　　낙동강 강둑의 영호루에 올라서 역동易東 우탁禹倬의 詩〈題安東映湖樓〉를 차운하여, 지난해 세상 떠난 맏형 잠潛의 죽음과 장인 허찬의 죽음을 애도하는 〈영호루映湖樓〉를 읊었다.

客中愁思雨中多	빗속에 깊어지는 나그네 시름
況値秋風意轉加	가을바람 불어대니 더욱 심란해
獨自上樓還盡日	홀로 누대 올랐다가 해져야 돌아와
但能有酒便忘家	다만 술로서 집 생각 잊을 수 있다네
慇懃喚友將歸燕	은근히 벗을 불러 돌아가는 제비와 더불어
寂寞含情向晩花	쓸쓸한 정을 품고 저녁 꽃을 마주하고 싶네
一曲淸歌響林木	한 곡조 맑은 노래 수풀을 울리는데
此心焉得似枯槎	이 마음 어찌 마른 등걸 될 수 있나

• 치추풍값秋風 : 이백의 '장한림 강동으로 떠나는 배, 때마침 가을바람 주는 철 만났네(張翰江東去　正値秋風時).' 주편망가酒便忘家(술로써 집 생각을 잊는다)했다.

　　의령에 가서 장인 허찬許瓚의 영전靈前에 곡哭하고, 고향 예안으로 돌아와서, 넷째형 해瀣와 자제들도 함께 서울로 돌아왔다. 이때 정6품 호조좌랑戶曹佐郞에 임명되었으며, 고향에서 친구가 부친 편지를 받고 일어난 소회를 읊은 〈세

계득향서서회歲季得鄕書書懷〉에서, 벼슬살이에 대한 환멸감과 고향으로 돌아가고 싶은 심사를 읊었다.

西來何所爲	서쪽으로 올라온 뒤 무엇을 하였던고
悶默繫袍笏	아무 말도 없이 벼슬에 얽매었네
但知趁公務	다만 공무 좇을 줄만 알지
不暇憂病骨	병든 이 몸 근심할 겨를도 없어
胡不早攸愚	어리석은 이 마음을 일찌감치 버리고서
歸安在蓬蓽	시골집에 돌아가 잠자코 있으리라[艹+畢]
力耕給公上	힘들여 밭 갈아 세금 바치고
甘旨奉怡悅	맛난 음식 받들어 어머님 기쁘게 하면
玆誠分所宜	그 정성 분수에 맞으련만
久矣不自決	오래도록 결단 못 짓고
强顔名利藪	명성 이익의 숲 속에 얼굴 내밀었나
宦情易成歇	벼슬생각 쉬 싫증나고
鄕心不可遏	시골생각 끝이 없어라

4월에 선교랑宣教郎에 임명되었으며, 5월에 승훈랑承訓郎, 9월에 승훈랑의 상위인 승의랑承議郎이 되었다.

10월 15일, 어머니의 부음을 듣고 서울에서 넷째 형 해瀣와 분곡奔哭하고, 고향에 돌아와 거상居喪 중에는 너무 슬퍼한 나머지

몸이 회초리같이 말라 병을 얻게 되었다. 특히 이 때 어려서부터 고질병이 되었던 심질心疾이 다시 도져 거의 죽을 뻔하였다. '선비증정부인 박씨 묘갈문先妣贈貞夫人朴氏墓碣文'에서 어머니에 대하여 다음과 같이 기록하고 있다.

'선군先君이 병으로 돌아가셨을 때 오직 백형伯兄 잠潛만 겨우 결혼하였고, 그 나머지는 모두 어린 것들로서 수하에 가득 찼다. 부인께서는 아이들이 많은 데다가 일찍이 과부로 된 것을 뼈아프게 느끼시고 장차 가문을 유지하지 못할 것 같아서 여러 아들들을 성혼시켜 주는 일 때문에 몹시 걱정하셨다.

선군의 삼년상을 필한 뒤에 제사를 받드는 일은 맏아들에게 맡기고, 자기는 그 곁에 집을 따로 짓고 살면서 농사짓기 누에치기에 더욱 힘쓰셨다. 갑자년甲子年·을축년乙丑年 같은 해 연산군 시대에는 나라에서 세금 징수가 몹시 혹독하고 다급하여 가게가 파산되고 가문이 영체해지는 사람이 많았는데도, 부인께서는 능히 먼 앞을 내다보면서 목전의 난관을 처리해 나갔기 때문에 구업舊業을 잃지 않고 지켰으며, 여러 아들이 점점 자라남에 이르러서는 또 가난한 생활 속에서도 자금을 변통하여 먼 데나 혹은 가까운 데 가서 공부하도록 하였다.

매양 자식들을 훈계하시되 문예에만 힘쓰지 말고 더욱 몸가짐과 행실을 삼가할 것을 중요하게 부탁하셨다. 당해 오는 사물

을 비유로 든다든가 어떤 일을 붙잡아서 교훈을 삼는다든가 하시는 일이 많았는데, 그럴 때마다 친절하고 절실하고 경각심을 높여 주지 않음이 없었다.

 "세상 사람들은 모두, 과부의 자식은 교육이 없다고 조소하는데 너희들이 글공부를 백배로 힘쓰지 않으면 어떻게 이런 조소거리를 면할 수 있겠느냐?"고 하셨다. 뒤에 두 아들 해瀣와 황滉이 대과급제하여 벼슬길에 오르게 되었어도 부인께서는 그 영진榮進으로써 기쁘다 아니하시고 항상 세상의 시끄러움을 걱정하셨으며, 비록 문자는 익히지 않았어도 평소 선군先君의 정훈庭訓과 여러 아들들의 서로 강습하는 말들을 자주 들어 왕왕 깨닫는 바 있었으며, 그 의리에 들어맞고 사리에 통하는 식견과 사려는 사군자士君子와 다를 바 없었다. 그러나 부인께서는 그것을 드러내지 않고 항상 마음속에 함축하여 두시면서 오직 조용히 겸양하는 태도를 지킬 뿐이었다.'

 집상 중 박승임에게 '예경禮經'과 '주역周易'을 가르쳐 주었고, 낙강에 달빛이 찰랑이는 강 언덕 다래(월천月川) 마을 조대춘趙大春의 아들 조목趙穆이 14세에 입문하여 가르침을 받았다.

　기해년(1539년) 12월, 어머니의 3년 상을 마쳤다. 홍문관 부수찬에 임명되었다가 그 당일날 홍문관 수찬修撰 · 지제교知製敎 겸 경연經筵 검토관檢討官으로 승진되었다.

　홍문관은 집현전의 기능과 직제를 계승한 기관으로 홍문관의 모든 관원들은 경연관經筵官 · 사관史官 · 지제교知製敎의 직제를 겸하였다. 부수찬 역시 경연 참여와 실록편찬, 그리고 왕명 제작의 역할을 담당하였다. 국왕의 명령을 하달받아 시행하는가 하면, 서적 편찬 사업에 참여하고 국왕의 자문에 응하였다.

　좌의정이었던 김안로가 이미 실각하였기 때문에 홍문관 관원으로 선발될 수 있었다. 1537년 김안로는 중종의 계비인 문정왕후를 폐하려 하다가 윤안인, 양연 등에 의해 체포, 유배되었다가 그해 10월 27일 왕명으로 그곳에서 사사 당하였다.

　넷째형 해瀣가 의정부 사인으로 춘추관 편수관을 겸임하였기 때문에 상피相避히어 **춘추관** 기사관은 겸대兼帶히지 않게 되었다.

　李子는 불혹不惑의 나이에 정6품 사간원司諫院 정언正言이 되었다. 간관諫官 · 언관言官 또는 대관臺官으로 불리었다.

　간관으로서 간쟁諫爭과 봉박封駁을 담당하였다. 그러나 실제 임무는 이에 제한되지 않고 사간원의 다른 관료 및 사헌부司憲府 · 홍문관弘文館의 관료와 함께 간쟁 · 탄핵 · 시정時政 · 인사 등

에 대한 언론과 경연經筵·서연書筵의 참여 및 인사 문제와 법률 제정에 대한 서경권署經權, 국문鞫問 및 결송決訟 등에 참여하였다.

사간원에서 아뢴 한성부 내에서 벌석伐石한 조정 관료들을 적발 추고하는 문제에 대해 아뢰었다.

이튿날 사간원 동료들과 함께 벌석한 사람들의 명단을 적은 단자를 올리면서 벌석한 사람을 적발하는 일은 사헌부에서 맡아서 해야 하는 데 사간원에서 계문啓聞한 뒤에야 뒤늦게 적발하게 된 책임을 들어 체직시켜 줄 것을 청하였으나 허락을 받지 못하였다.

그 해 6월, 정5품 형조정랑刑曹正郎으로 승진·전보되었다. 형조刑曹는 육조 가운데 국가의 사법과 형벌에 관한 일을 담당하는 것으로, 죄 지은 자에 대한 형벌 결정, 중죄를 저지른 자에 대한 복심, 죄수와 노예의 관리 등을 맡아보았다.

형조정랑이 된 후 매번 죄수를 다루는 것을 볼 때마다 밥상을 대하고서 차마 식사를 들지 못하였다.

9월 형조정랑 겸 승문원 교리에 임명되었다가 곧 홍문관 부교리 겸 경연 시독관·춘추관 기주관에 임명되었다.

　홍문관에 있을 때 동료들이 혹 옆에서 웃고 떠들어도 책을 보기를 그치지 않으니, 동료들이 대부분 부끄러워하며 웃고 떠들기를 그쳤다.

　10월 정5품 홍문관 교리로 승진되었다가, 11월에 정5품 통선랑에 임명되었다. 통선랑은 검상檢詳·정랑·지평持平·사의司議·헌납獻納·교리校理·직장直長·별좌別座·문학 등이 있다.

　12월 사간원 정언을 겸직하게 되었는데, 사간원 정언으로 경연 조강에 입대하여 평소에 절약하여 사변事變을 당해서도 크게 낭패 보는 일이 없도록 대비하라고 아뢰었다.

　41세의 李子는 홍문관 교리로 경연 석강에 입대하였다. 강을 마친 다음 우역牛疫 문제를 논하는 것을 계기로 당시 계속해서 일어나던 지진, 가뭄, 전염병 등의 문제를 두고 아뢰었다.

　홍문관 교리로 경연 서강에 입시하여 강릉부사 구수담具壽聃을 예조참의로 소환한 일에 대해, 그를 강릉부사로 임명한 것은 강릉이 피폐한 고을이기 때문에 이를 소복시키려고 특별히 선발하여 파견한 것인데 이제 新·舊官의 송연送迎 때문에 농사일을 돌보지 못하게 되면 곤란하므로 농한기를 기다려 소환하는 것이 좋겠다고 건의하였다.

사가독서賜家讀書에 선발되었다. 독서당 관원은 윤번으로 돌아가면서 교대로 그곳에서 독서하였다. 그러나 관례상 다른 관직을 가진 채 선발되었기 때문에 그곳에 오래 머물면서 독서하는 사람은 없었다.

독서당 관원으로 선발된 뒤로는 차례가 되면 항상 그곳에 가서 독서를 하고 도성에 들어오지 않았다. 선발된 사람들 중에는 독서당에 있으면서 주로 음주와 해학諧謔을 일삼기도 하였지만, 李子는 항상 단정하게 앉아서 독서에 주력하였다.

홍문관 동료들과 재앙을 이기기 위해 힘써야 할 열 가지 일에 대한 부제학 이언적 등이 상소문을 올렸다. 홍문관弘文館은 궁중의 문서관리 및 왕의 각종 자문에 응하는 일을 관장하던 관서로, 흔히 옥당玉堂이라고도 하며 사헌부, 사간원과 함께 언론 3사라고도 한다.

경연에 참여하고, 교서를 짓는 지제교知製敎를 겸임하였으니, 청요직淸要職의 상징으로서 고위 관리가 거쳐 가는 기관이었다.

"신들이 감히 전하께서 오늘날 힘쓰셔야 할 열 가지 일을 아뢰겠으니, 전하께서는 유념하시기 바랍니다. 대저 열 가지 일이라 하는 것은 그 강綱이 하나이고 그 목目이 아홉인데, 참으로 한 강에 종사하여 그 도리를 다한다면, 아홉 목이라 하는 것은 행동의 도구요 시행하는 방편일 뿐이니, 어찌 실행하기가 어렵다

고 걱정하겠습니까……. 바라건대, 전하께서는 한 강綱에 마음을 다하고 아홉 목目에 도리를 다하여 날로 성학聖學을 진취시키시어 지금의 폐단을 바로잡고 하늘의 견책에 응답하소서. 그러면 종사宗社가 매우 다행하겠습니다."

특히, 간언諫言을 즐겨 받아들이라고 감히 간諫하였다.

"간쟁이란 임금에게 이로운 것이 아니라, 국가의 복입니다. 말로 죄를 입는다면 누가 천둥 같은 위엄을 무릅쓰고 보탬이 없는 말을 아뢰려 하겠습니까……. 그 때에 그 정상을 지적하여 말하는 자가 있었다면, 간흉奸兇의 창끝에 다쳤을 뿐만 아니라 역린逆鱗의 노여움을 받아, 몸이 가루가 되고 뼈가 부서졌을 것은 결코 의심할 나위가 없는 것입니다…….

대저 무릇 결점을 아뢰어 간하는 것은 임금의 잘못을 드러내려는 것이 아니라, 앞으로 성덕聖德이 갖추어지기를 바라는 것이니, 전하께서 더욱더 살피시기 바랍니다."

기묘년에 조광조趙光祖가 역린逆鱗을 건드렸다가 몸이 가루가 되고 뼈가 부서졌었다. 역린은 용龍의 턱 밑에 거꾸로 난 비늘인데 龍은 임금을 상징하므로 이것을 건드리면 용이 노하여 사람을 죽인다 한다. 이때, 홍문관 동료들은 위험을 무릅쓰고 감히 역린을 건드렸는데, 중종은 전교하였다.

"이제 이 상소를 재삼 보건대, 한 강綱과 아홉 목目이 다 도리에 맞으니, 더욱 살펴서 하늘의 견책에 응답하겠다."

사헌부 지평·지제교 겸 승문원 교리에 임명되었다. 안태사安胎使 종사관從事官이 되어 영남에 다녀왔다.

정6품 홍문관 수찬修撰에 임명되었고, 6월 5일 성절사聖節使 홍춘경洪春卿 행차行次의 자문점마관咨文點馬官 외교문서와 마필 점검의 임시 직책이 되어 의주에 갔다.

의주로 가는 길에 압해관押解 신순申洵 등이 당물을 사 오기 위해 은량銀兩을 가지고 간다는 말을 듣고 그 일행의 마두馬頭인 임손林孫을 고문한 결과 은량을 가지고 있다는 사실은 밝혀내지 못하였지만, 복물을 13바리씩이나 가지고 간다는 사실은 밝혀내어 조정에 보고하였다.

의주에 있으면서 연작시 12수 '의주잡제십이절義州雜題十二絶'을 지었다. 중국에 보낼 말 점검(閱馬) 등 당시 조·중 국경의 도시, 의주 주변의 경관, 제도 및 역사 자신의 임무 등을 읊었다.

성절사 단련사 일행이 사 오는 당물唐物을 조사하지 말고 속히 돌아와서 경연을 열라는 명령이 내렸다. 그 명령을 받고 서울을 향해 출발하였다.

돌아오는 길에 평양에서 잠시 머물렀다. 이 때 감사 상진尙震을 모시고 연광정練光亭 대동강 덕암에서 베풀어진 밤 연회에 참석하여 詩「平壤 練光亭陪監司尙公震夜讌」을 지었다.

縹緲城頭翼瓦齊　멀리 성머리에 기와지붕들 가지런하고
登臨唯覺遠山低　올라 보니 깨닫네 먼산들 한결 낮아 보임을
殘雲返照迎初席　조각구름과 지는 해는 연회자리 환영하고
玉笛瑤琴送早鷄　옥금피리 소리 새벽닭 울고도 이어졌네

겸재 정선, 연광정(練光亭), 비단에 엷은 색, 286×23.9cm

서울에 돌아온 후 자문점마관咨文點馬官으로 의주를 다녀오는 동안 지은 詩들을 묶어 수본手本《관서행록關西行錄》을 엮었다.

서소문 우사寓舍에 있으면서 가을을 맞아 일어나는 여러 가지 상념을 노래한 詩〈조추야좌早秋夜坐〉에서 세월은 빨리 흘러가는데도 학문은 진보가 없음을 한탄하였다.

徂年水流速　한 해가 감이 마치 물 흐르듯 빠르구나.
舊學苦已晩　옛날 공부하던 것은 정말 잊기가 늦었고,
新知良可恧　새로운 지식에는 정말 부끄러울 뿐일세.
沈痾喜負心　깊은 병으로 차라리 마음 저버리지 않을지,

경기도 재상어사災傷御使에 임명되었다.
9월 7일, 낮에 임진정에서 쉬면서, 멀리 개경을 바라보며 시「구월칠일오게임진정九月七日午憩臨津亭」을 지어서 무신란武臣亂을 초래하여 고려를 결국 망하게 만든 임금의 방탕함과 문신들의 경박함을 비판하였다.

辛丑년(1541), 전국적으로 흉년이 들고 경기도 영평현에는 수해가 특히 심했으므로, 이 해 9월에 경기도 재상어사災傷御使로 영평, 삭녕 등 경기도 동북부 지방을 돌아보고 왔다.

시독관侍讀官으로 경연 석강에 입시하여 재상어사災傷御使로 검찰한 결과를 아뢰었다.

특히 영평현 포천군 영중면은 수재水災가 매우 심하여 백성들이 거의 생업을 잃게 되었는데 그곳을 떠나올 때 백성들이 몰려와서 말하기를 연한年限을 정해 놓고 농사를 지어 먹도록 한 강무장講武場의 땅을 영구히 경작하게 하면 유민流民들이 생업에 돌아와 소생할 수 있겠다고 하므로 들은 사실을 그대로 아뢴다고 하였다. 그러자 임금은 강무장講武場 문제는 경솔히 처리할 수 없으므로 대신들과 의논할 것을 지시하였다.

이 때 관리들이 기근 때문에 휴가를 받지 못하여 자녀들의 혼사도 치르지 못하는 경우가 많았다. 이 문제를 아뢰기를 남녀가 혼인의 시기를 잃으면 화기和氣를 상하게 되어 황정荒政의 본뜻에도 어긋나게 될까 염려된다고 하였다. 그러자 임금은 흉년이 든 때 역말을 타고 가면 폐단이 있어서 휴가를 금한 것일 뿐이므로 사사로이 가는 것은 폐단이 되지 않을 것이니 다시 의논해 보라고 하였다.

세자시강원 문학을 겸임하였다. 병으로 사임하였으나, 성균관成均館 전적典籍 · 지제교知製教 겸 홍문관承文院 교검校檢에 임명되었다. 12월 26일 형조정랑刑曹正郎 지제교知製教 겸 승문원承文院

교리校理에 임명되었다.

임인년 새해 첫날, 마흔 두 살의 李子가 독서당 관원으로 학문 연구에 충실하도록 형조정랑을 갈고 한직閒職에 임하도록 승정원에 전교하여 명령하였다.

"형조정랑刑曹正郎 이황李滉은 지금 독서당讀書堂 하번下番으로서 곧 사가독서원賜暇讀書員이다. 형조의 낭관郎官은 그의 직무를 오랫동안 비울 수도 없으니 이황을 한가한 관직에 바꾸어 차임하라."

반정으로 연산군을 쫓아낸 뒤 왕위에 오른 중종은 문벌세가를 누르고 왕도정치의 이상을 실현하기 위해 노력했다. 중종은 세 명의 부인을 두었다. 첫번째 부인은 좌의정 신수근 의 딸 단경왕후 신愼씨이나 반정에 동조하지 않은 가문 내력으로 인해 왕비 책봉 후 폐비되었다.

제1계비는 반정공신 윤임尹任의 여동생이자 영돈녕부사 윤여필의 딸인 장경왕후 윤씨는 세자(인종)를 낳다가 산후병으로 사망하였다. 제2계비는 영돈녕부사 윤지임의 딸 문정왕후 윤씨이다. 중종과의 사이에 네 공주를 낳은 뒤 1534(중종 29년) 경원대군慶源大君(명종)을 낳았다.

　문정왕후는 어머니를 잃은 세자(인종)를 양육하고 보호해야 하는 처지였지만 자신의 소생인 경원대군에게 왕위를 계승시키고자 동생인 윤원로·윤원형을 내세워 세자의 입지를 약화시켜 나갔다.

　세자의 외숙 윤임 세력은 이를 극력 경계하여 양대 세력 간의 긴장이 갈수록 고조되었다.

　홍문관 부교리 李子는 경연에 입시하여 대윤과 소윤이 서로 대립하여 국정을 천단擅斷하는 것을 경계하여, 외척들에 의해 나라가 망한 예가 적지 않으므로 역사서를 읽을 때는 이 점에 특히 유의하라고 아뢰었다.

　"역사에는 시대마다 일대사一代事가 있습니다. 동한 광무제東漢光武帝 때 외척에게 권력을 주지 않아 화근을 미리 막고, 잘 가르치는 데 있는 힘을 다하였지만 끝내 외척의 손에 망하였습니다. 창업 수통創業垂統한 임금이 법을 세워 후세에 남겼는데, 그 자손이 거리낌 없이 그것을 허물었으니, 장제章帝를 비록 어진 임금이라고 일컫기는 하지만, 외척에 대한 법이 장제 때 허물어지기 시작했습니다. 이와 같은 일은 마땅히 유념하여 살피셔야 합니다."

　충청도 재상어사로 나갔다. 임금이 재상어사로 제수하면서 일렀다.

"전에 농사가 더욱 흉작인 각 도에 어사를 보내 적간摘奸하였는데 너무 일렀던 것 같다. 올해는 근고近古에 없던 흉년이다.

3월 보름 이후부터 5월 보름 이전까지가 흉년 구제 시책이 가장 긴요한 때인 만큼 적절한 조치를 못하면 그 피해가 크다. 암행어사처럼 분주하게 돌아다니지 말 것이며, 도종徒從이나 음식은 되도록 간략하게 하라. 험하고 외딴 마을까지 샅샅이 방문하여, 떠도는 자는 몇 명이고, 굶어 죽은 자는 몇 명이며, 진휼해서 목숨을 살린 자는 몇 명이고, 굶주려서 죽게 된 자는 몇 명이며, 어느 수령은 성심껏 구휼하고, 어느 수령은 진휼을 게을리하는가 따위의 일을 탐문해서 온다면 내가 친히 본 것이나 다름없으며, 백성들 또한 나의 진념이 깊은 줄을 알 것이다. 이 사람들을 명초하여 말하라."

충청도 재상어사로 나가서, 온양군과 전의현을 거쳐 밤에 공주목으로 들어가다가 전의현 남쪽 산골짜기에서 기민飢民을 만났다.

흉년에 굶주려 떠도는 백성들을 불쌍히 여기는 마음을 표현하는 詩를 지었다.

집은 헐고 때에 절은 옷 얼굴엔 짙은 검버섯 피었는데,
관아 곡식 떨어졌으니 들에는 푸성귀마저 드무네.
사방 산에 꽃만 비단 같이 곱게 피어 있으나,
봄귀신이야 어찌 알리오 사람들 굶주린 것을.

屋穿衣垢面深梨 官粟遼空野菜稀
獨有四山花似錦 東君那得識人飢

  8월에 강원도 재상어사災傷御使로 임명되어, 21일~9월 5일까지 원주목, 주천현, 영월군, 평창군, 홍천현, 춘천도호부, 양구현, 낭천현양구의 고호古號, 금화현 등 강원도 영서 지역을 돌면서 검찰하였다.
  서울로 돌아와 숙배肅拜하였다. 어사로 검찰하는 기간에 지은 詩를 묶어서 〈관동행록關東日錄〉이라 하였다.

  이듬해(계묘년) 2월에 정4품 사헌부 장령掌令, 8월에 종3품 사간원司諫院 사간司諫 · 지제교知製敎 겸 승문원承文院 참교參敎에 임명되었다.
  휴가로 고향으로 돌아가는 하서 김인후를 전송하여, 벼슬자리를 버리고 떠나가는 그를 부러워하는 마음과 고향에 돌아가고 싶은 마음을 아울러 표현하는 낙부체樂府體 詩 '送金厚之修撰乞假歸覲 仍請外補養親恩許之行'을 지어주면서 전별하였다.

君不見 그대는 보지 못하였는가?
鯤魚가 붕새로 화하여 하늘에 날개를 드리우는 것을
구만리 넓은 하늘에 바람을 몰고 필경 어디로 가려나
그 아래 구구하게 조무래기 새들이
수레바퀴에 부딪혀 땅에 닿으면서 모두 즐겁게 지내지
又不見 또 보지 못하는가?
魏王이 준 박을 심자 다섯 섬을 넣을 열매 맺은 것을
원하던 표주박이 못되자 아주 큰 것만 걱정하네
하물며 바리를 만들어 강호에 띄운다고?
우습구나, 장자가 그렇게 이치에 통달하지 않았음이
(……)
그대 위해 노래 부르네, 박박주가를
생각나거든 아끼지 말라 안부 편지 띄우는 것을
보잘것없는 시 바치니 천금이나 하는 빗자루 같네

君不見鯤魚化作垂天翼　九萬搏風竟奚適　下有區區斥鷃輩搶榆控地皆眞樂
又不見魏瓠種成實五石　不願爲瓢憂濩落何況作尊浮江湖　卻笑莊生未甚達
(……)
爲君歌薄薄酒 相思莫惜寄玉音 我詩聊贈千金帚

11월 29일, 예보사 부정·지제교 겸 승문원 참교에 임명되었으나 부임하지 않고 물러날 뜻을 굳히고 이때부터 비록 소환되어 벼슬에 나가더라도 조정에 오래 머물지 않고 곧 돌아왔다.

갑진년(1544년) 넷째형 해瀣의 편지에 1월 22일 파직된 사실을 알았다. 2월 19일 홍문관 사람이 홍문관 교리로 임명되었으니, 빨리 올라오라는 임금의 명령을 받들고 왔다.

3월 3일, 죽산, 양지현, 낙생역樂生驛(판교), 6일 서울에 도착하여, 3월 7일 사은숙배謝恩肅拜를 하였다.

홍문관 교리 李子는 부마駙馬 조의정趙義貞과 그의 여종을 추고推考하는 문제를 의논하는 홍문관 관원들의 연석회의에 참석하였다. 이 날 홍문관 관원들이 차자箚子를 올렸는데, 임금이 옹주의 죽음에 노하여 죄인을 너무 가혹하게 다룬다면 형벌이 中을 잃어 성덕聖德에 누累가 되는 점을 지적하였다.

사헌부司憲府 장령掌令에 임명되었으나, 사직원을 제출하자 사헌부 장령에서 체직되어, 성균관 직강으로 전임되었다. 강원도 고성군수를 희망했으나 뜻대로 되지 않았다.

홍문관 교리에 임명되었다가 병으로 체직되었다. 홍문관 응교 겸 경연 시강관·춘추관 편수관·승문원 교감에 임명되었다.

독서당 남루 앞 전망을 다 가린 수목을 모두 쳐내어 전망을

튼 다음 〈전개함외수작剪開檻外樹作〉 詩에서 현실 정치에서 소인들을 제거하여 청명한 세상을 이루어야 함을 아울러 밝혔다.

人心辟邪蠱 사람의 마음은 사악한 일에서 벗어나려 하고
國政去微燻 나라의 정사는 작은 붓기를 덜어 없앰이라네

휴가를 내어 고향에 갔다. 고모의 장례식에 참석하고 돌아와 시강관으로 입시하여 가덕진 사고를 보고 했다.
"신이 경상도로부터 환조還朝하는 길에서 들으니 '가덕진加德鎭의 체번군졸遞番軍卒을 세 척의 배에 나누어 실어야 되는데, 한 척의 배에 실었다가 패몰敗沒하여 반이 넘게 익사하였다.'고 했는데, 서울에 이르러 들으니, 아직 계본啓本은 없고 간혹 전언傳言만 있었습니다. 또 그곳의 일을 들으니, 입번入番하는 군사는 기한 안에 미치지 못할까 두려워하고, 하번下番 군사는 나오기에 급급하여 모두 바람도 살피지 않고, 또 배 한 척에 너무 많이 실었기 때문에 이와 같이 패몰되었다고 합니다.
주장主將은 그 출입하는 시기를 당해서 바람을 살피고 인원수를 점검하여 많이 싣지 못하게 하였어야 합니다."

11월 15일 중종이 승하昇遐하였다. 중종은 1488년 성종과 정현왕후의 아들로 태어났다. 휘는 역懌, 아명은 구등은금이仇等隱金伊

이다. 진성대군晉城大君으로 봉해졌고 신씨(단경왕후)와 혼인하여 13세가 되던 해에 출궁하였다. 1506년(연산군 12년) 9월 2일, 중종반정으로 조선의 새 임금으로 추대되었다.

승문원 교감 李子는 명나라에 부음訃音을 알리는 표문表文과 시호諡號를 청하는 표문 '청시전請諡箋'을 짓고 글씨를 썼다.

중종의 뒤를 이은 인종은 그를 낳은 장경왕후가 산후병으로 엿새 만에 죽은 뒤 동궁 시절부터 효심이 깊어 문정왕후의 뜻을 거스르지 않으려고 노력하는 온화한 성품에 성리학에도 뛰어나 김인후金麟厚 유관柳灌, 이언적李彦迪 등 사림 인사들을 매우 신임하였다.

기묘사화 이후 약세를 면치 못하던 사림들이 대거 결집되었고, 자연스럽게 사림정치에 대한 새로운 기대가 생겨나게 되었다.

인종은 동궁시절 어려움이 많았다. 중종 22년, 세자의 생일 무렵에 죽은 쥐의 사지를 찢어 불에 지진 다음 동궁전 창가에 매달아 놓은 이른바 '작서灼鼠'의 변은 이복형인 복성군의 생모 경빈敬嬪 박씨가 소행을 지목돼 복성군과 함께 유배돼 사사되었다.

훗날, 이 사건의 배후가 인종의 동복누나인 효혜공주의 남편 김희金禧와 김희의 아버지인 김안로가 꾸민 일임이 드러났다.

　을사년(1545 인종 원년) 이기李芑가 우의정에 제배되었으므로 대간 탄핵과 감찰을 맡은 대관臺官과 간쟁과 봉박을 맡은 간관諫官이 합사하여 이기李芑의 우의정 제배를 반대하였다.

　"이기李芑는 본디 물망이 없어서 찬성贊成에 제수되었을 때부터 물론이 있었는데 중한 자리에 오래 있었으니 외람됨이 이미 심했습니다. 정승 자리로 말하면 결코 의의擬議할 수가 없는데 이제 의정議政을 삼았으므로 물정이 해괴하게 여기니 개정하소서."

　이기李芑는 윤원로·윤원형과 교제하고 몰래 궁위宮闈와 교통하여 대행대왕께 중하게 여김을 받아 이공貳公의 반열에 이르렀다.

　이언적李彦迪이 일찍이 이기李芑의 집에 갔을 때, 양궁兩宮의 일이 언급되었는데, 이언적이 '중전中殿이 동궁東宮 인종을 매우 박대하니 놀라운 생각을 견딜 수 없다.' 하였다. 이기가 곧 윤원로에게 누설하였으므로 윤원로가 이언적을 원망하였다. 이기는 이 일로 인하여 대사헌 이해李瀣에게 앙심을 품었다.

　인종이 즉위하게 되자, 윤임이 득세하여 사림士林의 명사를 많이 등용하여 이언적李彦迪·유관柳灌·성세창成世昌 등을 정부의 대관臺官으로 임명하는 등 일시 사림은 그 기세를 회복하였다.

　홍문관의 여러 관원들이 이언적은 정승이 될 만하다고 하였지만, 이자李子만 홀로 이언적은 정승감으로는 부적절하다고 하여 사림

들이 모두 놀랐다. 이는 미구未久에 닥칠 시국의 변고를 미리 짐작하였기 때문이다. 만약 이언적이 정승이 되었을 경우 더 큰 화를 당할까 염려하여 미리 그를 구해 주려는, 의도적으로 이런 말을 한 것이다.

조선에서는 왕이 승하하면 중국에 부고를 보내었다. 왕의 부고를 알리는 고부사告訃使, 후계왕의 즉위를 요청하는 청승습사請承襲使, 그리고 왕의 시호를 요청하는 청시사請諡使였다.

중국에 고부告訃 청시사請諡使로 갔던 민제인閔齊仁과 이준경李浚慶이 돌아와서, 중국 예부 관원들이 부고를 알리는 표문 고부전告訃箋과 시호諡號를 청하는 표문 '청시전請諡箋'의 글이 매우 좋고 필법도 좋다고 칭찬하였다고 아뢰자, 임금이 말을 하사하였다.

성절사 겸 사은사로 중국 북경으로 떠나는 넷째형 해瀣를 영서역迎曙驛(양주)에서 전별하였다. 「봉송동지형성절사조경奉送同知兄聖節使朝京」의 장편 詩를 지어서 주었다.

봉정대부, 군자감 첨정, 지제교 겸 승문원 교감에 임명되었으며, '중종대왕 애책문'의 글씨를 썼다.

홍문관 응교弘文館應敎로 임명되었다. 홍문관은 왕의 각종 자문을 관장하는 관서로서 옥당玉堂이라 하였다.

홍문관 응교에 임명된 뒤 홍문관에 출근해 있는데, 한두 사람이 문정왕후가 수렴청정을 논하자,

"대비 외에 섭정을 할 사람이 없기 때문에 문정왕후가 수렴청정을 하는 것이 마땅하다"고 李子가 말하자,

"협실夾室에서 두 소년이 듣고 있는데 어떻게 이런 말을 하는가?"

"떳떳하게 한 말이므로 감출 것이 없다."

동석하여 들은 사람이 윤원형尹元衡에게 모두 고해바치자, 그때 말한 두 사람은 고신告身을 빼앗기고 곧이어 사사賜死되었다.

윤원형의 무리가 필시 李子가 자신들에게 붙었다고 생각하여 버려둔 것이지만, 그런 것은 아니었다.

윤원형은 본래 李子와 사마동년司馬同年이었으나, 평소 한 번도 상종해 주지 않아 불만을 품고 있었지만, 끝내 어찌하지 못하였다.

을사년 7월 1일, 인종仁宗이 승하昇遐하였다. 인종은 중종과 장경왕후 윤씨의 아들로 태어 난지 며칠 만에 어머니가 산후병으로 죽어 계모인 문정왕후의 양육을 받았다. 1544년 중종이 승하하고 왕위에 올라 유학에 바탕을 둔 선한 정치를 펼치려 했으나, 채 시작도 전에 끝난 것이다. 인종대왕 애책문哀册文을 예조정랑 이홍남이 짓고, 홍문관 전한弘文館典翰 李子가 썼다.

명종이 즉위하였다. 명종은 1534년 중종과 문정왕후의 아들로

태어났다. 휘는 환峘, 아명은 춘령椿齡이며 자는 대양對陽으로, 1539년 경원대군慶原大君에 책봉되었다. 인종에게 후사後嗣가 없었기 때문에 붕어하기 3일 전에 선위를 받았으나 명종의 나이가 12세에 불과하여 모후인 문정왕후가 수렴청정하였다.

7월 27일 李子는 갓 즉위한 명종에게 소疏 '왜와 수교(乞勿絶倭使疏)'를 올려 왜인들이 강화講和와 병란에 대비할 것 등에 대한 상소를 올렸다.

"전쟁은 흉하고 위험한 것이어서 사직社稷을 이롭게 하고 생령生靈을 편하게 하는 것을 급선무로 삼고 금수처럼 강포하게 날뛰는 것은 도외시한 것입니다.

예부터 제왕들이 오랑캐를 제어하는 방법은 화친을 우선으로 삼았고 부득이하여 병력을 쓰게 될 경우에는 금수가 사람에게 달려드는 해를 제거하듯이 하여 해가 제거되면 그쳤습니다. 어찌 기필코 극심하게 하여 원한을 품게 함으로써 치고 물고 하는 환란을 야기시킬 것이 뭐 있겠습니까……

대저 국가가 왜인에게 화친을 허용하는 것은 가하지만 방비는 조금도 늦추어서는 안 되고, 예로 접대하는 것은 가하지만 너무 지나치게 추봉推奉해서는 안 되고, 양곡과 예물로써 그들의 마음을 얽어매어 실망하지 않도록 하는 것은 가하지만 무한한 요구를 들어주어 증여가 지나쳐서는 안 됩니다……

조정의 신하들과 의논하시어 겸허한 마음으로 살피시고 절충하여 조처하신다면 이 어리석은 신하의 복이 될 뿐 아니라 곧 종묘사직의 큰 복이겠습니다."

이 때 홍문관 동료들에게 알려서 함께 차자箚子를 올려 그 이해득실을 진계陳啓하자고 했으나, 동료들이 따르지 않았다. 병을 무릅쓰고 혼자 상소上疏하였으나 받아들여지지 않았다. 3면이 바다와 중국 대륙으로 둘러싸인 국토를 지키기에 100만 군사도 족할 수 없다. 주변 국가와의 외교를 강화하여 전쟁을 사전에 미리 방지하는 것이 상책이었다.

47년 후, 임진왜란으로 왕궁이 불타고 국토가 초토화되었으며 백성들이 도탄에 빠지지 않았던가.

8월 2일, 중직대부, 홍문관 전한, 지제교 겸 경연 시강관, 춘추관 편수관, 승문원 참교에 임명되었으나, 곧바로 병으로 사직원을 제출하고, 또다시 사직원을 제출하자 비로소 홍문관 관직館職의 체직이 허락되었다.

홍문관 관직에서 기필코 체직되려고 누차 병으로 사직한 결과 체직되기는 했으나, 다시 홍문관 전한典翰에 임명되어 또 병으로 사직을 청하기 어렵게 되자 어쩔 수 없이 애써 벼슬에 종사하였지만, 직무를 수행한 것은 겨우 6일뿐이었다.

　사화士禍는 더욱 혹독해졌고 또 성변星變도 있었다.

　문정대비의 수렴정치와 이기 등의 농간을 비난하는 양재역의 벽서사건을 계기로 을사사화乙巳士禍의 피바람이 불었다. 왕실의 외척인 대윤大尹 윤임과 소윤小尹 윤원형의 반목으로 소윤이 대윤을 몰아내는 과정에서 사림이 화를 입었던 사건이다.

　중종은 제1계비 장경왕후 윤씨에게서 인종을 낳고, 제2계비인 문정왕후 윤씨에게서 명종을 낳았다. 장경왕후의 오빠 윤임尹任과 문정왕후의 아우 윤원형이 대립하기 시작했다.

　인종이 겨우 재위 8개월 만에 승하하고, 12세의 명종이 즉위하여 왕대비인 문정왕후가 수렴청정하면서 윤원형이 득세하여 윤임의 대윤 일파를 제거하게 되었다.

　인종이 승하할 당시 윤임이 경원대군의 추대를 원치 않아서 계림군桂林君을 옹립하려 하였다는 등의 소문을 퍼뜨렸다. 봉성군과 계림군은 유배지에서 사사되었다.

　윤원형은 윤임 일파를 배제하기 위해 평소 이들에게 원한을 가진 정순붕·이기·임백령·허자 등을 심복으로 삼아 계책을 꾸미는 한편, 자신의 첩 난정蘭貞으로 하여금 문정대비에게 대윤 일파가 역모를 꾀하고 있다고 무고하게 하여, 역모죄로 몰려서 처형 및 유배되어 대윤은 몰락하였다.

10월 10일, 이기李芑가 아뢰어 장령 이천계, 양근군수 권물, 공조 정랑 이담李湛 전 사인舍人 정황丁熿 등과 관작이 삭탈되었다.

"이기가 이황·이천계·권물·이담·정황 등을 파직하라고 청하였습니다. 김저 등은 벌써 삭탈관작을 하였으나, 이제 이황 등은 어찌해야 되겠습니까."

이기가 이황 등이 김저와 같은 무리라고 하였기 때문에 명종은 모두 삭탈관작하라고 전교하였다

직첩職牒을 되돌려 받았다. 이기李芑의 조카 이원록李元祿이 간청하고 또 이기李芑의 당인이었던 임백령林百齡도 부당함을 간하여, 이기가 잘못되었음을 사죄하고 명령을 거두어 주기를 청하였기 때문이었다.

서용敍用되어 정3품 사복시司僕寺 正 겸 승문원承文院 참교參敎에 임명되었고, 11월 10일 통훈대부·사복시 정·지제교 겸 승문원 참교 임명, 영접도감 낭청郎廳에 임명되었다.

조카 복宓의 부음을 알리는 해濬의 편지를 받았다. 복宓은 성절사 해濬를 배행하여 북경에 다녀오다가 중국 통주에서 26세의 젊은 나이로 별세하였다.

장인 권질權礩이 풍산 가일에서 별세하였다. 을사사화의 여파로

조정이 크게 어지러웠기 때문에 외직으로 나가기를 구하였으나 뜻대로 되지 않아 장인 권질의 장사를 지내는 것을 사유로 휴가를 받았으나 이것도 병 때문에 기한을 넘겼다. 휴가를 얻어서 고향으로 갔다. 고향 가는 길에 장인의 산소를 참배하였다.

표문의 수정을 담당했던 대제학大提學 신광한申光漢이 아뢰기를, "지금 사은사 남세건의 서장을 보니, 예부禮部가 사은 표문謝恩表文의 이爾자가 불공하다 하여 매우 노하여 힐책하면서 그 글자를 고치라고 했다고 하였습니다. 상께서 지제교知製敎 이황李滉을 추고하라고 명하셨습니다만, 이 표문은 비록 황이 지은 것이나 실상 신이 수정하였으니, 이는 신이 살피지 못한 죄입니다. 감히 대죄待罪합니다."

"문자文字 사이에 어찌 한 글자의 잘못도 없겠는가? 더구나 이 덕爾德은 고문古文이어서 심상히 여기고 썼을 것이니 무심히 한 일이다. 조정 대신들도 함께 마감磨勘한 것이니, 어디 경 혼자서 한 일인가? 대죄하지 말라."

부인 안동 권씨가 별세하였다. 李子가 병으로 조정으로 돌아가지 못하는 동안 서울에 있으면서 출산 후유증으로 별세하고 영아도 며칠 지나지 않아서 사망하였다. 아들 준寯과 채寀를 곧바로 서울로 분상奔喪하게 하였다. 해瀣가 서울에서 치상治喪하고 수로

水路로 운구運柩하여 백지산栢枝山에 장사지냈다.

멀리 산청 단성에서 친구 청향당 이원李源이 문상問喪 와서 며칠 머문 뒤에 돌아갔다.

8월 교서관 교리에 임명되었으나, 부임하지 않았으며,
11월 예빈사禮賓寺 正·지제교 겸 승문원 참교에 임명되었으나 부임하지 않았다.

양진암이 완공되었다. 시내 이름 '토계兎溪'를 자신의 호 '퇴계退溪'로 고쳤다.

부름을 받고 조정으로 돌아왔다. 서울로 오는 배가 양근(양평읍)에 도착했을 때 '양재역 벽서사건' 소식을 들었다. 도성에 들어가기 전에 홍문관 아전이 가지고 온 조보를 보고, 명류名流들이 거의 다 죽거나 귀양가게 되었음을 알게 되었다.
송인수와 이약빙李若氷이 사사賜死되고 이언적과 20여 명의 사류士類가 귀양을 가는 위태로운 때를 당하여 용퇴할 수도 없는 처지였기에 이현보가 자연 속에서 살아가는 모습을 회상하고 시 '상농암선생上聾巖先生'을 지어서 올렸다.

9월 27일, 시강관 李子가 외방의 시장을 열도록 청하다.
"외방의 시장市場은 백성들이 장사에만 치중하고 도적도 번성하기 때문에 나라에서 이를 금하였습니다. 그러나 현재는 흉년이

심하게 들었습니다. 백성들은 있는 것과 없는 것을 반드시 시장을 통하여 교역하여 이를 바탕삼아 살아가는데, 지금 또 시장을 금하면 백성들이 무엇을 바탕으로 삼아 살아갈 수 있겠습니까.

신이 보건대, 금년에 재해를 당한 곳에는 벼가 모두 썩었고 밭 곡식도 폭풍과 냉우冷雨의 피해를 입어 백성들이 먹을 것이 없습니다. 예로부터 흉년이 든 해에는 시장에서 장사하는 것을 금하지 않아 서로 도와가며 급한 것을 구제하게 하였습니다.

이러한 흉년을 당하여 일체 금한다면 백성들이 매우 괴로울 것이니 금하지 않는 것이 어떻겠습니까. 그리고 내년 정월부터 질이 나쁜 베[布]를 금하게 하였는데, 금하는 자체는 진실로 당연한 것입니다. 그러나 새로 짠 베가 나온 다음에야 전의 질이 나쁜 베를 금할 수 있을 것입니다. 금년에는 목화가 전혀 없는데 어떻게 새로 짠 베가 있겠습니까. 만약 금한다면 백성들이 어떻게 살 수 있겠습니까. 반드시 시행되지 않을 것을 알면서 그 법을 제거하지 않는다면 이는 백성으로 하여금 법을 무시하게 만드는 것이니, 우선은 금하지 않는 것이 어떻겠습니까?"

부제학 정언각鄭彦慤 이하 홍문관 관원들이 함께 차자를 올려서, 봉성군 이완李玩을 사사賜死하기를 청하였다.

이기李芑·윤원형尹元衡 등이 을사사화를 일으켜 사림을 제거하고, 종친 중에서 명망이 있었던 봉성군을 제거하고자 임백령林百

齡은 때마침 하옥된 이덕응李德應을 위협하여 봉성군을 추대하여 역모를 꾀하였다고 거짓 자백하게 하여 죄를 주고자 하였다.

그러나 국왕의 반대로 뜻을 이루지 못하자 이기는, "인종의 병이 위독할 때 윤임尹任 등이 봉성군을 왕위를 이으려고 하다가 형세가 불가하여 명종에게 전위하였다."

李子는 이보다 앞서 봉성군의 옥사獄事가 일어나자, 이를 막을 수 없음을 알고 병을 칭하여 두문불출하였다. 이 차자를 올리는 자리에는 참여하지 않았지만, 홍문관 응교에 체직된 것은 아니었기 때문에 연명한 명단에 들게 된 것이다.

병으로 독서당에 나가지 못하여 휴가원을 제출하고 휴가를 받았다. 이때는 사직하기도 어려운 처지였기 때문에 병이 난 것을 사유로 휴가를 청한 것이다. 이로부터 겨우내 문밖을 나가지 않았다.

병으로 사직하자 체직되었다. 봉성군 문제로 조정이 혼탁해지자 병으로 홍문관 응교를 사직하였기 때문이다.

의빈부 경력儀賓府經歷으로 임명되었다. 의빈부는 공주나 옹주翁主에게 장가든 부마駙馬의 관청으로 창덕궁 서쪽 금호문 밖에 있었다. 의빈부 경력은 정일품아문正一品衙門이다.

무신년 1월, 48세의 李子는 단양군수에 임명되었다. 병으로 청

송부사로 보임되기를 구하였으나, 단양으로 정해졌다. 이 무렵 득세한 진복창陳復昌이 자기를 찾아오기를 원했으나 가지 않아 앙심을 품고 있었다.

단양군수로 부임하기 직전 작별하기 위해 민기閔箕의 집을 방문한 적이 있었다. 민기가 진복창의 이웃에 있는데, 만약 그를 만나지 않고 간다면 몹시 서운하게 생각할 것이므로 같은 조정에서 벼슬살이하는 입장에서 만나고 가는 것도 무방하지 않느냐고 권유하여 진복창의 집을 방문하였다. 진복창은 몹시 기쁘게 맞이하였고 그 다음날 서소문 우사寓舍 이웃에 있는 남응룡의 집에서 베풀어진 전별연餞別宴에 참석하여,

"지금 경연의 일이 급한데 퇴계를 외직에 보임하는 것은 부당하므로 자신이 임금께 아뢰어 다시 경직에 보임될 수 있도록 하겠다."고 하였다.

이 말을 듣고 놀라서, 그 다음날 1월 10일 즉시 도성을 나와서 단양으로 떠난 지 얼마 되지 않아 진복창은 과연 그대로 아뢰었으나, 임금은 단양은 피폐한 데도 오랫동안 적임자를 얻지 못한 데다 이미 임명을 한 것이므로 다시 불러들일 수 없다고 하였다.

단양군수로 부임할 때, 동호 독서당에서 박충원, 민기閔箕, 남응룡, 윤인서尹仁恕 등이 마련한 전별餞別 석상에서 시를 지어서 남아 있는 그들에게 증정하였다.

靑松白鶴雖無分　청송의 백학과는 비록 연분 없으나
碧水丹山信有緣　짙푸른 물 단양과 정말 인연 있다네

이 시에서 험난한 조정을 벗어나 외직으로 나가게 된 기쁨을 노래하는 한편, 이번 길에 외직으로 나갔다가 벼슬을 버리고 고향으로 돌아갈 의사가 있음을 아울러 밝혔다.

단양은 피폐한 고을이었고 백성들의 생활도 곤궁하였기 때문에 백성들을 예악禮樂으로 교화시켜 나가는 일은 쉽지 않은 문제였기에 항상 걱정이었다. 하루는 매포창 매포읍에서 백성들에게 진휼미를 나누어주고 저물녘 돌아오는 말 위에서 걱정을 밝힌 詩〈매포창진급모귀마상買浦倉賑給暮歸馬上〉을 지었다.

麽出守愧疎慵　수령되어 일 서툴고 게으름 부끄럽고
民困當春意自忡　백성들 곤궁한 채 새봄 맞아 근심 되네

2월 20일, 둘째 채寀가 별세하였다. 그는 외종조부 허경許瓊이 별세한 후 의령 종외가에 가서 봉사와 농감을 하다가 별세하였다. 한동안 채의 죽음으로 깊은 슬픔에 빠져 있었다.

1548년 10월 21일. 풍기군수로 전보되었다. 넷째 형 해瀣가 충청감사가 되었기에 형제간에 상피相避하여 경상도 풍기豊基로 바꾼 것이다.

11월 초순, 풍기에 부임하였다. 단양을 떠날 때 짐 보따리는 쓸

쓸하여 다만 괴석 두 개가 실렸을 뿐이었다.

죽령에 올랐을 때, 단양의 관졸이 삼(麻) 다발을 지고 와서, "이것은 관아의 밭에서 거둔 것인데, 이임하는 사또의 노자로 드리는 것이 관례라서 드리는 것입니다."

"시키지도 않았는데 왜 가져 왔느냐" 받지 않았다.

李子가 단양을 떠난 뒤에 단양의 아전들이 관사(官舍)를 수리하려고 보니, 방과 창의 도배지는 모두 새것으로 깨끗하고 침 자국이나 물 얼룩이 하나도 없었다고 한다.

풍기군수로 부임하였다. 1월~2월, 백운동서원에서 강학을 하면서 풍기군수로 바뀌어 동주를 겸직한 것을 다행으로 생각하여 학문을 진흥시키고자 하였다.

공무를 보는 여가에 서원에 가서 제생들과 강론하기를 게을리하지 않았다. 그리고 강학할 때는 반드시 고인古人의 위기지학爲己之學으로 반복하여 자세히 설명한 결과, 일 년만에 선비들의 기풍이 크게 진작되어 학문을 하는 데는 스승이 있어야 할 뿐 아니라, 또 그 스승을 존경해야 함을 알게 되었다.

백운동서원 설립의 취지가 도학의 창달暢達에 있음을 밝힌 詩, '이황, 백운동서원 생도들에게(白雲洞書院示諸生)'를 지어서 제생들에게 주었다.

3월, 백운동서원 곁 시냇가 바위 주변의 풀을 베어 내고 대臺를 만들어 소나무와 잣나무를 심은 다음, '취한聚寒'이라 명명命名하고,

여러 선비들과 이곳에서 여가를 보내면서 '백흥죽명왈취한증동유제언栢興竹名日翠寒贈同遊諸彦'을 지었다.

4월 22일 소백산 유람을 나섰다. 이 날 오랜 비가 개니 시내에는 맑은 물이 흐르고 산빛은 새로 목욕한 듯 말쑥하였다. 길가 팥배나무는 꽃을 피워 그 향기가 안개가 끼인 듯 자욱하고 이따금 장끼가 우는 소리가 들리기도 하였다. 젊어서부터 영주와 풍기 사이를 왕래하였으니, 소백산은 머리만 들면 바라보이고, 발만 떼면 갈 수 있었는데도 조급하게 허둥대느라 오직 꿈에서나 그리고 마음으로만 달려간 것이 이제 40년이 되었다.

지난해 겨울에 인부印符를 차고 풍기에 부임하여 백운동서원의 주인이 되니, 속으로 기쁘고 다행스러워하며 오랜 소원을 풀 수 있으리라고 생각하였다.

석름石凜, 자개紫蓋, 국망國望 세 봉우리의 거리가 서로 8, 9리쯤 되는 사이에 우거져 한참 난만하게 피어 너울거려서, 마치 비단 포장 속을 거니는 것 같기도 하고, 축융祝融의 잔치에 취한 것 같기도 하여 매우 즐거웠다.

풍기군수로 재임하던 때 4월 22일부터 26일까지 소백산을 등산하고 「유소백산록」을 기록하였다.

緣竹溪而上十餘里　죽계를 따라 10여 리를 올라가니
洞府幽邃　　　　　골짜기는 그윽하고 깊으며
林壑窈窕　　　　　숲속은 아늑하고 아름다웠다.
時聞水石淙激　　　물이 돌 위로 흐르며 부딪히는 소리
響振崖谷之間　　　골짜기 사이로 울려퍼졌다

소백산을 유산한 후 많은 선비들이 소백산을 돌아보고 산의 지세와 느낌을 기록하였다. 풍기 군수 주세붕의 「유소백산록遊小白山錄」 현판이 퇴계가 산행할 당시에 석륜사에 있었다 하나 전해지지 않고 있다.

8월에 병으로 기침이 나면서 오한이 들고 열이 났기 때문에 휴가를 받고 조리한 결과, 좀 나은 듯하여 병을 무릅쓰고 간간이 행공行公을 하다가 다시 병이 재발하였다.

기침이 몹시 나고 가래가 끓으며 허리와 갈비뼈가 당기고 아픈가 하면, 트림이 나고 신물이 올라오며 등엔 한기가 들고 가슴엔 열기가 올라와 때로 눈이 캄캄해지며 머리가 어지러워 넘어질 것 같고 밤에는 악몽에 시달리게 되었다.

9월 6일, 병으로 감사에게 첫 번째 사직장 '사풍기군수상감사장일辭豊基郡守上監司狀一'을 제출하였다. 9월 19일 다시 사직장을 제출하였다. 감사는 휴가를 주어 조리하게 하였다.

휴가를 받고 고향으로 돌아왔다. 충청 관찰사 해瀣도 휴가로 고향에 왔다. 죽령의 촉령대矗泠臺로 가서 형을 만나 함께 돌아가서 온계의 친족들과 사당에 분황焚黃하였다.

백운동서원의 상형축문과 진설도를 개정하였다. 전에는 서원에 제향된 안향安珦·안축安軸·안보安輔 세 사람의 제사에 각각 별도의 축문을 사용하였는데, 안축의 축문은 그대로 쓰고 안향과 안보

의 축문은 고쳤으며 진설도 현실에 맞게 개정하였다.

10월, 넷째 형 해瀣와 풍기에서 하룻밤을 잤다. 죽령 촉령대까지 동행하여 전송하였다. 이 자리에서 李子에게 "벼슬을 그만두지 말라"고 하면서 내년에 이곳에서 다시 만나자고 하였다.

12월, 감사 심통원에게 편지 '상심방백上沈方伯'을 보내 백운동서원에 편액과 서적을 내려줄 것을 청하였다. 감사가 이를 조정에 보고하자 조정에서는 '소수서원紹修書院'이라는 편액扁額과 《四書》, 《五經》, 《性理大典》 등의 책을 내려주었다.

기유년 12월, 49세의 李子는 병으로 감사에게 세 번째 사직장을 제출하였다. 그 다음 감사의 회답도 기다리지 않고 고향으로 돌아왔다. 돌아올 때 짐은 서적 두어 상자뿐이었다.

풍기에서 군수로 재직하면서 고을을 다스리는 일은 일체 간편하고 요란스럽지 않게 처리하였다. 백성들에게 세금을 거두는 것은 몹시 가볍고 편하게 하였지만 백성들이 당연히 해야 할 일은 괜히 늘이거나 줄여 도리를 어기면서 명예를 구하는 일은 하지 않았다.

그 해 겨울, 백운동서원에서 학업에 매진하는 유생들을 격려하는 편지 「與白雲洞書院諸生己酉」를 보내면서 벽어碧魚 60마리와

꿩 2마리도 함께 보냈다.

  백운동서원에서 강학할 때 대장장이 배순裵純이 찾아와서 배우기를 간절히 소망하자 그를 입문시켜 주었는데, 그는 李子가 고향으로 돌아온 뒤로는 李子의 철상을 주조하여 아침 저녁으로 경배하며 간절히 사모하였고 李子가 서거한 뒤에는 3년간 상복을 입고 철상을 모셔 놓고 제사를 지냈다는 전설이 있다.

오용길 / 가을 서정-소수서원. 122×182cm. 화선지에 먹과 채색. 2020년 작

　고향에서 병으로 2년간 휴직했다. 홍문관 교리 지제교 겸 경연 시독관·춘추관 기주관·승문원 교리에 임명됨과 동시에 조정으로 돌아오라는 소명召命을 받았다.

　조정으로 돌아와 시독관으로 입시入侍하여 명종에게 강의講義를 드렸다. 불교를 멀리하고 왕도를 행할 것을 청하였다. "임금이 힘써야 할 일은 경술經術을 택하고 왕도王道를 높이고, 패공霸功을 억제하는 것일 뿐인데, 조금만 잡되어도 패도로 흐르게 됩니다. 지금은 정신을 가다듬어 다스려지기를 도모할 때여서 바야흐로 왕도가 행해지려 하고 있습니다. 그런데 불교佛敎가 조금이라도 섞이게 되면, 비록 왕도에 마음을 다하더라도 마침내는 불교에 빠지고 맙니다. 지금 성학聖學이 고명高明하기는 하나 격물치지格物致知의 도에는 미진한 점이 있는 듯싶습니다.
　'백성들의 고통을 없애고 나라의 복을 연장하는 것은 이 가르침을 통하여 얻을 수 있다.'고 하였는데, 참으로 격치格致의 학문에 밝아 그 거짓됨을 환히 안다면 권하더라도 하지 않을 것입니다."
　소매 속에서 소지小紙를 꺼내어 어상御床에 놓으며,
　"신이 정미년에 소대召對하라는 명을 받고 입시하였을 적에《논어》의 애공哀公이 사社에 대해 물은 장章의 전傳에 '재여宰子의 대답이 사社를 세운 본의本意가 아니다.'라는 데 이르러 상께서 하문하셨으나, 신이 변변치 못하여 즉시 진달하지 못하였고, 그 뒤 외

관外官으로 나아갔기 때문에 역시 아뢰지 못했습니다. 여기 이 소지에 쓴 것은 모두 사社를 세운 제도입니다. 제천祭天·교사郊祀는 우리나라에서 할 수 없는 것이기는 하나, 그 예禮는 몰라서는 안 되기 때문에 감히 써서 아룁니다."

사헌부 집의執義로 임명되자, 이튿날, 사헌부 집의의 사면을 청하는 「辭免司憲府執義啓壬子 五月二十六日」을 올렸다.
부임한 처음이라 형편이 어려워서 애써 행공行功하고 있던 중이었는데, 홍문관 교리가 경악經幄에서 임금을 가까이 모시는 자리라서 사면을 청하였으나, 허락하지 않았다.

사찰의 문제를 논하는 차자箚子를 올렸다. 법사法司에서 사찰을 철거한다고 사찰에서 고발하였다.
자전慈殿 문정왕후께서 법사에서 품계도 하지 않고 멋대로 공문을 보내 철거하려 한 것에 대해 마땅치 않게 생각하신다는 전교가 있었다. 그래서 이 날 사헌부 관원들이 회합을 한 뒤, 왕실에서 사찰을 세운 것의 그릇됨을 간하는 내용의 차자를 올리게 된 것이다.

사헌부 집의에서 체직되어 홍문관 부응교에 임명되었으며, 정준鄭浚을 사헌부 집의로 삼았는데, 윤원형의 첩 정난정鄭蘭貞이

그의 서얼 종매從妹이다. 정준은 윤원형의 위엄을 빌어 대관臺官이 되어 인물들을 제 마음대로 공격하였다.

홍인우洪仁祐가 와서 함께 학문을 토론하였다. 그들은 이 때 처음 만난 것으로 추정되는데, '퇴계는 古人의 학문을 연구하느라 손에서 책을 놓지 않는 사람'이라고 기록하였다.

통정대부·성균관 대사성 겸 지제교에 임명되었다. 이 무렵 성균관 대사성이었던 민기閔箕가 동지사冬至使가 되어 중국으로 떠나게 되자, 이조吏曹에서는 대신들의 뜻에 따라 당하관 중에서 학문學問과 재행이 있는 사람을 택차擇差하여 올리게 되었는데, 李子가 수천首薦되었다.

동호 독서당에 있다가 임명 소식을 듣고 저물녘에 바삐 도성으로 돌아가게 되었다. 이때 걱정되는 심사를 담은 詩「七月十一日自東湖暮入城是日有成均館之命」을 지었다.

도성에 들어가서 사직을 청하였으나 허락하지 않아서 하는 수 없이 출사出仕하게 되었다. 명종이 정원政院에 불러서 쇠퇴한 학교 교육을 진작시킬 것을 당부하는 유시諭示를 내렸다.

조사수趙士秀는 李子가 통정대부通政大夫로 승진되었다는 소식을 듣고, 당상관의 관복인 금포錦袍를 보내왔지만, 사양하고 받지 않

앉다.

조정에서는 함경도 변경에 오랑캐의 침입에 대비하여 성을 쌓으려고 하였다. 당시 형조판서였던 이준경李浚慶을 함경도 순변사로 임명하여 그곳에 파견하였다. 「교함경도순변사이준경서敎咸鏡道巡邊使李浚慶書」를 지었다.

李子는 당시 지제교知製敎로서 이 교서敎書를 지었는데, 특히 국방은 나라를 지키는 중대한 일이므로 평시에 미리 튼튼한 방비가 시설되어야만 창졸간의 사태를 막을 수 있음을 강조하였다. 병으로 성균관 대사성을 사직하고, 절충장군·충무위 상호군 겸 지제교에 임명되었다.

염근인廉謹人으로 선발되었다. 염리廉吏라고도 하는 데, 청렴결백한 관리로 녹선錄選되는 것이며, 동료들의 평가, 사간원, 사헌부, 홍문관과 의정부의 검증 절차 후에 녹선되며 청백리淸白吏에 버금가는 등급이었다.

대궐 뜰에서 잔치를 베풀었으나 병으로 불참하였다. 염근인廉謹人에게 일등악一等樂을 내리라고 명했는데, 근근인勤謹人들도 참석하였다. 단목丹木·호초胡椒·백랍촉白蠟燭 한 쌍을 차등있게 내렸다.

생원 윤언성이 소장하고 있는 성종·인종·명종 세 임금의 서첩書帖 끝에 붙이는 발문跋文 「삼조어서첩발三朝御書帖跋」을 지어서 문장은 성인聖人의 서여緖餘이고, 글씨는 또 문장의 말단末端이지만, 그 글씨를 통해서 삼조三朝의 성덕盛德을 엿볼 수 있다고 전제한 다음, 이 서첩書帖에 실려 있는 글씨들은 세 임금의 훌륭한 덕德이 문예文藝의 말단을 통해 드러난 한 예라고 극찬하였다.

"경상도에 수재水災와 조재燥災가 특히 심하여 도둑들이 횡행하는 데다, 경주 관사가 불로 모두 타버리는 일이 발생하였다. 윤개尹漑가 퇴계의 학문이 높은 신하를 경연經筵이나 시종侍從으로 항시 옆에 두고 고문에 대비하라"고 아뢰었다.

"경상도의 수재水災와 한재旱災가 다른 도보다 심하고 경주 관사의 불도 역시 심상한 일이 아니므로 성상께서 깊이 진념軫念하시어 현신賢臣을 얻어 다스리게 하고자 하니, 자상하고 점잖아서 성상의 뜻을 받들 수 있는 사람으로는 이황李滉만한 사람이 없습니다. 이 사람은 학문이 있으니 항상 경연이나 시종에 두어 고문顧問에 응하게 하소서."

통정대부·성균관 대사성에 임명되었으나, 명종이 학교가 폐이㢠也해졌기 때문에 권학절목勸學節目을 내려 단단히 밝혀서 거행하라는 명령을 내리자, 감당할 수 없다고 사양하고, 다른 사람을 뽑아서 사장師長의 중임을 맡길 것을 청하였으나, 허락하지 않았다.

이 때 학정學政이 정비되지 못하여 풍교風敎가 퇴폐頹廢해져 있었다. 이러한 분위기를 일신시킬 목적으로 먼저 사학四學의 선생과 학생들에게 유시諭示하는 글「유사학사생문諭四學師生文」을 내렸다. 이처럼 사학四學에 유시諭示하는 글을 내리게 된 것은 성균관보다 사학이 학교의 기강이 더 문란하였기 때문이었다. 그리고 책문을 내어 우리나라는 예의지국으로 역대로 유학을 숭상해 왔는데도 도학이 일어나지 않는 이유는 무엇이냐고 묻고, 또 입으로는 절의를 숭상한다고 큰 소리로 주장하면서도 변고를 당해서는 추리피해趨利避害를 일삼는 까닭은 무엇이냐고 물었다. 이에 대해 답을 제출하는 유생이 한 명도 없었고, 학궁學宮 내에서 비난하는 여론이 비등하자 병을 이유로 사직을 청하게 되었다.

유생들이 학문을 게을리한다는 비판이 있자, 성균관 대사성을 체직시켜 줄 것을 청하였다.

"신이 잘못 성균관의 장관이 되어 사장師長의 도리를 다하지 못하였는데 유생들이 학문을 게을리한다는 말이 마침 이 때에 나오니, 신을 체직하고 다시 명망 있는 사람을 가려서 인도하여 거느리게 하소서."

"유생들이 학문을 게을리한 것이 오래되었다. 네가 본직本職을 맡은 후에 이러한 물의가 있는 것이 아니니 사직하지 말라."

사신은 《명종실록》에 기록하였다. 이황李滉은 사람됨이 기질氣質이 뛰어나고 총명하게 슬기로우며 가을 달·얼음항아리 같이 깨끗하고 위엄이 있으며, 평온한 마음으로 자신을 지키고, 숨어서 수양하고 물러나 도를 간직하는 데 뜻이 있었고 벼슬에는 전혀 뜻이 없었다. 그의 학문은 주로 궁리窮理와 정심正心이고, 주자朱子·정자程子·공자孔子·맹자孟子로 법삼았으며 책 속에 파묻혀 성현聖賢의 사업을 자기의 임무로 여겼다. 종용從容하고 화순和順여 일상생활의 모든 것이 저절로 법도에 맞았다. 이기에게 논박을 받고 벼슬을 버리고 고향으로 돌아갔는데 누차 관직을 주고 명하므로 억지로 직위에 나왔다.

예조판서 정사룡과 함께 성균관 유생들을 인솔하여 김포의 속공전屬公田을 성균관에 하사한 데 대해 전箋을 올려 사례하였다.

"성스러운 덕으로 임금이 될 운에 부응하여 임금의 표준을 세우셨고, 지치至治를 급선무로 삼아 교육하는 은혜를 더욱 높이

셨습니다…….

 사전賜田의 몇 만 이랑을 양현養賢의 비용으로 충당하게 하여 창고에 가득 곡식을 채울 수 있어서 때마다 곡식을 내려주지 않아도 되게 하셨습니다. 간소하게 하는 것이 우리의 본분인데, 이것은 만종록萬鍾祿에 가까워 외람됩니다. 부끄러움을 영광과 함께 느끼니 따라서 두려운 마음도 깊어집니다. 이것은 모두 주상전하의 정일精一한 심법心法으로, 지혜롭고 어짊을 몸소 솔선하였습니다……"

 7월 12일 문정왕후가 수렴청정垂簾聽政을 거두고, 명종이 친정親政하게 되었다는 사실을 알리는 교서敎書「대왕대비환정교서大王大妃還政敎書」를 지었으며, 대왕대비가 이를 대신에게 전교하기를,

 "불행하게도 두 대왕大王이 연이어 승하하였으므로, 주상이 어린 나이에 보위를 이어 내가 부득이 섭정을 하기는 하였으나, 이제 주상의 춘추가 장성하고 학문이 고명하여져서 군국軍國의 여러 정사政事를 재결할 수 있게 되었다. 그러므로 이제부터는 귀정하고 다시는 정사에 참여하지 않을 것이니, 대신들은 국사에 마음을 다하고 성상을 잘 보도輔導하여 태평스런 정치에 이르도록 힘쓴다면 매우 다행하겠다."

9월 14일, 경복궁景福宮에 화재가 났다. 태조가 즉위한 뒤 3년에 창건한 강녕전康寧殿·사정전思政殿·흠경각欽敬閣이 모두 불타 버렸다. 이 때문에 조종조로부터 전해 오던 진보珍寶와 서적 및 대왕대비大王大妃의 고명誥命과 복어服御 등도 모두 재가 되고 말았다.

이때 삼전三殿이 창덕궁昌德宮으로 이어移御하였으므로, 궁인들이 변고를 듣고 달려가서 재물을 꺼내려 하였으나 하나도 꺼내지 못하고 서책 몇 궤짝만을 경회루慶會樓 연못에 있던 작은 배에 내다가 실었을 뿐이었다. 정원에 전교하였다.

"대내가 모두 불타서 하늘에 계신 조종祖宗 혼령을 놀라게 하였으니, 나의 마음이 망극하다. 문소전文昭殿과 연은전延恩殿에 위안제慰安祭를 거행하는 일을 예조에 말하라."

이 사실을 종묘에 고하면서 선왕의 신위를 위로하는 글 「경복궁재위안종묘문景福宮災慰安宗廟文」을 지어서 올렸다.

절충장군 충무위 상호군에 임명되었다. 외직外職으로 나갈 것을 구하였다. 이 때 흉년이 들어 이듬해인 갑인년(1554)까지 관리들의 휴가를 불허하였다. 물러날 길이 없어서 강원도의 한적한 고을 수령 자리를 구해서 떠나려고 하였다. 결원이 난 정선은 관사官事가 엉망이라서 결국 이 소원을 이루지 못하고 말았다.

지난여름에 받은 조식曺植의 「答退溪書退溪性李名滉字景浩」에 다시 답장 〈조건중曺楗仲 식植에게 주다〉를 보냈다.

"벼슬을 하지 않는 것은 의義가 아니니 군신君臣의 큰 윤리를 어찌 폐하겠습니까. 선비가 혹 벼슬하는 것을 어렵게 여기는 것은 다만 과거科擧가 사람을 어지럽게 하고 잡진雜進의 길은 더욱 천하기 때문이지만……,

무릇 나아가기를 경솔히 하여 여러 번 말로에서 실패한 것은 나의 어리석은 소행이요, 한번 나아가기를 신중히 하여 평소의 지조를 온전하게 한 것은 그대의 뛰어난 식견이니, 두 사람의 차이가 너무나 엄청납니다. 오직 그대가 나의 전의 과오를 용서하고 만년의 진심을 애처롭게 여겨서, 배척하여 도외시하지 않는다면 나에게 큰 다행이겠습니다."

을묘년(1555) 남명 조식은 단성 현감에 임명되었지만 〈을묘사직소〉를 올려서 사양하고 부임하지 않았다. "자전慈殿(문정대비)께서 생각이 깊으시다고 하지만 역시 깊은 궁중의 한 과부에 불과하고 전하께서는 어리시어 단지 선왕先王의 한낱 외로운 후사後嗣에 불과합니다."

임금이 크게 노하여 승정원에 전하였다.

"조식이 올린 소疏의 글을 보니 공손치 못한 점이 많다. 무겁게 죄를 묻고자 하지만, 은사隱士라고 불리므로 우선은 놓아두고 묻

지 않겠다."

진신搢紳들은 모두 그가 죄를 받지 않은 것을 다행으로 여겼으며, 李子는 남명의 소疏를 보고 말하였다. "무릇 장소章疏는 본래 직언을 숨기지 않는 것을 귀하게 여긴다. 그렇지만 자세하고도 완곡하게 돌려서 표현하여 뜻은 곧으면서 말에는 과격하고 불손한 문제가 없도록 해야만 한다. 그러한 후에 아래에서는 신하의 예를 잃지 않고 위에서는 임금의 뜻을 거스르지 않는다. 남명의 소는 참으로 지금 세상에서 얻기 어려운 바이지만, 말하는 것이 정도를 지나쳐 헐뜯고 비난하는 데 가깝다. 임금이 보고 화를 낸 것은 당연하다."

조정에서 '서얼庶孼 허통許通'의 문제가 논의되었다.

李子는 국속國俗을 갑자기 변경할 수 없고, 또 국가의 대방大方을 갑자기 허물어뜨릴 수 없지만, 인재가 있는데도 불구하고 허통하지 않는다는 천심天心에 어긋나는 것이라 하였다. "하늘이 흰 세대의 인재를 냄에 귀천에 구별을 두지 않았습니다. 그러므로 선왕이 사람을 쓰는 법은 다만 그 재덕의 우열을 볼 뿐이요, 신분이 어떠한가는 따지지 않았습니다……

그러나 인재가 있는데도 불구하고 허통하지 않는다는 법에 구애되어 등용하지 않는다면, 천심天心을 받들어 덕 있는 자에게 맡긴다는 뜻에 어긋나는 것이 아닐까 염려됩니다. 만일 이와 같은

인물이 있을 경우, 대신 및 해조該曹에서 그때그때 의논하여 결재를 받아 시행한다면 대방大防를 무너뜨리지 않고도 인재를 뽑음에 귀천은 따지지 않는다는 의의를 얻을 수 있을 것입니다."

한 해 전에 경복궁에 원인 모를 불이 났다. 강녕전에서 불이 나 근정전 북쪽의 전각 대부분이 소실되었다. 이듬해에 강녕전 외에 교태전交泰殿·연생전·흠경각·사정전思政殿을 복구하였다. 李子는 새로 지은 경복궁 제전각諸殿閣 편액 글씨를 썼다.

조강에서 윤개尹漑가 '퇴계가 문장도 잘할 뿐 아니라 理學에도 조예가 깊으므로 경연經筵에 두고 고문顧問에 대비함이 합당할 것'이라고 아뢰었다. "병조참의 이황李滉은 글을 특히 잘할 뿐만 아니라 이학理學에도 정통한데, 다만 병이 많고 나이 또한 적지 않습니다. 비록 아울러 사가서당賜暇書堂의 대열에 끼울 수는 없지만 실로 평범한 유자에 비할 것이 아니니 경악經幄에 두고 고문顧問에 대비하게 함이 합당합니다."

병조참의에서 체직되어 오위五衛에 속한 정3품 당하관의 무관직 상호군上護軍에 임명되었으며, 강녕전康寧殿에다「七月篇」과「억계抑戒」도 써서 올렸다.

칠월편七月篇은 《시경詩經》 빈풍豳風의 편명이고, 억계抑戒는 대아大雅의 편명이다.

경복궁 중수기重修記를 李子에게 짓도록 삼공이 아뢰었다.

"경복궁 중수기는 지을 만한 사람 여럿으로 하여금 짓도록 하

여 가려서 써야 하니, 부제학 정유길과 첨지 이황李滉에게 모두 지어 올리게 하소서. 또 전각의 액자와 대보잠大寶箴, 칠월편七月篇 및 억계抑戒는 모두 이황이 쓴 것을 사용했으니 관례대로 상을 주어야 합니다. 저 이황의 사람됨은 성리학과 문장을 겸비하였고 몸가짐이 청렴 근신하니 마땅히 경연관에 두고 고문顧問에 대비하도록 해야 합니다."

"아뢴 뜻은 알았다. 이황에게 숙마熟馬 1필을 내리고 중수기를 짓는 일도 아뢴 대로 하라." 하였다.

「경복궁중수기景福宮重修記」를 쓴 상으로 숙마熟馬 1필을 하사 받았다. 숙마는 오늘날의 '고급 승용차'라 할 수 있다.

을묘년 2월 11일, 세 번 사표를 올려 해직된 뒤, 자주 왕래하던 조정의 벗들과 작별하지 않은 채 황급히 도성을 빠져나와 동호東湖로 갔다. 이날 있을 조정의 인사에서 새로운 자리에 임명되기 전에 도성을 벗어나기 위해서다.

배편이 마련될 때까지 잠시 동호에 머물렀다가 고향으로 도망치듯 돌아갔다.

고향에 돌아온 李子는 그동안 꿈속에서나 만났던 청량산을 작정하고 들어갔다. 〈11월 청량산에 들어가다〉라는 詩를 지어 늦게나마 다시 청량산을 찾은 소회를 읊었다.

夜宿孤山庵　고산의 암자에서 밤을 지새고
晨去越二嶺　새벽에 나서 두 고개를 넘었네
陟彼揷天嶺　저 중첩한 산은 하늘에 산봉우리 꽂고
宇宙雙眼騁　우주에 견주어 회포를 풀며 본다네

청량산에서 한 달이 지나서야 돌아와서 먼저「천명도설天命圖說」을 개수改修하였으며,《계몽전의啓蒙傳疑》의 편찬에 착수하였고,《사서삼경석의四書三經釋義》를 수정 보완하고 월란암에서《주자서절요朱子書節要》를 편찬하고, 예안현禮安縣의 향립약조鄕立約條(鄕約)를 직접 만들었다.

예천에서 권문해權文海(草澗)가 계상의 한서암으로 찾아와 머물면서 가르침을 받았으며, 서울에 사는 김명원金命元이 석 달을 머물면서 주역周易을 배웠으며, 김성일金誠一과 김륵金玏이 처음으로 찾아왔다.

22세의 이이李珥가 성주에서 그의 장인 사인당四印堂 노경린盧慶麟을 만난 다음, 계상으로 李子를 찾아왔다. 산비둘기처럼 날아와 가르침을 청했다.

"소자 스승께 도를 구하려 왔습니다(小子求聞道)."
"그대가 와서 기분이 상쾌하오(公來披豁醒心神)."
3일을 머물다 떠나는 제자에게 스승은 자애로웠다.

"마음가짐은 자신을 속이지 않는 것이 귀하고, 조정에서는 일 만들기를 좋아함을 경계해야 합니다."

고향에서 3년을 보낸 뒤 다시 소명召命을 받고 서울을 향해 출발하여 충주의 목계나루에 도착하였다.

월악산에서 발원한 달천이 남한강에 합수하는 탄금대 하류의 '목계나루'는 소금, 건어물, 젓갈류, 생활필수품 등을 싣고 온 황포돛배가 붐볐다.

한양까지 오가는 관리나 상인, 백성들이 주로 공물貢物을 운반하는 조운선을 이용하였는데, 서울까지 배로 사흘거리인 목계나루는 수운을 이용하는 여행자들이 묵어가는 원이 발달하였으며 물산이 집결되는 곳으로 뱃사공과 여행자, 장사꾼 등 목계장터는 장판이 벌어지고 주막들이 즐비하였다.

당시 세금은 현물로 납부해야 하는 만큼 시간이 지나면서 더이상 생산되지 않는 경우가 생길 수도 있고 제 때에 납부하더라도 현물의 상태를 빌미로 '점퇴點退'시킬 경우 백성들의 부담은 더욱 가중되었다. 공납을 전문적으로 담당하는 방납업자防納業者에게 수수료를 부담하면서 더욱 큰 부담이 되었다.

양란 이후 국가 재정이 흔들리면서 세금 부담이 가장 컸던 충청도를 중심으로 공물貢物을 쌀로 대신하는 움직임이 실제 개혁으로 이어졌다.

낙동강 상류 지역과 충청도의 한강수계漢江水系 지역의 세곡을

 강원도·경상도·충청도의 세곡을 한강으로 운송하면서 세곡稅穀을 보관하는 70여 동棟의 창고와 조운선漕運船과 나루터 등 시설을 개선하면서 수운水運이 발달하였다. 이곳에 집결된 세곡은 다시 한양의 광진, 마포의 광흥창 등 경창京倉으로 보내졌다.

 그날 밤, 객관에 누워 지난날을 회상하며 뒤척이다 잠깐 잠들었다 깨어보니, 1534년 과거에 급제한 후 24년간의 관직 생활이, 마치 당唐나라 심기제의 소설《침중기枕中記》의 '일침한단一枕邯鄲'* 꿈을 꾼 듯하였다.

 이튿날, 나루터에 나갔다. 배를 타려는 사람과 그를 전송하는 이들로 인산인해人山人海였다.

 충주의 목계나루에서 출발한 세곡선은 여주의 흔바위나루(欣巖)→배갯나루(梨浦)→양평의 한여울(大灘)→양수리 용나루(龍津渡)→남양주 미음(渼陰)나루를 지나서 한양의 두모포에 도착하게 된다.

 목계나루 마흐래기 여울을 빠져나온 세곡선은 여주의 흔바위(欣巖) 나루를 뒤로하고 멀리 배갯나루(梨浦)가 점점 다가왔다. 황포돛을 한껏 부풀린 뱃전에 앉아 〈이포를 지나며(過梨浦)〉詩를

---

 * 한단邯鄲의 꿈 : 부귀영화의 덧없음을 비유하는 것. 당나라 노생盧生이 한단邯鄲에서 여옹呂翁의 베개를 베고 잠을 자면서 80년 동안 온갖 부귀영화를 누리는 꿈을 꾸었는데, 잠을 깨고 보니 기장밥이 아직 익지 않았더라는 이야기.

지어 읊었다.

〈이포를 지나며(過梨浦)〉

世事箠來憂思集	세상살이 모든 일 두려움의 엉킴일 뿐,
雲林別居夢魂多	구름 떠나 숲 떠나 노상 꿈만 많더라.
船牕倒射溶溶日	선창으로 햇빛은 한가로이 비쳐 들며,
水渚輕搖點點荷	물가에 산뜻한 듯 연잎들이 흔들거리네.

목계 나루터 풍경

3년 만에 대궐에 입시하였다. 명종이 동부승지, 성균관 대사성 정3품 당상관 겸 지제교知製敎(교서작성)에 임명하면서,

"오직 그대는 글을 잘하고 청렴 근신하여 교회敎誨의 소임에 합당하기 때문에 본직을 제수除授한 것이니, 나의 지극한 생각을 체념體念하여 마음을 다해 봉직해서 학교를 진흥시키고, 사습士習을 바로잡으라."

"신은 심병心病이 깊이 들어 지난날에도 두 차례나 이 소임을 받았다가 번번이 소임을 감당하지 못하고 체직되었으니 이번에도 이것이 염려됩니다."

왕은 초피貂皮(담비 털가죽)와 이엄耳掩(돈피 방한모)을 李子에게 하사하였다.

윤원형尹元衡이 사마방회司馬榜會를 열어서 李子를 초청하였으나, 병이라고 핑계하고 가지 않았다. 李子가 식년式年 진사시進士試에 등과하던 해 윤원형은 생원시生員試에 합격하였으니, 두 사람은 사마동년司馬同年이다. 만약 출세지향적인 인사라면 그가 부르지 않아도 자발적으로 먼저 찾아가는데, 김안로나 진복창陳復昌을 피하듯이 윤원형을 멀리하였다.

기대승奇大升이 문과에 응시하기 위하여 서울로 가던 중 김인후金麟厚와 李子를 만나 태극설太極說을 논하였고, 정지운鄭之雲의

《천명도설天命圖說》을 얻어 보게 되자 李子를 찾아와 의견을 나누었다.

이보다 앞선 계축년(1553)에 李子는 정지운鄭之雲이 작성한 「천명도설天命圖說」을 정정訂正한 적이 있었다.

그 때 정지운이 사단칠정四端七情을 "四端 發於理, 七情 發於氣"로 해석한 것을 "四端 理之發, 七情 氣之發"로 정정訂正하였는데, 李子의 이 해석은 당시 학자들 사이에 상당한 논란거리가 되었다.

절충장군·충무위 상호군에 임명되었다. 병을 이유로 세 차례나 사직원을 제출하여, 성균관 대사성은 체직되었으나 산직散職인 상호군上護軍에 임명되었다. 상호군上護軍은 오위五衛에 속한 무관직이다. 문관이 무관으로 변신한 것이다.

사직원을 제출하자, 곧 상호군上護軍에서 체직되어, 가선대부嘉善大夫 공조참판工曹參判 겸 지제교에 임명되었다.

조상들을 받들고 높이는 방법 가운데 추증追贈과 분황焚黃이 있었다. 추증은 2품 이상 고위 관원에 대하여 돌아가신 부·조·증조 3대의 품계와 관직을 올려주는 제도이며, 분황은 추증으로 인하여 조상이 품계와 관직을 받았을 때에 그 후손이 무덤에서 황색 종이의 임명장을 태우는 의식이다.

    추증과 분황은 부·조·증조가 추증된 관직으로 인하여 국가적이고 사회적인 인물로 격상되기 때문에 국가에서 내려주는 한 집안에 내려주는 최고의 선물이었다.

    즉, 본인이 2품 이상의 고위 관원이 되어 가문을 빛낸다는 점도 중요하지만, 추증과 분황의 혜택을 받은 조상들로 인하여 가문의 위상이 격상되었다. 지역사회에서도 영향력을 발휘하는 가

문으로 성장하게 되었다. 분황焚黃을 사유로 승정원에 휴가원을 제출하고, 다음날 여명에 동호東湖의 두모포에 도착하니, 한강은 안개 속에 잠들어 있었다.

  기미년 3월 3일, 59세의 李子를 맏손자 안도가 배종陪從하고, 남언경南彦經이 두모포까지 함께 하기 위해 배에 올랐다. 황포 돛이 바람을 한껏 부풀리고 대탄大灘을 거슬러 올랐다.

歸去兮虛名欺世   돌아가야지, 허명으로 세상 속였으니
雲林別居夢魂多   구름 떠나 숲 떠나 노상 꿈만 많더라.

퇴계 이황의 본직 기간								
품계 / 벼슬	從3품	正4품	從4품	正5품	從5품	正6품	從6품	기간
成均館	司成		司藝			典籍		9개월
戶曹						佐郎		13개월
弘文館	典翰	應敎		校理	副校理	修撰	副修撰	30개월
司諫院						正言		3개월
司憲府		掌令		持平				11개월
刑曹				正郎				9개월
議政府		舍人		檢詳				9개월
典設司		守						2개월
宗親府		典籍						1개월
司僕寺		正						4개월
丹陽			郡守					9개월
豐基			郡守					12개월

퇴계 이황의 겸직 기간								
품계 / 벼슬	正3품	從3품	正4품	從4품	正5품	從5품	正6품	기간
春秋館	編修官					記注官		21개월
承文院		參校		校勘		校理	校檢	31개월
經筵			侍講官		侍讀官		檢討官	24개월
侍講院			弼善			文學		15개월
內職	知製敎(例兼)							

단양·풍기 두 외직을 제외하면 총 14개 아문衙門 29種. 본직으로는 홍문관 30개월, 겸직은 경연 24개월, 춘추관 21개월

퇴계 이황 49세 이후 사퇴원					
	사직 내역	횟수		사직 내역	횟수
1	豊基郡守(狀)	3회	12	右贊成(狀)	1회
2	司憲府執義(啓)	1회	13	乞崇品改正(狀)	3회
3	僉知中樞府事(狀)	3회	14	判中樞府事(啓)	3회
4	弘文館副提學(狀)	1회	15	戊辰辭職疏(疏)	2회
5	工曹參判 (啓)((狀)	4회	16	弘文館提學(啓)	1회
6	戊午辭職疏(疏)	1회	17	判中樞府事 겸 大提學(狀)	3회
7	召命辭免(狀)	2회			
8	同知中樞府事	4회	18	大提學(啓)	6회
9	禮曹判書(啓)(狀)	4회	19	吏曹判書(狀)	3회
10	同知經筵(狀)	2회	20	校書館活人(狀)	1회
11	召命祗受(狀)	2회	21	乞致辭(狀)	3회

狀 36회, 啓 14회, 疎 3회

5. 그림 속으로

入畫圖中

오용길/봄의 기운—江心 160×93cm 2021년 작

　李子는 청량산을 오가산吾家山이라 하였다. 청량산은 5대조인 현조부가 송안군으로 책봉되면서 나라로부터 봉산封山으로 받은 것이다.

　청량산은 지리산에 비해서 산세가 비록 작고 아담하지만 기암괴석이 낙동강과 어우러져 산자수명山紫水明하면서도 엄숙하여 일찍이 신라의 명필 김생을 비롯하여 선비들의 학문의 도량道場으로 청량사 · 백운암 · 원효암 · 보현암 · 문수암 등 19개의 암자가 있었다.

　숙부 송재공은 자질들을 청량산에 보내 청량산의 대자연을 접하고 인격도야에 힘쓰게 하였다.

　송재공이 그의 사위 조효연曺孝淵과 오언의吳彦毅를 비롯하여 조카들을 청량산에 공부하러 보낼 때 13세의 李子가 형님들을 따라 나선 것이 청량산과 인연을 맺는 계기가 되었다.

　계유년(1513) 2월, 송재공은 사위 조효연曺孝淵, 오언의吳彦毅와 경호를 비롯한 자질들을 청량산에 보내면서, 공부하는 것은 산에 오르는 것 같다.

　독서인도약유산讀書人道若遊山고 하면서 넉넉하게 익혀서 오라고 당부했다.

〈자질들을 청량산에 보내며〉

공부하는 것은 산에 오르는 것이라 하지만,
깊고 얕고 넉넉히 익혀, 가고 오는 것 믿어라.
하물며 청량산은 깊고 경치 좋은 곳이니,
나도 일찍이 십 년간 거기서 공부했느니라.
원효봉은 서쪽에 가로놓이고 치원봉은 동쪽에 있으니,

홀로 와 북쪽을 보니 고운 것은 의상봉이다.
솥발(鼎) 처럼 셋이 솟은 가운데 골이 열리니,
푸른 벽 낭떠러지 모두 비어 있네.(삼대봉)

천고의 오랜 절이 석굴 앞에 있고,
무지개가 골짜기에 샘을 마신다.
봄에 눈이 녹고 얼음 불어 물거품 많아지니,
누가 대 홈통 가져와 백 길 높이였는가. (김생굴폭포)

돌 틈에 졸졸 흐르다가 곁에서 맑게 솟으니,
중이 말하기를 이 물 마시면 총명이 난다고.
우습다, 그 때 나도 천 말이나 마셨는데,
어둠을 깨우치지 못하고 한 늙은이가 되었구나. (총명수)

불교가 요즈음 쇠잔하려 하고,
삼백 년 이래로 옛 도가 돌아왔다.
한번 화한 몸이 푸른 절벽에 남았으나,
조계종 파가 끊겨 이어가지 못하는구나. (고도선사초상)

바위 구멍 남쪽 입이 어두컴컴하게 열리고,
솔 그늘이 둘려서 평평한 대를 덮어씌웠다.

연기가 불고 소리가 합쳐져 맑은 날에도 우렛소리 나니
더위에 시달려도 옷을 갖추어 입어야 된다. (송대풍혈)

안중사에서 홍·황·나 세 사람,
병오년의 일이라 먼 옛이야기다.
인간이 죽고 사는 것은 잠깐의 슬픔,
비바람 소나무에 어지러이 불고 밤은 쓸쓸하네. (안중사)

완고하게 한 조각이 높이 서서,
소낙비나 바람을 맞으면 움직였다 돌아선다.
고요한 성품이 다른 물건 때문에 움직이니,
인심이 움직일 때 누구 보내 편케 하리오. (흔들바위)

백운암은 흰 구름만큼이나 높고,
병든 다리로 올라가려고 여러 해 몽상했었다.
칡덩굴 당겨 오르니 도리어 어려워,
등산의 묘미 있는 곳 오르기 포기함 한스럽다. (백운암)

절벽 어귀 졸졸 작은 물소리가 나는데,
일찍 설유雪乳를 넣어 서늘하게 했도다.
소갈증 가진 노인 문원의 무게를 깨달아,

한번 바라보니 침이 말라 목마르려고 하네.(돌샘)

놀던 자취가 아직도 눈에 삼삼해서,
너를 보내고 공연히 시 열 수를 지었다.
이번 걸음에 놀던 곳 기록해 돌아오라,
상자 속의 옛것과 비교해서 보려 한다.

　숙부 송재공은 강원도 관찰사로 나가셨는데, 임금에게 간곡히 청하여 강원도에서 돌아왔다.
　송당골에 집을 지었는데, 소나무가 많아서 송재松齋라 했다. 공은 송재松齋에서 지병持病인 혈소환血素患을 다스리고 있었는데, 이때의 처지를 〈탄식하다(自嘆)〉라는 詩로 읊었다.

병을 고치고자 고향에 돌아왔으나,
삼 년 동안 화조의 봄을 보지 못하였다.
하늘이 이수를 죽이지 않는다면,
청산에 들어온들 회춘하지 못하리라.

　송재공이 귀전했을 때, 李子는 열두 살이었다.
　숙부는 조카들에게 각각 자字를 지어 주었는데, 서귀를 언장彦章, 서봉을 경명景明, 서란을 정민貞愍, 李子를 서홍瑞鴻에서 경호景

浩로 바꿔주었다.

 《소학》은 터전을 닦아 재목을 갖추는 것이요, 《대학》은 그 터전 위에 커다란 집을 짓는 것이라 하여, 숙부는 자질들을 교육함에 《소학》을 중시하였다.
 숙부는 조카의 비범함을 파악하고 엄격하게 가르쳤는데, 책을 덮고 돌아앉아서 배운 것을 배송背誦하게 했다.
 "외는 것은 글자를 기억하는 것이 아니라, 선현의 뜻을 가슴에 흐르게 하는 것이니라."
 선비의 자세로 바르게 앉아서 외우되, 몸을 흔들어서도 안 되고, 착란하지 말고 중복하지도 말며, 너무 급하게 굴면 조급하고 너무 느리면 정신이 해이해져서 생각이 뜨게 된다.
 송재공의 교육은 알묘조장揠苗助長이 아니라, 사람답게 사는 길을 스스로 터득하도록 하는 것이었다.

 "앎과 배움은 그것 자체로 가치가 있는 것이 아니다. 학문의 길에 각고도 중요하나, 심신의 휴양 또한 중요하다."
 알기만 하는 사람은 좋아하는 사람만 못하고, 좋아하는 사람은 즐기는 사람만 못하다(知之者不如好之者 好之者不如樂之者).

 자연을 소요하며 물아일체의 호연지기浩然之氣를 길러 자유의지

와 정의로운 품성을 갖춰야 한다면서 자질들을 청량산에 보내고 용두산 용수사에 보내 하과夏課를 즐기게 했다.

하과夏課를 떠나는 자질들에게〈하과夏課〉를 독려하는 시를 지어 보냈다.

푸른 재 병풍처럼 에워싸고 눈 누대 때리는데,
부처 깃발 깊숙한 곳 기름 태울 만하네.
세 가지 많음 세 해면 풍부히 할 만한데,
한 가지 이치 마땅히 하나로 관찰함에서 구해야 하네.

송재공은 자질들의 신독愼獨을 위해〈외영당畏影堂〉詩에서, 그림자를 통해서 무자기毋自欺(자신을 속이지 말자)를 가르쳤다.

내가 있으니 형체가 있고,
그림자는 형체에서 둘이 된다.
어두우면 숨고 밝으면 나타나며,
움직이고 그침에 놓지 않는다.
날마다 품행이 백 가지도 된다.
하나하나 곧 본받아야 한다.
어디서고 좌우를 떠나지 않아,
가만히 속일 수 없다.

삼갈 바가 어찌 혼자뿐이랴,
방구석도 오히려 환하다.
너를 보는 내 마음 두렵구나.
내심을 반성해서 성품을 다져,
내 말을 너는 소리 없이 아니,
내 몸은 너의 허상일 따름.
한 방에서 돌아다니면서,
너는 종일 내가 우러러본다.

열다섯 살 때 용수사의 운곡에 갔는데, 그때 옹달샘에서 한 마리 가재를 보고 詩 〈가재(石蟹)〉를 지었다.

負石穿沙自有家   돌을 지고 모래 파면 저절로 집이 되고,
前行却走足偏多   앞으로 가다 물러나 달리니 다리가 많구나.
生涯一掬山泉裏   일생을 한 움큼의 산속 옹달샘 속에 살며,
不問江湖水幾何   강과 호수 물 얼마인지 묻지도 않는구나.

을해년(1515), 송재공은 안동부사로 부임하였다.
안동 웅부 자성 서북 귀퉁이 연못 가운데 애련정을 지어서, 아들·사위·조카 등 자질들이 공부하는 서당으로 삼았다.

어느 날, 송재공은 연못 주위를 둘러보다가 시를 적었다.

거문고 소리 서늘하여 빗소리에 섞이고,
늙은 연꽃 송이 없어도 아직은 산뜻하다.
서쪽 담 밑 대나무 사이에 접시꽃 옮겨 심어,
붉은빛 푸른빛이 분명하게 드러나네.

정축년(1517) 송재공은 어머니의 수연壽宴을 베풀었는데, 〈어부사漁父詞〉를 잘 부르는 노기老妓가 있어, 송재공은 때때옷 입고 〈어부사〉에 맞춰 춤을 추어 노모를 기쁘게 해드렸다.
이날 李子는 〈어부사〉를 처음 듣고 마음속으로 감흥을 느껴, 그 가사를 기록해 두었다.

이 듕에 시름 업스니, 어부漁父의 생애生涯이로다.
일엽편주一葉扁舟를 만경파萬頃波에 띄워 두고,
인세人世를 다 니젯거니, 날 가는 줄를 안가.

그 해 11월 18일, 송재공은 안동부사 재임 중에 혈소환으로 별세하였으며, 후에 청계서원에 봉안되었다.
李子가 열두 살 때, 숙부가 강원도 관찰사를 마치고 고향으로 돌아왔다. 보리피리 불며 들판을 쏘다니던 어린 시절은 끝났다.

 숙부는 조카에게 《대학》과 《논어》를 가르치면서, 자질子姪들을 산사山寺에 보내 하과夏課를 시키는 한편, 詩를 짓게 하고 도연명을 평생의 친구로 맺어 주었다. 숙부는 배움의 길을 몰랐던 그에게 닮고 싶은 스승이었고, 아버지의 얼굴도 모르고 부성父性에 목말랐던 李子에게 자상한 아버지가 되었다.

 숙부가 별세하자, 어디로 가야 할지 옹달샘 속의 한 마리 가제와 같았다.
 숙부의 장례를 마치자, 세상과 결별하고 청량산에 들어갔다. 청량산은 아버지와 숙부가 십여 년간 학문을 닦던 곳이다. 청량산은 방황하는 젊은이를 집 나간 탕아를 대하듯 반겨주었다.
 그러나 학문의 세계는 넓고, 올라야 할 산정山頂은 구름 속에 아득했다. 학문의 산정을 혼자서 오르기에는 고행苦行이었고, 《주역周易》의 망망한 우주의 성하星河를 건너야 했다. 밤새워 책을 읽고 육신을 학대虐待하니, 영혼이 드높아졌다.
 청량산에서 2년 동안 스승도 없이 독파하였다. 청량산은 그가 스스로 갈 길을 찾아 나서도록 놓아주었다.

 19세의 청년 李子는 과거 준비를 위하여 성균관에 갔다. 청량산 도령의 청맹과니 눈에는 하늘에 떠 있는 무지개가 허상임을 모르고 감동하였다.

곤룡포에 서대犀帶를 차고 패옥佩玉을 늘어뜨리고, 익선관에 홀笏을 잡은 조광조趙光祖가 중종과 함께 문묘에 알성하던 위엄은 청년 李子에게는 하늘 높이 떠있는 봉황鳳凰이었다.

백성을 덕과 예로 다스려야 한다는 조광조의 왕도정치,
'하늘의 밝은 명을 따라 윤리와 기강을 세워야 한다

그가 강조한 천하위공天下爲公 의미는 구악을 일소하되, 자연 질서 속에서의 인간 존엄성에 대한 확신이었다. 이는 조광조의 사마시司馬試 답안지 〈춘부春賦〉에 잘 나타나 있다.

泉渭渭而欲達兮　샘물이 흘러서 끝까지 가려 하나,
被黃流而不淸　　흙탕물이 섞여 맑을 수 없도다.
上褻天之明命兮　위로 하늘의 밝은 명을 더럽힘이여,
下慢人之倫紀　　아래로 사람의 윤리와 기강에 게으르도다.
甘下流而不悟兮　즐거이 아래로 흐르면서 깨닫지 못함이여,
羌衆惡之所委　　수많은 악이 쌓이는 바로다.

1519년 기묘사화가 터졌다. 벌레 파먹은 주초위왕走肖爲王(趙家성을 가진 사람이 임금이 된다는 뜻)의 파자破字로 용의 눈을 가리고, 눈먼 군주는 正과 似를 가리지 못하고, 충성스런 신하의 가슴에 비수匕首를 휘두르자, 사림의 면류관은 가을바람에 낙엽이

되었다.

눈보라 치던 날, 능성綾城(화순)으로 귀양 간 조광조는 죽음을 앞에 두고 도사都事에게 간절히 말하기를, "청하건대, 죄명을 공손히 듣고 죽겠노라."

도사의 대답이 없었다.

"임금 사랑하기를 아비와 같이 하였으니, 하늘의 해가 나의 속마음을 비출 것이다."

그러나 능성綾城의 해는 구름 속으로 숨어버렸다.

기묘사화의 광풍은 봉황의 비상을 막았으나, 황혼을 준비하는 올빼미들까지 멈추게 할 수는 없었다. 도학 정치 실현의 꿈에 부풀었던 청년은 정신적 공황 상태로 갈피를 잡을 수 없었다.

'무엇을 위해 학문을 하며, 어떻게 살아야 할지……'

송당골 숙부님 댁에 들렀다가 송재공의 서가書架에서 《성리대전性理大典》 수미본首尾本을 운명과도 같이 만나게 되었다.

《성리대전》은 1415년 편찬된 70권의 총서로서, 이기理氣, 귀신, 성리, 도통 등 우주, 인생, 자연, 역사의 전체적 이해의 틀이나 종합적, 직관적 통찰을 암시하는 성리학의 백과전서이다.

이 책에서 성리학의 체단體段이 특수함을 알게 되었다. 체단은 학문의 체계와 구성을 의미하는데, 하나의 체계를 갖춘 사상은 중심이 되는 관념을 가진다. 학문의 체계가 방대해질수록 중심이 되

는 관념으로부터 지엽말절에 이르는 부분 간의 조직과 연결의 맥락이 더욱 복잡해져서, 그 조리를 찾기가 힘들어진다

   유학에서 지적 학습은 지엽技葉이며 이를 하학下學이라 하고, 개개 사물이 존재하는 까닭과 원리와 법칙을 찾아 원두처源頭處 본질에 도달하는 것이 상달上達이다.
   청년 李子는 성리학의 체단을 알고 그 원두처인 중심관념에 도달하려면 《태극도설》, 《서명》, 《역학계몽》을 읽어야 함을 스스로 깨닫고, 청량산에 들어가 백운암에 틀어박혀 성리의 황홀경에 빠져들었다.
   비가 억수같이 쏟아지는 것은 천지에 음의 기운이 성하여 양의 기운을 이길 때 나타나는 현상이며, 서리가 밟히면 장차 단단한 얼음이 어는 시절이 온다는 뜻이다.
   자연의 변화는 예측 가능하지만, 홍범洪範 사회의 법에서 다루는 천기天機의 문제나 《주역周易》에서 다루는 천명天命의 문제는 자신이 감당할 수 없어, 심우유감甚雨有感이라 하였다.

〈산속에서 책 읽기(獨愛林廬萬卷書)〉

獨愛林廬萬卷書　산림 속 초당에서 만권의 책 홀로 즐기며,
一般心事十年餘　다름없는 한 생각에 십 년이 넘었도다.
邇來似與原頭會　요즘 와서야 근원과 마주친 듯,
道把吾心看太虛　도 틀어잡고 내 마음 휘어잡아 태허를 본다.

　우주 만물의 생성과 소멸의 원리, 즉 원元·형亨·이利·정貞의 덕德이 4계절이 순환하듯, 씨 뿌리고 자라고 익고 거두는 시始·통通·수遂·성成으로 순환한다.
　쉼 없이 순환하는 이理, 생성 변화의 원리를 사람에게 적용하면, 인간의 본질생성 변화은 우주의 본질생성 변화과 같다.

도산 사는 촌부는 천인 이치 측량 못해,
주역이니 홍범이니 뉘가 잘 알겠는고..
태양에 얻는 재앙 응당 까닭 있거니와,
건곤의 운행은 판녕하기 어렵도다.
예로부터 하늘의 경고 소소히 밝으니,
큰 호령으로 만물을 흩음에 무슨 어려움 있으랴.
음이 강하고 정이 엷으면 양기가 쇠진하니,
정녕코 옛 성현이 이 어려움에 처하였다.
가령 양기를 성케 하여 음기를 이길 수 있다 해도
이 이치는 이윤·주공 도움을 기다리련다.

조광조가 이루지 못한 천하위공天下爲公의 실현을 자신의 책무로 여기고, 성리의 원두처 본질를 찾는 데 몰입하였다. 특히《역학계몽》의 오묘한 세계에 빠져들어 침식을 잊고 몰두한 탓에, 몸이 여위는 이췌증贏萃症에 시달리기도 했다.

사람의 확대가 우주이며 우주의 축소가 곧 사람이라는 성리의 본질을 천인합일天人合一의 사상에서 찾게 되는데, 사람은 천지의 기氣를 받아서 체體로 삼고, 천지의 이理를 받아서 성性으로 하는데, 이 이理와 기氣가 합치면 마음이 된다. 천지는 마음의 근원이니, 곧 인간과 하늘은 같다, 라는 생각에, 하늘의 뜻天命을 여기에서 찾았다.

천명을 성性이라 하고, 性을 따르는 솔성率性을 道라 하였다. 천명天命은 곧 자연의 섭리이며, 인간의 본성 또한 선천적으로 선하다, 라는 생각에 미치게 되었다.

인간이 선한 본성을 따르는 道는 사랑(仁)과 의로움(義)과 예의(禮)와 지혜(智)의 인의예지仁義禮智의 덕목은 측은지심惻隱之心·수오지심羞惡之心·사양지심辭讓之心·시비지심是非之心의 단초端初로서, 오늘날에도 윤리의 준거가 되고 있다.

천명에 순응하는 삶은 선한 본성에 충실한 삶이며, 이를 실천

317

하는 방식은 존천리알인욕存天理遏人慾이니, 즉 하늘의 뜻에 순응하고 개인의 탐욕을 막는 것이다.

땅과 하늘이 열리던 날에 안개만 땅에서 올라와 온 지면을 적셨더라. 빛의 시대는 더디 왔으나 선과 악이 따로 나누이지 않았다. 강이 태백에서 흘러내려 동산을 적시니 청량한 기운이 봉우리마다 감돌고, 바위 한 덩어리로 솟아올라 바람에 흩어지고 빗물에 갈려서 온갖 기이한 변화를 이루었으니, 맑고 서늘하여 '맑을 청淸과 서늘할 량凉'을 이름으로 하여 사람들은 청량산이라 불렀다.

서序*

乾坤肇判건곤조판　하늘과 땅이 처음 나뉨에
混沌漸闢혼돈점벽　혼돈이 점차 사라지고
査滓淳漓사재순리　찌꺼기가 말끔히 정화되니
樞紐胗穆추유분목　중심이 조화롭게 어울렸네

　*肇조 : 시작되다, 비롯되다.　滓재 : 찌꺼기.　漓이 : 엷다, 흐르다.
　胗문 : 꼭 맞다.

김생은 청량산 너머 재산에서 물의재를 넘나들며 청량산의 바위굴에서 서예를 닦았다. 경주 남산 기슭의 창림사에 두 마리의

---

*송죽재(松竹齋) 박제형(朴齊衡)의 《後千字文》序文 중에서.

거북이 등 위의 비신碑身에 김생이 쓴 창림사쌍귀부비문昌林寺雙龜趺碑文이 있었다.

조맹부趙孟頫는 이 창림사비 발문昌林寺碑跋文에 이르기를,

"신라의 승려 김생이 쓴 신라국의 창림사비인데 자획이 매우 법도가 있으니, 비록 당나라 사람의 유명한 각본刻本이라도 이보다 크게 낫지 못할 것이다."

김생의 필법이 고금에 뛰어난 것임을 짐작할 수 있으나, 창림사쌍귀부昌林寺址雙龜趺는 물론 비문의 탁본도 전하지 않는다.

서거정의 《필원잡기》에 김생의 글씨가 중국 사람들에게 왕휘지체로 비견되었다는 일화가 있다.

고려의 학사 홍관洪瓘이 송나라에 갔을 때, 한림 대조 양구楊球와 이혁李革이 족자에 글씨를 쓰고 있었다. 홍관이 김생의 행서와 초서 한 권을 두 사람에게 보여주니,

"오늘, 왕우군(王羲之, 307~365), 우군장군의 진적眞跡을 얻어 볼 줄은 생각지 못하였다."

두 사람이 크게 놀라며 반겼다.

"이것은 왕우군이 아니라, 신라 사람 김생의 글씨이외다."

홍관이 말하니, 두 사람이 이를 믿지 않고 웃으며,

"천하에 왕우군 아니면 어찌 이 같은 신묘한 필적이 있으리오."

　최치원崔致遠이 청량산에서 책을 읽었다던 바위를 치원암致遠菴, 최치원이 마셨던 샘물을 총명수라고 전하는데, 청량산은 《세종실록》 '지리지地理志'에 실려 있지만, 최치원에 대해서 언급하지 않고 있으니, 이 산을 높이기 위해서 끌어온 것으로 보인다.

　최치원이 실제 노닐었던 청량산은 합천 매화산의 청량사로 짐작된다.

　청량산은 산 전체가 사암寺庵이라 할 정도로 많은 암자庵子가 골짜기마다 들어서 있었다. 청량산에서는 승려·속인·남녀노소가 평등하고 귀천의 차별이 없었다.

　일반 대중을 대상으로 잔치를 베풀고 물품을 골고루 나누어 주는 법회인 무차대회無遮大會를 열었을 때, 33곳의 암자에서 바람을 따라 들려오는 범패梵唄 소리가 마치 천둥소리처럼 울려 퍼졌다.

　"누구나 깨달은 자는 '붓다부처(佛)'가 될 수 있다."

　싯다르타Siddhartha의 가르침을 베푼 녹야원鹿野苑처럼 산 전체가 하나의 불국토를 이루었으니, 붓다이 당체當體를 본 원효元曉가 금납봉金塔峰 아래 암자에서 바리때(발우鉢盂) 하나만으로 좌선坐禪할 때 봉우리마다 불심을 담아 보살봉·원효봉·의상봉·반야봉이라 이름하였다.

　청량산 연화봉蓮花峰 기슭의 '유리보전琉璃寶殿'에 약사유리광여래藥師琉璃光如來를 봉안하고 공민왕이 쓴 현판을 걸었다. 약사불약사유리광여래는 중생의 질병을 치료하고 우환을 없애주는 부처로

서, 지옥에서 중생을 구제하는 목조 지장보살, 반야般若의 지혜를 품은 삼베에 옻칠한 건칠불 문수보살을 좌우측에 둔 삼존협시불三尊脇侍佛이다.

　감로도의 우측 상단에 두 손을 모은 목련은 신통력이 있지만

감로도, 18세기, 삼베에 색, 200.7×193.0cm, 국립중앙박물관

지옥에서 아귀가 된 어머니 그림 중앙를 만나서 밥을 드렸지만, 밥은 어머니의 입으로 들어가기도 전에 불꽃으로 변했다. 그는 부처님께 어머니를 대신하겠다고 했으나, 그 어머니의 악업의 뿌리가 깊어 효도의 마음으로도 대신할 수 없으며, 천신·지신·사천왕신으로 어쩔 수 없고 오직 스님의 위력으로 구할 수 있다 하였다.

감로도의 하단에 아귀가 겪는 고통은 전생의 업을 표현한 내용으로 잘못된 치료로 죽거나 노비를 살해하거나 형벌로, 혹은 출산으로 인한 죽음 등 당시 생각한 불행한 죽음이 그려져 있다.

불교에서는 사랑이나 애정도 미움, 질투, 탐욕과 마찬가지로 모두 인연에 의한 마음의 병이어서 부모를 공경하는 마음도 불교에서는 한낱 인연의 업보에 지나지 않는다.

고려 말 정도전은 회진에 유배되었을 때 심문천답心問天答을 지었으며, 조선 개국 후에는 십기리心氣理 3편과 불씨잡변佛氏雜辨, 학자지남도學者指南圖 등을 저술하여 불교를 비판하였다.

특히, '불씨잡변'은 불교의 교리를 윤회설·인과설·심성설·지옥설 등 10여 편으로 나누어 조목조목 비판하고, 유교와 불교의 같고 다른 점, 불교의 중국 수입, 불교 신앙에 의한 득화得禍, 이단 배척의 필요성 등을 덧붙여 불교의 사회적 폐단을 낱낱이 폭로함으로써, 억불숭유抑佛崇儒의 당위성을 주장하였다. 조선 건국

당시 고려 왕실을 폐하고 새 정권 수립을 정당화하기 위해서 불교보다 성리학은 개혁적인 의미의 새로운 이데올로기의 창출이었다.

동·서양을 막론하고 신화는 하느님과 인간의 결합에서 탄생된 시조始祖가 나라를 잘 다스리고 우수한 문화를 창조하였다는 내용이다. 고대 신앙은 인격신이거나 자연물이 인간과 결합한 형태인데, 인격신은 대부분 해당 지역과 연고가 있거나 역사적 인물 중에서 위대한 일을 하였거나 아니면 비극적인 죽음을 맞은 인물들이다. 위대한 업적을 남긴 인격신은 자기들을 보호해 줄 수 있다는 믿음과 감사의 마음에서 비롯된 것이고, 비명非命을 당한 인물을 신격화하는 것은 억울함을 위로하고 한을 풀어주기 위함이다.

공민왕은 원나라의 내정간섭과 고려 조정의 부패를 타파하여 왕권을 바로 세우고, 뒷머리만 남겨두고 머리를 땋아 늘어뜨리는 몽골식 '변발'과 목깃이 올라오는 '호복'을 금지하고, 일본 정벌을 위해 설치한 '정동행성'을 없애고 함경남도 영흥 이북을 통치하는 '쌍성총관부雙城摠管府'를 공격해서 원나라가 차지하고 있던 철령 이북의 땅을 회복하였으나, 노국공주의 죽음으로 공민왕은 슬픔에서 헤어나지 못했다.

공민왕은 홍건적의 침입 때 안동 몽진을 계기로 당시 지방의

작은 행정구역에 불과했던 복주목이 안동대도호부로 승격됨으로써 세력권이 확장되었고, 공을 세운 지역민들의 논공행상과 더불어 지역민들의 상경종사上京從仕가 늘어남으로써 안동을 기반으로 하는 관료들의 정치적 입지를 확고히 하는 계기가 되었다.

청량산 일대의 주민들은 공민왕의 몽진 때 청량사 유리보전 현판과 산성축조 등으로 연고가 있었으며, 출산 중에 죽은 노국공주, 환관들에게 시해당한 공민왕의 억울한 죽음에 대한 역사적 사건들을 그들의 삶의 일부로 받아들였다. 청량산에 공민왕 사당을 모시고 산성을 쌓아 적의 침입에 대비하였으며, 다섯 필의 말이 달릴 수 있는 오마대도, 죄인을 절벽에 던졌다는 밀성대 등 공민왕과 관련된 다양한 설화를 전승하고, 공민왕의 혈연관계의 인물들을 마을의 신神으로 모시게 되었다.

공민왕을 중심으로 한 가족 관계 사당祠堂은 향촌사회의 가계家系 계승 의식에서 비롯된 것으로써 청량산 권역과 왕모산성 주변의 마을에 밀집되어 있다.

축륭봉에 공민왕 사당, 문명산 아랫뒤실과 윗뒤실에 부인당, 풍락산 아래 고감리[鼓歌舞]는 장구에 맞춰서 노래를 부르고 춤을 추는 곳이라는 고가무鼓歌舞라 하고 왕대부인당을 모셨다. 풍호리 역개 공민왕의 부인당, 재산 남면 동다리 아들당, 동자다리 딸당, 새터 사위당, 낙동강 임강대 고개 아들당, 도산면 가송리 딸당,

단천리 돌 부부 서낭당, 이육사의 고향 원천리 강 건너편 내살미 왕모산성의 왕모당 등 사당을 모시고 제사와 가무歌舞를 통해서 신령과 소통하였다.

징을 치고 노래와 춤을 춰서 神이 내리면, 신탁神託을 전하는 공수 절차가 있었다. 마을 간의 神끼리 혈연관계를 의식하여 가송리 딸당에서는 정월 초하루에 공민왕신을 모시는 축륭봉 산성 마을로 서낭대(신간神竿)로 세배를 보내면서, "친정간다"라고 하며, 서낭대는 공민왕 위패에 세배를 하고 음식과 세뱃돈을 얻어 다시 가송리로 돌아오는 독특한 의례를 치른다.

마을끼리 혈연관계는 농사일의 품앗이와 논매기 후 '풋구' 놀이의 연대가 이루어졌었다. 공민왕을 신으로 모시는 풍조는 청량산 일대의 민간 신앙으로 발전하였으며, 조선의 종묘에도 공민왕의 신위를 모시고 있다.

무속에서는 인간을 육신과 영혼의 이원적 결합체로 보며, 영혼이 육신의 생존적 원력原力이라 믿는다. 영혼은 인간의 정령을 의미하는 넋·혼·영·혼백·혼령 등의 용어를 포괄하는데, 영혼은 형태가 없는 기운으로서 인간 생명의 근원이며, 인간의 생명 자체를 영혼의 힘으로 믿는다. 영혼은 또 육신이 죽은 뒤에도 새로운 사람으로 이 세상에 다시 태어나거나 저승으로 들어가서 영생한다고 믿는 불멸의 존재이다.

무속巫俗에서 영혼을 사령死靈과 생령生靈으로 분류하여, 사령死

靈은 사람이 죽은 뒤에 저승으로 가는 영혼이고, 생령生靈은 살아 있는 사람의 몸속에 깃들여 있는 영혼이다. 무당은 영혼과 소통하되, 산 사람과 동일한 인격을 가지는 것으로 대한다.

영혼의 형체는 인체와 같은 모양의 영상이지만 꿈이나 환상 속에서만 볼 수 있고, 평상시는 영상조차 볼 수 없는 무형의 공기나 호흡과 같아서, 영혼은 시·공간의 제약을 받지 않는 전지전능한 존재라 믿는다. 청량산 일대는 죽은 자의 영혼을 모신 공민왕 사당들이 있다.

단원檀園 김홍도는 1783년 12월 28일부터 1786년 5월까지 약 2년 반 정도를 안동부의 안기찰방[驛丞]이었다. 단원의 〈청량취소도淸凉吹簫圖〉를 비롯하여 《청량연영첩淸凉聯永帖》은 당시에 그린 것이다.

흥해군수 성대중成大中의 《청성집靑城集》 '취소도'에 대하여, 1784년 8월에 관찰사 이병모李秉模 공이 행부行部하여 들어갈 때 따라가서 청량사에 이르렀다. 봉화원 심공저, 영양원 김명진, 하양원 임희택과 안기의 역승驛丞 김홍도도 함께 왔다.

산은 고요하고 달은 밝은데, 계곡 바위에 흩어져 앉았다. 역승 김씨단원가 퉁소를 불었다. 그 곡조가 소리는 맑고 가락은 높아 위로 숲의 꼭대기까지 울리는데 뭇 자연의 소리가 모두 숨죽이고 여운이 날아오를 듯하여, 멀리서 이를 들으면 반드시 신선이 학을 타고 생황笙簧 불며 내려오는 것이라 할 만했다.

淸凉寺外月橫橋　청량사 밖은 달이 다리를 비스듬히 비추고
岳色泉聲夜寂寥　산은 괴괴하고 샘물소리 졸졸 밤은 적요
誰遺瑤籟飄一弄　누가 멋들어지게 옥피리 한 곡조 날리누나
不知笙鶴去人遙　생황부는 신선 내려주고 학이 떠났는지 사람이
　　　　　　　　거닐고 있는지 모를러라

　김홍도가 청량산에서 《청량연영첩淸凉聯永帖》을 그렸듯이 화가가 축융봉에 올랐다면 누구나 청량산의 선경을 화선지에 옮기고 싶었을 것이다.
　실경산수화가 오용길吳龍吉은 서울에서 청량산까지 수차례 오가며 계절별로 변화무쌍한 청량산을 화첩에 담았다.
　야송 이원좌李元佐는 축융봉에 오른 후 청량산에 미쳤었다. "만겹의 운하를 산중턱에 감췄고, 천 층의 홍록을 산허리에 두른 청량산, 가도 가도 끝은 보이지 않는 새로운 충격으로 다가오는 청량산 앞에 서면 나는 더 일찍 더 많은 시간을 투자하지 못한 내 스스로가 안타까웠다."
　청량산을 통째로 화선지에 옮기려고 했으니 그가 미친 것은 틀림없다. 천성이 자유분방하여 어느 곳에도 얽매이지 않는 그에게 청량산은 일생일대의 과업으로 다가왔던 것이다. 야송은 1989년부터 3년 동안 청량산을 수없이 오르내리면서 스케치하고 작품을 구상하였다.

《청량대운도》를 그리기 위하여 1992년 봉화읍 삼계리 내성천 강변의 한 미곡창고 안에 화선지 400여 장을 펼쳐놓고 그 위에 망루를 설치하여, 7m의 긴 대나무 막대기 끝에 목탄을 매달아 밑그림을 그리고 난 후, 그림 위에 롤러가 달린 받침대를 타고 다니면서 담묵과 농묵을 번갈아 가며 붓이 닿는 곳마다 청량산이 살아서 꿈틀거렸다. 그림의 왼쪽 하단에 화기畵記를 쓰고 난 후, 마지막으로 자신의 양손과 두발 그리고 얼굴을 인주에 묻혀서 '오체투지낙관'을 찍어서 마무리하였다. 6개월간 두문불출하여 작업을 한 후 1992년 10월 작업장 문이 열리는 순간, 백발의 수염을 날리는 화선畵仙이 세상 밖으로 나왔다.

연화가 꽃처럼 피어난 열두 개의 암봉을 감싸고 흐르는 구름의 조화가 빚어낸 〈청량대운도淸凉大雲圖〉 앞에 서면, 청량사의 목탁소리와 건너편 만리산 향적사 범종梵種의 용울음이 구름을 타고 그칠 듯 말 듯 은은하게 흐른다.

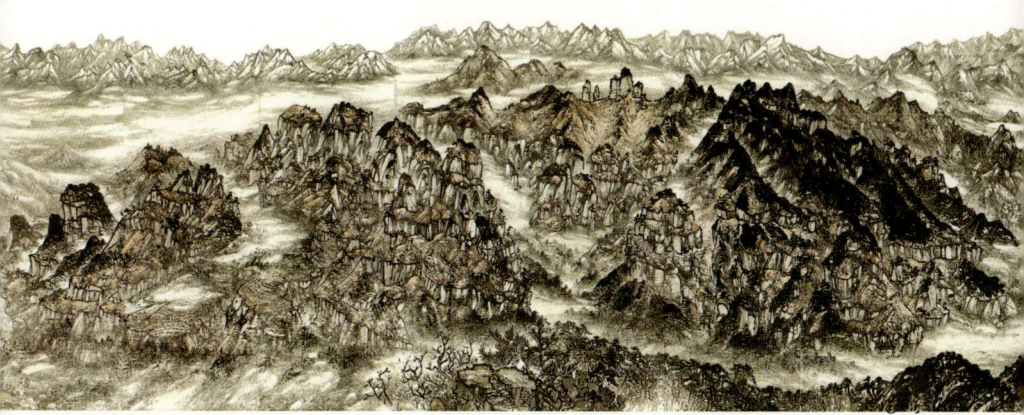

야송 이원좌, 청량산대운도 4,800×670cm의 1/2 부분도. 1992년. 청량산대운도미술관

　청량산은 李子의 선조 이자수李子脩가 공민왕의 몽진 때 홍건적을 평정한 공功으로 송안군松安君에 봉군奉君되면서 봉산封山으로 받은 것이었다. 李子의 할아버지 이계양李繼陽은 그의 아들과 자질들을 청량산으로 보내어 글공부를 시켰다. 마땅한 스승이나 학교가 없었던 시절에 청량산은 학교나 다름없었다.

　李子의 숙부 송재 이우李堣는 18세 때 청량산에 들어가 우암寓菴 홍언충洪彦忠·월헌月軒 황맹헌黃孟獻과 안중사安中寺에서 많은 시간을 보냈었다. 청량산은 금강산만큼 멀리 있지도 않고 지리산만큼 깊지도 않으면서 인가와 떨어져 있어서 번잡스럽지 않은 곳이어서 공부하는 젊은이들이 청량산을 찾는 이유이다.

　청량사 범종이 산천의 고요를 깨우면, 안개 피어오르는 금탑봉에 올라 축융봉 위로 떠오르는 찬란한 아침의 태양을 맞는다. 위황찬란輝煌燦爛 한낮이 분주하게 지나고, 축융봉에 둥근 달이 두둥실 떠올라 교교한 달빛이 골짜기로 산사山寺 뜰로 내려와 나뭇가지마다 그림자를 길게 늘인다. 청량산의 둥근 달은 산에서 공부하는 외롭고 고달픈 젊은이들의 몸과 마음을 청량하게 하였다.

축융봉에는 공민왕당이 있다. 송재 이우李堣는 축융봉에 올라서, 공민왕당의 문을 활짝 열어젖히고 공민왕의 혼백을 불러내었다. 공민왕과 노국공주의 詩 〈고려사 공민왕기高麗史恭愍紀〉를 지어서 큰 소리로 읽었다.

仁聞江陵擧國知　강릉의 어진 정사 온 나라가 알았는데
晩年琁極事多違　느즈막에 임금 자리 어긋난 일 많았네
一邦人望中興主　중흥의 임금이라 온 백성이 바랐는데
淪喪終貽萬世譏　어찌하여 만대에 나무람을 남겼는고

  *인문강릉仁聞江陵 : 공민왕, 즉위전 강릉대군에 봉해졌음

청량산은 李子에게 어떤 산인가? 계사년(1533) 가을에 청량산으로 들어갔던 과정을 보면, 그에게 청량산은 어떤 의미가 있는지 대략 짐작할 수 있다.

계사년은 그의 일생에서 가장 분주하고 중대한 한 해였다. 그해 정월부터 남행에 나섰다가 봄이 다 지나서 돌아와서 대과 준비를 위해 성균관에 갔다가 가을 향시에 응시하기 위해 돌아왔으며, 경상좌도 향시에서 1등으로 합격한 후 이듬해 봄에 있을 식년문과 대과 회시를 대비해서 조용한 절을 찾았다.

집 가까이 있는 절들에는 일이 있어 부득이 청량산으로 들어가게 되었는데, 그곳은 집에서 멀리 떨어져 있기 때문에 빈번히 왕

래하며 양식을 나르기가 어려운 형편이었다. 처남 허사렴許士廉에게 편지를 보내어, 청량산에서 함께 글읽기를 청하면서, 장정을 더하여 양식을 넉넉히 준비해 올 것을 부탁하는 한편, 영주에 있는 금축琴軸과 김사문金士文에게 함께 글을 읽고 싶다는 뜻을 전해 달라고 하였다.

李子에게 청량산의 축융봉은 남다른 의미의 산이었다. 축융이 찬란한 아침 햇살로 세상을 열면, 밀성대 절벽 위의 붉은 비늘 소나무는 비상하는 기세로 심장을 고동치게 하고, 진달래 울긋불긋, 산 꿩이 알을 품고 두견새 울었다.

山木陰陰晝響鵑　산의 나무 어둑어둑 낮에 두견새 우는데,
幽居方信別區天　그윽하게 은거함 바야흐로 별천지라네.
莫言口血偏號訴　입에서 피나도록 소연한다 말하지 마소
超越神心自可憐　정신과 마음 초월하니 그 소리 어여뻐라.

만물이 생동하는 한낮이 지나면, 적막한 밤의 창공蒼空은 소금을 뿌린 듯 은하가 흐르고, 얼음처럼 찬 달이 떠올랐다.

동쪽 산꼭대기에서 얼음수레 토하는 것 보니,
만 골짝의 금빛 물결 눈앞에 새로이 솟아나네.
사물의 형상 황홀하게 되어 막고야 처럼 희니,

범궁 광한루와 이웃하고 있는 듯,
주씨 늙은이의 천지개벽이란 말 생각나고,
최신선 학의 등에 탄 몸 볼 수 있겠네.
상계의 진인께서 아래 땅 맡았으니,
어찌 은하수 이 백성 불쌍히 여기지 않겠는가?

때로는 오마대도五馬大道(다섯 마리의 말이 끄는 수레를 타고 달리는 길)를 구름처럼 달리던 군마들이 밀성대 산성 아래로 우르르 무너져 내리듯 뇌성벽력이 산천을 뒤흔들기도 하고, 동장군冬將軍이 북풍을 몰고 나타나면 솜털처럼 새하얀 눈을 덮어쓰고 동면冬眠에 들었다가 진달래 울긋불긋 뻐꾸기 울어야 축융은 부스스 기지개를 켠다.

  地白風生夜色寒 땅 희고 바람 이니 밤 풍경 차갑고,
  空山竽籟萬松間 빈 산 소나무 사이에서 나는 피리소리
  主人定是茅山隱 주인은 정녕코 모산의 은자이리,
  臥聽欣然獨掩關 누워서 흔연히 홀로 문 닫아걸고 듣네.

고독한 구도자의 일상日常에서 그가 독대한 것은 청량산이 아니라 축융봉이었다. 청량산에 아침이 열리면 축융봉은 성스런 빛 속에서 출렁이다가, 적막한 밤이면 무수한 별들이 속삭이는 원元·

형亨·이利·정貞의 우주의 신비스런 비밀을 들려주었다.

李子는 벼슬에서 물러나 고향집으로 돌아가겠다는 결심을 굳히고 병을 이유로 세 번이나 사직서를 내어, 1555년 2월 마침내 해직되었다. 벼슬의 족쇄에서 벗어나 토계의 집으로 돌아온 그해 겨울, 오랜 세월 동안 꿈속에서나 만났던 청량산을 작정하고 들어갔다가 한 달이 지나서야 돌아왔다.

〈11월 청량산에 들어가다(十一月入淸凉山)〉를 지어 늦게나마 다시 청량산을 찾은 소회를 밝혔다.

벼슬에서 물러나 시골에 있으니
질병 다스리려고 하나 자못 어렵구나
신선이 사는 산이 멀지 않아
목 빼어 바라보며 마음에 잊혀지지 않더니
외로운 산의 암자에서 하룻밤을 묵고
새벽에 길 떠나 두 고개를 넘었네
겹쳐 쌓인 얼음을 굽어서 보고
첩첩이 가린 산을 우러러 보네
징검다리 밟고 빠르게 내달리는 개울을 건널 때에
각별히 조심하여 깨우친 것 많았네

깊은 산림 태고 적 눈이 쌓여
밝고 환한 햇빛조차 그림자 없네
경사진 지름길은 낭떠러지 미끄럽고
그 아래로는 구덩이나 함정과 다름없네
가고 가다 기력은 이미 다했지만
오르고 올라 마음은 더욱 맹렬 하네
산에 사는 중이 웃고 또한 위로하니
서쪽 요사寮舍 고요히 나를 맞이하네
팔구일 심신이 편안하여
지게문 닫고 숨어 머리조차 내밀지 않아
눈보라 몰아쳐도 보지를 못했는데
하물며 바람 소리 어찌 알 수 있겠는가
오늘 아침 햇빛 어여쁘고 사랑스러워
지팡이 짚고 나서니 바위길이 멀구나
저기 하늘에 꽂힌 고개에 올라
두 눈으로 우주宇宙를 달렸네
근력이 쇠약하여 험준한 봉우리가 두려워
이 몸이 소원한 일 급하게 이루지 못하지만
아무거나 잡고 올라 오히려 조금 더 시험해보고
눈을 들어 돌아보니 구름이 천 경頃이네
기묘한 뜻은 말로 다 하기 어렵고……

　李子가 청량산에 들어가서 하늘에 꽂힌 고개에 올라 우주宇宙를 보았다고 읊었다. 그 고개는 축융봉이었다.

　그것은 고요하고 적막하고 그윽하였다. 그것을 유有로 이끌려고 하나 빛 속에 출렁이었고, 그것을 무無라고 하자니 만물이 그것을 타고 생겨난다. 원효元曉는 그것을 대승大乘(인생의 수레바퀴)라 하여 대승의 종체宗體를 깨달았고, 이를 사단四端이라 함으로써, 사단칠정四端七情의 성리性理를 깨달았다.

　신神의 당체當體를 품은 것은 청량산의 기기묘묘한 육육봉이 아니라 축융봉이었다.

산에 살면서도 오히려 산 깊지 못함 유감스러워,
이른 새벽 잠자리서 밥 먹고 더 깊이 찾아가네.
눈 가득 들어오는 뭇 봉우리들 반겨 맞아주고,
피어오르는 구름은 맵시 내어 맑고 읊조림 돕네.

　아침 안개를 뚫고 축융봉에 올라서, 지금까지 내가 본 것은 꿈인지 생시인지(於是怳然惚然)……. 장자莊子의 고사故事가 생각났다. 「어떤 사람이 나무를 하다가 사슴을 잡아 해자(隍 : 성城) 둘레의 도랑에 감춰두고 돌아왔는데, 얼마 후에 그 일이 꿈속에서 일어난 일이거니 생각하고 중얼거리는 것을 다른 사람이 듣고, 그곳을 찾아가 보니 사슴이 있었다.

"내가 사슴을 얻었으니 그 사람은 꿈을 꾼 것이 아니었소."

아내에게 말하니, 아내는 또 이렇게 말했다.

"당신은 그 사람을 만난 것이 아니라 꿈속에서 만난 것이며, 이제 사슴을 얻었으니 당신이 참 꿈을 꾸었소."

사슴을 잃은 나무꾼이 꿈을 꾸었는데, 그 꿈에서 사슴을 가져간 사람을 찾아내어 송사를 일으켰더니, 재판관이 그 사슴을 각각 반분하도록 하였다. 훗날 이 얘기를 들은 사람들이 말했다.

"그 재판관도 꿈속에서 재판한 것이 아니냐."

청량清凉한 바람이 소나무 가지를 흔들고 지나가자, 구름이 걷히면서 퇴계가 읊었던 詩처럼 청량산 육육봉이 연꽃으로 피어났다. 청량산은 공민왕의 전설 뿐 아니라, 李子와 제자들 또한 청량산의 전설이 되었다. 제자들 중에 정사성鄭士誠은 청량산을 떠나지 않고 청량산 북곡 구름재마을* 운산정雲山亭에 은거하였으며, 역동서원의 초대 원장을 지낸 안동 군자마을의 김부의金富儀는 청량산을 바라보는 정자를 지어서 읍청정揖淸亭이라 하고,

---

* 구름재마을 : 솔고개와 섬지골마을 중간 지점에 있는 해발 500m의 촌이다.

〈산을 바라보다(望山)〉 詩를 지었다.

何處無雲山　어느 곳인들 구름 낀 산 없으리오만,
淸凉更淸絕　청량산 더욱 맑고 빼어나다네.
亭中日延望　정자에서 날마다 길게 바라보노라면,
淸氣透人骨　맑은 기운 사람 뼛속까지 스민다네.

 1525년 1월, 스물다섯 살의 청년 李子는 청량산 보문암에 있었는데, 경서經書 공부보다는 《시경詩經》에 심취해 있었다.
 《시경》은 고대 중국 주나라 시절의 시가집 유가儒家의 경전이다. 그 시대를 살았던 사람의 생각과 사회의 생활, 꿈을 노래한 더할 나위 없이 귀중하고 빛나는 시가 작품이 실려 있다. 李子가 즐겨 읊었던 《시경》은 소남召南의 〈까치집(鵲巢)〉으로, 이는 혼인을 축하하는 詩이다.

維鵲有巢 維鳩居之　까치가 둥지 지었는데, 비둘기가 살려하네.
之子于歸 百兩御之　이 처자 시집오면, 수레 백 량으로 맞이하네.
維鵲有巢 維鳩方之　까치가 둥지 지었는데, 비둘기가 차지하네.
之子于歸 百兩將之　이 처자 시집가니, 수레 백 량으로 전송하네.
維鵲有巢 維鳩盈之　까치가 집을 지었는데, 비둘기가 가득하네.
之子于歸 百兩成之　이 처자 시집가서, 수레 백 량으로 성혼하네.

　청량산은 사계절이 매양 너그럽지는 않았다. 암벽을 드러낸 산봉우리가 안개를 두르고 신령한 기품을 보이지만, 글공부에 게으른 선비에게는 가혹하리만큼 엄격했다.
　그 해 겨울, 청량산에 눈바람이 열흘간 계속 몰아쳤다. 북풍에 만 가지 나무가 울부짖고, 축융봉 산성山城에서 용이 내닫고, 만리산 호장골에서 백호가 포효하였다. 검푸른 구름이 사방에서 몰려와 순식간에 산을 에워싸고 파도를 일으키니, 암자는 구름 속에 갇히고 뇌성벽력이 산을 뒤흔들었다. 축융봉 오마대도五馬大道를 구름처럼 달리던 군마들이 밀성대 아래로 우르르 무너져내리듯

굴러 떨어지며 울부짖었다.

산 아래 골짜기 천길만길 지옥에서 흉년과 수탈, 전쟁과 전염병에 백성들이 울부짖으며 손을 뻗쳐 그를 끌어내리려 아우성쳤다. 산사에서 게으름만 피우는 그에게 하늘이 노한 것이다. 세찬 바람은 문풍지를 울리고, 뇌성벽력은 창문에 번쩍였지만, 면벽하고 무념무상의 경지에 들어갔다.

새벽이 되자, 용호상박의 기세가 꺾이더니, 등륙騰六 눈을 내리게 하는 신의 조화인지 싸락눈이 소금을 뿌리는 듯, 거위털이 날리듯이 함박눈이 날렸다.

굳게 닫혔던 방문을 조심스럽게 열자, 햇살이 비치면서 나뭇가지에 솜처럼 쌓인 눈으로 온 세상이 눈부시게 빛났다.

국풍을 흥얼거리던 젊은 날의 李子는 2년 뒤 초배初配 허씨 부인을 먼저 저세상으로 보내게 된다. 생명은 유한하고 쉼 없이 흐르니 죽음은 결코 두렵지 않으나, 단독자의 고독과 상실감이 뼛속까지 시리고 아려 왔다.

깎은 듯 빼어난 얼굴에 사슴처럼 순한 눈, 수줍은 목소리에 가지런한 이빨을 드러내던 그 웃음도 더 이상 들을 수 없다. 아내의 미소가 떠올라서 정신을 가다듬어 간절히 읊조렸다.

風吹齊發玉齒粲　바람 불어 고운 이 가지런히 빛나고,
雨洗渾添銀海渙　흐렸던 눈은 비에 씻겨 빛나네.

그는 국풍을 부르는 대신, 〈적벽부赤壁賦〉를 읊었다.

"천지에 기대어 하루살이로 살아가는 우리의 삶이 그저 잠깐임을 슬퍼한다."

소식蘇軾의 〈적벽부〉를 읊으니, 청량산이 숙연해졌다.

挾飛仙以優遊　하늘을 나는 신선과 만나 놀며
抱明月而長終　저 밝은 달을 품고 오래도록 머물고 싶은데
知不可乎驟得　얻을 수 없음을 홀연히 깨닫고
托遺響於悲風　그저 소리를 슬픈 바람결에 보낸다네.

혼인하여 7년 만에 아내를 하계下界로 떠나보낸 후는 시름에 젖는 나날이었다. 죽어가는 아내를 지켜만 보았던 무기력한 자신이 미웠고, 아내가 고통스러울 때 과장科場에 갔던 자신이 미안했다.

'내가 죽고 그대 산다면, 기꺼이 황령을 넘고 열수를 건너리.'

아내의 무덤 위에 풀썩 엎어져 흐느끼는 어깨가 들먹였고, 지는 해의 산그늘이 서늘한 바람을 타고 온몸을 덮어 왔다.

방문을 열고 들어서면 반기던 그 목소리 그 자태가 그립고, 철새가 떠난 둥지마냥 싸늘하기만 하였다.

큰아들 준寯은 따뜻한 어미 품이 그리워 밤마다 보채고, 작은

아들 채埰는 배가 차지 않아 밤낮으로 울었다.

자신의 아픔보다 젖먹이 아들의 생명줄이 현실이었다.

연로하신 어머니가 손자들의 젖동냥을 다닐 수도 없었고, 아기는 울고 보채더니 설사와 영양실조로 여위어 갔다.

어머니는 수소문하여 가난한 반가班家의 처녀를 유모로 들였다. 부모의 강요가 아니라 그녀가 스스로 선택한 인연이었다. 창원댁은 친모와 다름없이 사랑과 정성으로 아이들을 보살폈고, 반가의 여인답게 행동이 조신하고 예의범절이 발랐다.

청량산은 오가산吾家山이다. 어렵고 힘들 때마다 청량산을 찾아갔다. 백운암에서 글을 읽고 있었다.

어머니는 암자에서 글을 읽고 있는 아들을 불러들였다.

"속현續絃 끊어진 거문고 줄을 새로 잇다. 재혼은 절차와 시간이 걸리지만, 아이들에게 당장 어미가 있어야 한다."

어머니의 제안에 고민하지 않을 수 없었다.

'그럴 수 없다, 절대로……. 그러나 효도는 자식으로서 마땅한 도리가 아닌가?'

죽은 아내에 대한 절의와 효도 사이에 갈등이 일었다.

부모의 마음을 편안케 하는 것이 효도의 근본이라면,

'아들로서 상처喪妻한 것도 불효가 아닌가?'

사랑은 이성이나 의지로 되는 것이 아니다. 李子는 측실과 속현

이 다른 세상에 살고 있었다.

'낮추면 높아지고, 비우면 채워지느니라. 할 수 있겠느냐?'

첫날밤에 창원댁에게 옥비녀를 꽂아 주면서, 항아姮娥라고 불러 주었다. '월명의 피리가 밝은 달을 움직여 항아가 머물게 하였다.'라는 《삼국유사》 소재 향가 〈제망매가祭亡妹歌〉에서 항아姮娥는 달의 여신으로 일컫는다.

백운동서원을 창설한 주세붕이 청량산에 오르기 위해 풍기를 떠난 것은 50세였던 1544년 4월 9일이었다. 동행은 이원, 박숙량, 김팔원과 그의 아들 전傳이었는데, 후에 송재 이우의 사위 오인원이 합류하였다.

당시 청량산에는 웃재, 구름재, 두들, 웃뒤실 등 띄엄띄엄 산마을이 있었는데, 주세붕은 자신뿐 아니라 밭을 갈고 김을 매는 농부들까지 은자로 표현하며 그들의 삶을 동경하였다.

주세붕이 보현암 앞의 대에서 읊은 그의 詩 〈보현암전대普賢巖前臺〉에서 봉우리의 기이한 경치와 바람과 새소리에 취했다.

六六奇峰三百臺　기이한 열두 봉우리, 삼백 개의 대,
臺頭處處踏蒼苔　대 위 곳곳에서 푸른 이끼를 밟노라.
天風吹送東溟月　하늘의 바람이 동해의 달을 불어 보내니,
杜宇聲中又一杯　소쩍새 소리에 또 한 잔 술을 드노라.

　주세붕에게 청량산은 기락嗜樂과 시작詩作을 동반한 탕유宕遊의 공간이었다. 예고도 없이 오인원이 찾아와서 詩를 수창하면서 일행과 어울려 즐겁게 보냈다고 전한다.

　주세붕은 청량산 유람을 마치면서 이렇게 술회하였다.

　"아! 이 산이 만약 중국에 있었다면, 반드시 이백·두보가 읊조리고 희롱한 것과 한유·유종원이 기록하여 서술한 것과 주자朱子·장식張栻이 올라가서 감상한 것이 아니더라도 천하에 크게 이름을 날렸을 터인데, 천년 동안 고요히 있다가 김생과 고운 두 사람을 빙자하여 일국一國에 드러나게 되었으니 진실로 탄식할 만하다……."

　성호星湖 이익李瀷이 1709년 11월 1일, 청량산을 유람하고 쓴 청량산유람기遊淸凉山記에서 당시의 청량산을 짐작할 수 있다.

　「불퇴령佛退嶺에 올라 청량산을 바라보니, 이는 태백에서 뻗어 나와 남쪽으로 와서 우뚝이 높이 솟아 하나의 작은 구역의 명산이 되었다. 마치 창과 깃대가 삼엄하게 늘어선 진영陣營의 모양 같기도 하고 또 부처들이 연화탑蓮花塔 속에서 무리 지어 옹위하고 있는 것 같기도 하여 하늘 높이 구름과 함께 떠 있는 형세가 자잘한 언덕 같은 산들에서 특출하니, 참으로 그 명성이 헛되이 전해진 것이 아니라 하겠다…….

　연대사에서 자고, 다음날 승려들과 함께 걸어서 절 문 주위를

　돌아가며 두루 구경하였다. 산이 깊은 못과 거센 여울의 기이한 곳이나 괴이한 암석과 첩첩이 쌓인 봉우리의 승경은 없지만, 사방의 절벽이 깎은 듯이 가파르게 솟아 모두 하늘을 떠받치고 있으니 병풍을 펼치고 휘장을 드리운 모양 같아서, 바라보면 압도되어 막연히 더위잡고 기어오를 방법이 없을 듯하였다. 이런 점은 금강산과 속리산에는 없는 것으로 여러 명산이 한발 양보해야 할 것이다……

　가벼운 신에 편안한 차림으로 지팡이를 짚고 대승대大乘臺를 경유하여 보현암에 이르고 환선대喚仙臺에서 쉬고, 다시 문수암文殊菴을 거쳐 방향을 동쪽으로 돌려서 가다가 북쪽으로 갔다. 만월암滿月菴에 올라 마침내 만월대滿月臺 꼭대기에서 오른쪽으로 선학대仙鶴臺에 올라 바위에 부딪히고 소나무에 의지하여 동부洞府를 굽어보니 훨훨 날아 공중에 있는 것 같아 떨려서 오래 머물러 있을 수 없었다. 여기에 이르자 숨었다 드러났다 출몰하던 산들이 모두 참모습을 드러내었고, 아까 우뚝이 높았던 산이 모두 발아래 있지 않은 것이 없으니, 참으로 청량산에서 가장 경치가 훌륭한 곳이다……

　안중암安中菴에 이르자 판 하나를 매달아서 벽 위를 덮어 놓았다. 바로 노선생이 이름을 쓴 곳이라고 하는데 글씨가 떨어져 나가 지금은 찾을 수 있는 필적이 없다. 이곳을 유람하는

345

사람들 또한 기둥과 도리, 서까래에까지 다투어 성명을 기록하여 빈틈이 조금도 없었는데도 사람들이 오히려 감히 그 옆을 붓으로 더럽히지 않았으니, 영남 사람들이 선생을 존모尊慕하는 것을 여기에서 볼 수 있다. 무지한 승도僧徒까지도 다 노선생이라고 칭하고 성姓이나 호號를 말하지 않았다. 선생이 후대의 세속에서 경앙景仰 받는 것이 한결같이 이에 이르렀으니, 아, 얼마나 성대한가.

……하산하여 동구洞口에 이르렀다. 시내를 따라 오르내리는데 깎아지른 절벽이 병풍처럼 둘러 있고 맑은 물이 그를 감싸고 흘러내리니 또한 절승絕勝이었다.」

성호星湖의 〈청량산 유람기遊淸凉山記〉에서 李子가 책을 읽던 안중암安中菴을 엿볼 수 있으나, 지금은 절집조차 흔적 없이 사라지고 없는 실정이다. 청량산은 지금도 육육봉이 예대로이나, 환선대·만월암·선학대 등 봉우리마다 벌집처럼 붙어있던 암자와 그곳에서 글을 읽던 인걸은 바람 속에 흩어졌다.

다만 노선생이 이름을 쓴 곳에 지금은 찾을 수 있는 필적이 없으나 감히 그 옆을 붓으로 더럽히지 않았다고 하니, 그 안중암安中菴을 지금은 볼 수 없음이 안타까울 뿐이다.

성호星湖는 〈농암과 퇴계가 승려에게 준 詩〉에 삼가 차운하였다.

陶山接汾江　도산이 분강과 잇닿았는데
故里訪餘訓　옛 마을에서 남은 가르침 찾는다
仰懷兩賢風　양현의 유풍을 머리 들어서 생각하고
俯愧曠性分　성분을 폐기함을 고개 숙여 부끄러워한다
遺篇留至今　남기신 시편이 오늘에 이르렀으니
再讀神思奮　거듭 읽으매 정신이 분발되도다
問子何從得　묻노니 그대 어디에서 이 시 얻었는고
禪龕鬼護慳　절 안에 보관해 귀신이 수호했나봐
扳和二三子　이 시에 화운한 두세 분의 시들은
指遠伊言近　뜻은 심원하고 말은 비근하여라
重憶節友松　절우송을 거듭 생각하노니
書此當訊問　이를 써서 문안에 가름하노라

李子는 청량산에 가기 위해 한서암을 떠나 제자 금난수의 고산정에서 하룻밤을 묵은 다음날, 놀티재[霞嶺]를 오르고 불티재[火嶺]를 넘어서, 나븐들에서 배를 타고 낙강을 건너 청량산으로 들어가면서 읊은 詩에서, 퇴계의 '청량산 가는 길'이 그려져 있다.

行行力已竭 가고 또 가니 힘은 이미 다했지만
上上心愈猛 오르고 또 오르니 마음 더욱 굳었노라.

李子는 '유산여독서遊山如讀書'라 하여 산에 오르는 것을 글을 읽는 것과 같아서, 심성을 닦는 일 학문을 하는 일이라고 할 정도로 산을 즐겼다.

을묘년 11월 30일, 쉰 다섯의 李子는 맏손자 안도와 정유일을 데리고 청량암에 머물렀다. 이 때 연대사 등 거처하기 편한 곳은 모두 사정이 있어서 이곳으로 옮겨서 지냈다. 40여 년 전 숙부를 모시고 상청량암에 묵었던 일이 생각나서, 詩 2首를 지었다. 청량산에 머무는 동안, 한때 원효가 머물렀다던 응진전, 산기슭에 붙은 청량사 가람들을 휘휘 둘러서, 장인봉·탁필봉·자소봉 등 청량산淸凉山 육육봉을 두루 돌아오면서, 원효·김생……, 이들이 청량산에서 대체 어떻게 깨달음을 얻었는지 궁금하였다.

　송나라의 동파 소식蘇軾은 여산廬山에 올라서 열흘 동안 산을 둘러보았지만, 여산의 진면목을 알 수 없었다고 읊었다.

橫看成嶺側成峰　가로로 보면 산줄기 옆으로 보면 봉우리 되어
遠近高低各不同　멀고 가까움 높고 낮음이 같지 않은데
不識廬山眞面目　여산의 진면목을 알지 못함은
只緣身在此山中　몸이 다만 이 산중에 있는 탓이로다

　李子는 혼자서 청량암을 나섰다. '여산廬山의 진면목을 알지 못함은 몸이 다만 이 산중에 있는 탓'이라 했으니, 맞은 편 축융봉에 오르면 청량산의 진면목을 조망할 수 있을 것이라는 생각에 아침 일찍 서둘러서 길을 나섰는데, 밤사이에 낙동강과 청량산이 무슨 조화를 부린 것인지 농무濃霧가 골짜기를 메웠다.
　한 치 앞을 분간할 수 없을 정도로 자욱한 공몽空濛이었다.
　안개는 빛을 삼키는 악령이 뿜어내는 입김인가, 안개 속에서 불쑥 우람한 바위가 나타났다 사라지는가 하면 키 큰 소나무가 가지마다 안개를 휘저으며 나타났다가 사라졌다. 손에 잡히지 않으면서 분명히 안개는 존재한다. 지척을 분간할 수 없는 오리무중五里霧中의 안개 속을 더듬어 걸으면서, '안개는 결국 사라지게 마련이지.'
　안개 낀 날 낮은 중의 대가리를 깬다는 말이 생각나서, '더욱

맑게 갠다'는 확신으로 멈추지 않고 산을 오르기로 했다.

안개 속에서 축융봉으로 오르는 산성입구를 찾아서, 마침내 언덕길을 더듬거려서 오르기 시작했다. 피어오르는 안개 속에 성城의 형상이 스믈스믈 나타났다. 돌로 쌓은 산성 위를 더듬어 걷다가 희뿌연 안개 속에 멀뚱하게 장승처럼 선 누각이 흐릿하게 눈에 들어왔다. 그것은 밀성대였다.

밀성대를 지나서 축융봉 방향으로 오르는 도중에 안개가 엷어지면서 점차 형체가 보이기 시작하더니, 축융봉에 올랐을 때 갑자기 시야가 열리면서 솜을 금방 타서 펼쳐놓은 듯 뭉실뭉실 운해가 골짜기마다 번져있었다. 넋을 놓고 운해雲海를 바라보고 있으려니, 마치 구름 위를 바람을 타고 날아다니는 기분이었다.

소리 없이 왔다가 흔적도 없이 사라지는 것이 안개다. 아침 햇살이 청량산의 암봉을 조명하는 순간, 바다를 이루었던 안개는 언제 그랬냐는 듯 순식간에 사라진 뒤 운산무소雲散霧消의 청량산은 한 송이 해맑은 연꽃처럼 피어났다.

청량산에는 물과 바위가 어우러진 계곡은 없으나, 서쪽 기슭의 금강 단애斷崖를 휘돌아 흐르는 낙동강이 물과 바람과 햇빛으로 안개와 구름을 일으킨다.

청량산을 중심으로 왼편으로 만리산과 그 뒤로 풍락산이, 오른편

으로 일월산과 그 뒤로 가야산 장군봉이 서로 다투어 드높아서 까맣게 머리만 내민 채 바다의 섬 형상으로 두둥실 떠 있었다. 운해雲海가 호수의 물결로 연상되는 순간, 마치 백두산 천지를 보는 듯, 아! 탄성이 절로 나왔다. 축융봉에서 바라본 아침의 찬란 영롱한 청량산이 눈앞에 펼쳐졌다.

산등성이로 이어지는 경일봉·자소봉·연적봉·장인봉 암봉의 산줄기는 설악의 공룡능선恐龍陵線이며, 축융봉과 청량산 사이의 골짜기는 천불동 계곡이요, 저 뒤실 고개는 마등령이니, 청량산은 영락없는 설악산의 공룡능선이었다. 대청봉의 북벽에서 발원하여 천불동千佛洞 계곡을 흐르는 차고 맑은 물은 비선대飛仙臺에서 너럭바위를 타고 내리면서 절정을 이룬다.

박대우 / 청량산의 여명, 2017

　李子는 13세 때 공부하러 가는 형님들을 따라가서 청량산과 인연을 맺기 시작한 후, 64세이던 갑자년까지 50여 년을 청량산을 드나들었다.

　그의 삶은 마치 그물에 걸린 새(鳥被網羅)처럼 벼슬의 족쇄에서 벗어나기 위해서 몸부림쳤다. 그 자유의지의 에너지는 청량산이었다.

　여러 해 전부터 가뭄이 겹치더니, 갑자년은 형벌을 늦추고 금법禁法을 해제할 정도로 더욱 극심했다.

　"가물 징조가 몹시 심하니 형벌을 늦춰주고 금법을 해제하며 부역을 시키지 않는 따위의 일을 해조該曹에게 거행하게 하라."

　상림桑林*에서 여섯 가지를 들어 자책自責하자 7년 동안의 가뭄이 그쳤고, 몸을 조심하여 행실을 닦으니 운한雲漢의 재앙이 해소되었다. 이는 모두 실심實心으로 하늘에 대응하여 천심天心을 돌이킨 것이다. 지금 형벌을 늦추고 금법을 느슨하게 하는 것은 재앙에 대응하는 고사故事이다. 한갓 그 형식만 거행하고 실제로써 계속하는 일이 없으면 하늘이 감동하겠는가? 더구나 풍년과 복을 비는 푸닥거리를 늘 궁중에서 하니 이는 무풍巫風에 마음이 어지러워진 것이다.

　얼사枲司가 그 우두머리 무당을 체포하여 죄로 다스렸으니 다행

---

* 상림지도桑林之禱 : 중국 은(殷)나라의 탕왕(湯王)이 가뭄이 들자 상림(뽕나무밭)에서 자책하면서 비 오기를 빌었다는 고사

스럽다고 할 만하다. 그런데도 왕의 마음은 아직도 의혹되어 방면하도록 분명히 말하지는 않고 재앙을 구한다고 핑계하여 형벌을 늦추고 금법을 느슨하게 하였으니, 실은 좌도左道를 보호하고 공론公論을 누르는 데 지나지 않은 것이다. 그해 3월 23일 경상도 경주慶州에 서리가 내렸는데, 겨울철과 다름이 없어서 풀잎이 모두 말라죽었다. 왕은 기우제를 지내도록 전교하였다. "세 차례나 기우祈雨를 하였으나 아직도 비가 올 징조가 없으니, 오는 16일에 풍운뇌우風雲雷雨·우사雩祀·북교北郊에 중신重臣을 보내고 한강·삼각산·목멱산木覓山에 내신內臣을 보내 따로 기도하라."

갑자년도 3월이 한참 지내서 두견화는 졌으나 산과 들에는 철쭉이 흐드러지게 피기 시작하는 4월, 64세의 李子는 청량산 유람 길에 올랐다.
 청량산에 들어갈 때마다 소풍가는 아이처럼 즐거웠다.
 이번이 마지막이 될지 모른다는 생각이 들어서 산행을 연초부터 일찍이 서둘렀으나, 심한 가뭄으로 두어 차례 미루어졌다.

50년 전 형님들을 따라서 청량산에 갔던 것처럼 손자 안도와 그의 친구들, 그리고 제자들과 동행하는 산행이어서 청량산에 오르는 것만 목적이 아니라 오고가는 길에서도 일행을 위해 시를 짓고 가르침을 주어야 한다.

이번 산행에는 이문량·금보·금난수·김부의·김부륜·권경룡·김사원·류중엄·류운룡·이덕홍·남치리·조카寗·맏손자 안도安道 등 모두 13인이 李子와 동행하였다. 당시 예안현감이던 곽황郭趪과 조목·금응협도 동행하기로 했으나, 다른 사정 때문에 참여하지 못하였다.

젊은 시절부터 청량산, 요성산으로 함께 공부하러 다니던 절친 이문량李文樑은 이현보의 둘째아들이며 금계 황준량의 장인이다.

금보琴輔는 사마시에 합격하였으나, 이때 인종이 죽고 명종이 즉위하면서 문정왕후의 수렴첨정으로 소윤·대윤의 갈등이 심해지자 대과에 응시할 뜻을 접고 성리학을 공부하고 있었다.

김부의金富儀·김부륜金富倫은 종반지간으로 외내(烏川)에서 도산서당에 다녔으며, 류중엄柳仲淹은 류운룡柳雲龍 류성룡柳成龍 형제의 종숙從叔이며, 조카 이준李寗은 영주 이산의 연안 김씨와 혼인하여 그곳에 집을 짓고 살았다.

23세의 권경룡은 안동부사 권소權紹의 아들이며 손자 안도安道 처남이다. 남치리南致利는 19세로 가장 어렸다.

김사원金士元(25세)은 의성 점곡 사촌의 충열공 김방경의 후손으로 도산서원 건너 내살미의 월란암에서 글을 읽고 있었다. 이

덕홍李德弘(23세)은 이현보의 종손從孫이며 내살미川沙에 살아서 김사원과 함께 도산서당에 다니면서 평생 친구가 되었다.

금난수琴蘭秀는 처음에는 김성일의 아버지 청계靑溪 김진金璡에게 글을 배웠고 뒤에 도산의 문급이 되었다.

1년 전에 아름다운 가송佳松에 고산정을 짓고 '일동정사'라 하였다.

청량산 가는 길에 선생은 강 건너에서 제자를 불렀다.

日洞主人琴氏子	일동이라 그 주인 금씨란 이가
隔水呼問今在否	지금 있나 강 건너로 물어보았더니
耕夫揮手語不聞	쟁기꾼 손 저으며 내 말 못 들은 듯
愴望雲山獨坐久	구름 걸린 산 보며 한참을 기다렸네

그날, 계상서당에서 출발하여 하계에서 이문량을 만나기로 했으나, 부내(汾川) 마을에서 도산서당 앞을 지나는 강변길에는 이문량의 모습이 나타나지 않았다.

이문량을 기다리다가 먼저 출발했다. 하계에서 당재를 넘어서 원촌 마을을 지나 단천 마을 뒤 언덕길을 내려가서 강변길을 쉬엄쉬엄 걸으며 정담을 나누었고, 덕홍이 詩를 읊었다.

奉杖眞多幸　선생님 모셔 참으로 다행이니
老少行相遞　늙은이 젊은이 서로 따라가네

마침내 청량산 조망대에 올랐다. 건지산과 건너편 왕모산 사이의 가송협은 아홉 마리 용이 여의주를 서로 여의주를 쟁취한다는 구룡쟁주九龍爭珠를 돌아나오는 낙강물이 푸른 소沼를 이루며 왕모산 발아래를 흐른다.

'저 산 뒤에는 또 무엇이 있길래?'

학소대鶴巢臺 너머 구룡쟁주九龍爭珠의 가송협은 '장수지소藏修之所'가 틀림없다. 건지산과 왕모산이 서로 두 팔을 뻗어 가송협을 막아서, 다만 그 위로 축융봉과 청량산이 우뚝하다. 멀리서 다가서는 청량산을 그윽히 바라보고, 발아래 흐르는 시냇물에서 흘러간 세월을 느꼈다. 산은 옛 산이되 세월은 강물처럼 흘러갔으니, 덧없는 세월이 안타까웠다

청량산에 가고 싶었으나, 벼슬길에 불려 다니느라 그동안 청량산을 찾지는 못했다. 멀리 청량산을 바라보며,
"나는 어렸을 때부터 부형父兄을 따라 책보자기를 짊어지고 저 산을 오고 가며 글을 읽은 것이 몇 번인지 알 수 없을 정도였다."

長憶童恃釣此間　여기서 낚시하던 일 지금도 기억나네
卅年風月負塵寰　삼십 년 세월을 자연을 등지고 살았네.
我來識得溪山面　산천의 모습을 알아볼 수 있네,
未必溪山識老顔　시내와 산은 늙은 나를 알아볼까.

젊은 시절 글 읽던 청량산은 어머니 품이요, 시냇가 물버들 그늘에 은어 떼 몰려다니고 먹황새 나는 연비어약鳶飛魚躍의 강이 휘돌아서 내살미 마을을 돌아나가면 철쭉꽃 동산의 월란암은 젊은 시절 《심경心經》의 심연深淵에서 '仁과 義'를 사색하던 곳이다.

어떤 이는 '미천彌川'이 백운동 위에 있다고 하지만, 이곳이 바로 '사단칠정四端七情'의 성리性理를 깨달은 맑고 깊은 심연의 소沼가 틀림없다.

농암의 애일당이 학소대에 가려졌지만, 농암과 퇴계가 뱃놀이하면서 부르던 「어부가漁夫歌」가 학소대를 돌아나오는 듯하다.

이 듕에 시름 업스니 어부의 생애이로다.
일엽편주를 만경파萬頃波에 띄워 두고
인세人世를 다 니젯거니 날 가는 줄를 안가.

구버는 천심녹수千尋綠水 도라보니 만첩청산萬疊靑山
십장홍진十丈紅塵이 언매나 가롓는고.
강호江湖 월백月白하거든 더욱 무심하얘라.
……

 李子는 어디서든 흥이 나면 여사로 詩를 읊었다. 이날도 출발하면서부터 詩를 짓기 시작했다.
 이문량을 기다리며 말 위에서 詩 짓다 〈약여제인유청량산마상작約與諸人遊淸凉山馬上作〉

　烟巒簇簇水溶溶　산봉우리 봉긋봉긋, 물소리 졸졸
　曙色初分日欲紅　새벽 여명 걷히고 해가 솟아오르네
　溪上待君君不至　강가에서 기다리나 임은 오지 않아
　擧鞭先入畵圖中　내 먼저 고삐 잡고 그림 속으로 들어가네.

 그때 마침 이문량이 숨을 몰아쉬며 땀을 닦는다. 그도 벌써 66세의 노인이다. 李子는 그를 반겨 맞으며 시를 건네주었다.
 李子는 〈메네 긴 소[彌川長潭]〉를 비롯하여 〈約與諸人遊淸凉山馬上作〉,〈憩景巖潭上待士敬惇叙施伯不至先行〉 등 청량산에서 또는 가고 오는 길에서 詩를 지었다.

 이 날, 李子 일행은 가송을 지나 쉬엄쉬엄 놀티재[霞嶺]를 넘어서 가파른 불티재[火嶺]를 숨을 헐떡이며 기어서 올랐다.
 청량산 맞은편 만리산 남애 언덕에 앉아 석양에 붉은 장인봉丈人峯을 바라보며 한숨 돌릴 때 청량사 범종의 용울음이 구름을 타고 그칠 듯 말 듯 은은하게 흘렀다.

안도와 남치리, 이덕홍 등 젊은이들은 벌써 자리에서 일어나 입산할 채비를 서둘렀다.

李子 일행은 나븐들(廣石)에서 배를 타고 낙강을 건너서 그림 속으로 사라졌다.

시 한 수에 거닐었네

⑤ 오불의 五不宜

초판 인쇄일 / 2024년 8월 23일
초판 발행일 / 2024년 8월 30일

☆

저자 / 박대우

펴낸이 / 김동구

펴낸데 / 明文堂

(창립 1923년 10월 1일 창립 100주년)
서울특별시 종로구 윤보선길 61(안국동)
우체국 010579-01-000682
☎ (영업) 733-3039, 734-4798
(편집) 733-4748
fax. 734-9209
e-mail : mmdbook1@hanmail.net
등록 1977. 11. 19. 제 1-148호

☆

ISBN 979-11-987863-7-1 13810

☆

값 20,000원

시 읊으며 거닐었네

① 신화의 땅 · ② 에덴의 동쪽

> "작가는 퇴계가 거닐었던 길을 순례길로 정하고 가는 곳마다 詩를 읊고 은근한 이야기를 담았다."

시 읊으며 거닐었네 ① 신화의 땅

2019년 봄, 퇴계 선생 마지막 귀향길(1569년) 450주년을 맞아 서울에서 도산서원까지 320km를 걷고 시를 읊었습니다. 인간성 상실과 갈등의 시대에 퇴계의 실천 철학이 필요한 때입니다. 젊은 시절의 이황이 '시 읊으며 걸었던 청보리밭 길'은 청정의 길이요 희망의 길입니다.

박대우 글·오용길 그림
150×210판형 / 372쪽 / 값 **18,000**원

시 읊으며 거닐었네 ② 에덴의 동쪽

'에덴의 동쪽'은 한반도의 동쪽에 위치한 '봉화'를 의미한다. 한강과 낙동강의 분수령인 태백의 봉화에서 『시 읊으며 거닐었네 2』를 시작한다.

박대우 글·오용길 그림
150×210판형 / 332쪽 / 값 **18,000**원

젊은 날의 퇴계 이황이 시 읊으며 너던 길

박대우 역사인물소설 오용길 실경산수화

A5판(150mm×210mm)/All Color/368쪽/값 18,000원

쌍계사 가는 길 따라걷기

How many roads must a man walk down Before you call him a man?

꿈(Vision)을 꾸는 사람은, 단 하나의 가능성을 위해 지도에도 없는 곳을 향해 무작정 길을 떠납니다. 밥 딜런은 〈바람에 실려서(Blowin in The Wind)〉 라는 그의 노래에서 "얼마나 많은 길을 걸어야 진정한 인생을 깨닫게 될까?(How many roads must a man walk down Before you call him a man?)" 를 노래하면서, 통기타를 둘러메고 길을 떠났습니다. 《쌍계사 가는 길》은 젊은 날의 시인(퇴계 이황)이 사유와 통찰의 길을 찾아 떠난 고독한 여행이었으며, 그 길 위에서 별처럼 빛나는 詩를 읊었습니다. 눈덮인 도산 골짜기를 떠나 강물이 풀리는 관수루에 오르고, 산수유 꽃피는 가야산을 돌아 곤양까지 여행하면서 민초들의 가난한 삶을 애통해하고, 선인들의 충절에 감동하며, 불의의 권력에 분노하고, 존망이합存亡離合에 가슴아파하며, 별이 빛나는 성산星山의 별티를 넘었고, 가야의 고분에서 꿈을 꾸면서 천릿길을 여행하였습니다. 파울로 코엘료의 소설 《연금술사》 의 양치기 산티아고는 스페인 안달루시아에서 출발하여 지중해를 건너고 사막을 횡단하여 이집트의 기자 피라미드까지 여행하면서 양치기에서 장사꾼으로, 사막을 횡단하는 대상에서 전사로, 매번 자신을 둘러싼 상황에 따라 변신하지만, 꿈을 포기하지 않음으로써 우주의 신비인 연금술의 원리를 찾았습니다. 〈산티아고 순례길〉은 남프랑스의 생 장 피드포르에서 시작되어 스페인 북서쪽 산티아고 데 콤포스텔라 대성당 야콥의 무덤에 이르는 약 700km의 길입니다.

청량산에서 벚꽃 피는 쌍계사까지의 〈퇴계의 너던 길〉은 서른세 살의 무관無冠의 처지에 한 무명 시인으로서 생애 가장 자유로운 여행이었습니다. 이 길은 낙동강을 따라서 걷다가 옛 가야의 땅으로 들어가 통영대로를 거치는, 퇴계의 詩 흔적을 찾아서 걷는 우리의 문화유산 순례길입니다.

영업 733-3039/734-4798 편집 733-4748 FAX 734-9209
www.myungmundang.net mmdbook1@hanmail.net